더 큰 사역의 영향력을 위한 흔치 않은 지혜

더 큰 사역의 영향력을 위한
영적파워의 48가지 법칙

흔치 않은 지혜

프랭크 바이올라

이 남 하 옮김

흔치 않은 지혜

지은이	프랭크 바이올라
옮긴이	이남하

초판발행	2024년 5월 9일
펴낸이	배용하
책임편집	배용하
편집부	윤찬란 최지우

등록	제364-2008-000013호
펴낸곳	도서출판 대장간
	www.daejanggan.org
등록한곳	충청남도 논산시 가야곡면 매죽헌로1176번길 8-54
편집부	(041) 742-1424 전송 (0303) 0959-1424

분류	기독교	영성	목회
ISBN	978-89-7071-699-2 03230

이 책의 저작권은 Tyndale과 독점 계약한 대장간에 있습니다.
기록된 형태의 허락 없이는 무단 전재와 복제를 금합니다.

 값 18,000원

*Uncommon Wisdom
for Greater Ministry Impact*

48
LAWS
OF
SPIRITUAL
POWER

FRANK VIOLA

차⋯례

이 지혜를
아직 태어나지 않은 사람들을 포함해서
하나님의 일을 위해 감히 손에 쟁기를 잡은 모든 사람에게

효과적인 사역과 영적 파워

나는 두 그룹의 사람들을 위해 이 책을 집필했다:

1. 하나님의 말씀을 정기적으로 선포하고 가르치는 사람들. 이 그룹은 제도권 교회 안팎의 목사, 교사, 선교사, 교회 개척자를 포함한다.1

2. 모든 하나님의 사람들. 왜? 예수님의 모든 참 제자는 각기 역할이 다른 종으로사역자로 부르심을 받았기 때문이다. 바울은 데살로니가에 있는 새로 회심한 사람들에게 다음과 같이 상기시켰다: "너희가 어떻게 우상을 버리고 하나님께로 돌아와서 살아 계시고 참되신 하나님을 섬기는지."살전 1:9

주님을 아는 우리 각 사람은 다음과 같이 그리스도를 부르는 영광스러운 특권을 갖고 있다: "내가 속한 바 곧 내가 섬기는 그분."행 27:23

당신이 그리스도 안에 있다면, 당신의 인생 전체가 "선교 여행mission trip"이다.

신약 성서의 사역자minister라는 단어는 단순히 "종servant, 섬기는 자"이라는 뜻이다.

바울은 하나님을 위한 그의 섬김을 종bondservant이 라는 용어를 사용하여 묘사하면서 개념을 한 단계 더 발전시켰다.롬 1:1

바울은 자신을 예수 그리스도의 종이라고 여겼다. 그의 큰 자랑거리는

---

1) 당신이 제도권 교회 밖에서 사역하고 있다면, 이 책을 내가 이전에 집필한 『유기적 교회 세우기』(대장간, 2010)로 보완하기를 제안한다. 그 책은 진정한 하나님 나라 공동체를 개척하기 위한 사도적 사역을 다루고 있다.

그가 그리스도께 속했다는 것과 그분을 섬기는 고귀한 영예를 가졌다는 것이었다.

유감스럽게도, 오늘날 많은 그리스도인이 주님을 섬기는 것과 교회 활동을 동일시한다. 하지만 신약 성서에 의하면 진정한 섬김은 하나님 나라의 전진과 마귀의 일을 멸하는 것에 관한 것이다.

그리고 이 사명은 영적 파워spiritual power를 요구한다.

나는 '효과적인 사역을 위해 영적 파워를 얻는 48가지 법칙'을 제시하기 위해 이 책을 기획했다.

바울은 그의 가장 숭고한 서신에서 이렇게 피력했다:

> 그의 힘의 위력으로 역사하심을 따라 믿는 우리에게 베푸신 능력의
> 지극히 크심이 어떠한 것을 너희로 알게 하시기를 구하노라 그의 능
> 력이 그리스도 안에서 역사하사 죽은 자들 가운데서 다시 살리시고
> 하늘에서 자기의 오른편에 앉히사.엡 1:19-20

영적 파워는 하나님의 역동적인 에너지를 묘사하는 또 다른 방법이다. 우리는 또한 그것을 하나님의 "기름 부음anointing"이라고 부를 수도 있다.

사무엘이 다윗에게 기름을 부었을 때 무슨 일이 일어났는지를 생각해보라:

> 사무엘이 기름 뿔병을 가져다가 그의 형제 중에서 그에게 부었더니
> 이 날 이후로 다윗이 여호와의 영에게 크게 감동되니라 사무엘이 떠
> 나서 라마로 가니라.삼상 16:13

또한 이사야의 다음과 같은 본문을 숙고해보라:

주 여호와의 영이 내게 내리셨으니

이는 여호와께서 내게 기름을 부으사

가난한 자에게 아름다운 소식을 전하게 하려 하심이라

나를 보내사 마음이 상한 자를 고치며

포로된 자에게 자유를,

갇힌 자에게 놓임을 선포하며. 사 61:1

예수님께서 요단강에서 요한에게 침례를 받으시고 하나님의 영이 그분에게 임하여 놀라운 사역을 시작하셨을 때 이 본문이 처음 성취되었다. 2 하지만 이 구절은 또한 오늘날 그분의 사역을 계속하는, 그리스도 안에 있는 모든 사람에게도 적용된다. 3

그러므로 기름 부음이라는 단어는 오순절주의자들이나 은사주의자들에게만 국한되지 않는다. 그것은 성서 전체에서 사용되는 용어이다. 출 40:15; 레 8:12; 요일 2:27; 행 10:38 등

법칙들의 기원

우주에서 가장 놀라운 것 중 하나는 하나님께서 타락한 인류에게 그분의 능력을 맡겼다는 사실이다. 전직 목사이자 가장 그리스도 중심적이고 영적

---

2) 마 3:16; 사 42:1. 눅 4:16-21에는 예수님께서 이 본문을 인용해서 그분 자신에게 적용하셨다.

3) 행 1:1에서, 누가는 그가 먼저 쓴 글에서 예수님이 행하시며 가르치기를 시작하신 것에 관해 기록했다고 말했다.(이것은 누가복음을 가리킨다) 따라서 사도행전은 예수님이 그분의 몸을 통해 행하시고 가르치신 일의 연속(continuation)에 대한 기록이다.

통찰력이 있는 사람 중 한 명인 T. 오스틴 스팍스는 이것을 다음과 같이 잘 표현했다.

> 하나님은 그분 자신을 인간의 손에 맡기신다. 하나님과 함께 이기는
> 사람들이 있기 전에는 그분이 움직이지 않으실 것이다.[4]

영적 파워또는 하나님의 기름 부음는 사람의 인생에서 증가하거나 감소할 수 있다.

나는 로버트 그린Robert Greene의 베스트셀러인 『파워의 48가지 법칙』*The 48 Laws of Power*에서 영감을 받아 이 책의 제목을 정했다. 그린의 책은 조작과 이기심에 의해 인간의 능력을 활용하도록 조장한다. 이와는 대조적으로, 이 책은 성서에 근거한 자기 부인self-denial과 신성한 원칙divine principles의 적용을 통해 영적 파워를 활용하도록 장려한다.

내가 탐구하는 모든 법칙은 사역에서 영적 파워를 증가시키거나 감소시킨다.

나는 30년 이상 주님을 섬겨오면서 이러한 "법칙"을 다음과 같은 것들을 통해 발견하게 되었다: 나 자신의 실수내 실수 기록은 전봇대만큼이나 길다를 통해, 다른 사람들이 그 법칙을 적용하는 것을 관찰함으로써좋든 나쁘든, 또는 주님 안에서 나 자신의 개인적인 노력을 통해.

나는 내가 진행하는 연례 매스터마인드an annual mastermind에서 100명 이상의 기독교 지도자들에게 이 책의 초고서툴지만를 제공했었다.[5] 그 그룹에는

---

4) T. Austin-Sparks, *Power with God, booklet reprinted from A Witness and a Testimony magazine*, January-October 1967, vol. 45, no 1 – 45, no. 5.

5) 매스터마인드(mastermind)는 "MinistryMind"라고 불린다. 그것이 멘토링 프로그램으로 바뀌었기 때문이다. 더 상세한 것은 MinistryMind.org을 참조할 것.

목사, 신학대학원 교수, 성경 교사, 선교사, 교회 개척자가 포함되었다.

이들 지도자 대부분은 신학 교육을 받았음에도 불구하고 48가지 법칙을 처음 접했다고 말했다. 그들의 격려의 말이 이 책을 전문적으로 출판하는데 확신을 주었다.

당신과 내가 사역에서 생존하고 번성하려면 하나님이 일하시는 법칙을 알고 적용해야 한다.

목표

이 책을 쓰면서 나의 목표는 당신을 하나님 나라에서 더 큰 영향력을 발휘할 수 있도록 격려하고, 영감을 주고, 준비시키는 것이다. 그러므로 성령을 향해 열린 마음으로 이 책의 각 장을 묵상하며 읽기를 바란다. 당신이 그렇게 함으로써, 주님이 당신의 마음에 말씀하시고 새로운 차원의 사역 및 그 너머로 인도하시기를 기도한다.

이 책의 말미에는, 미국 전역의 목회자 컨퍼런스 및 리더십 훈련에서 내가 전했던, 한 번도 공개된 적이 없는 여러 메시지가 실린 웹 페이지가 제공된다.

나는 그 메시지에서 48가지 법칙 중 몇 가지와 하나님의 일에 관한 추가적인 관찰을 자세히 고찰한다.

나는 각각의 법칙에서 본질의 진수를 뽑아내기 위해 의도적으로 각 장을 짧게 구성했다. 특정 법칙에 대해 더 많은 조명이 필요하다고 판단될 때마다 그것을 실제로 보여줄 수 있는 예화나 스토리를 제공했다.

이 책의 끝부분에 있는 다섯 개의 코다coda는 각 장의 내용 못지않게 중요하다. 코다는 결론을 의미한다. 48Laws.net에 가면, 여러 개의 음성 파일과 여섯 개의 코다를 더 찾을 수 있다.

마지막으로, 두 가지를 덧붙이고자 한다.

첫째, 어떤 법칙은 다른 법칙과 모순되는 것처럼 보일 수 있지만, 이것은 그 법칙들의 진실성을 나타내는 표시이다. 성서적 진리는 종종 역설적이다. 예수님은 완전한 하나님인 동시에 완전한 인간이다. 성서는 우리에게 판단하라고 권고하면서 또한 판단하지 말라고 한다.[6] 그리고 앞뒤에 나란히 있는 이 두 개의 잠언을 숙고해보라:

> 미련한 자의 어리석은 것을 따라 대답하지 말라
>> 두렵건대 너도 그와 같을까 하노라
>> 미련한 자에게는 그의 어리석음을 따라 대답하라
>> 두렵건대 그가 스스로 지혜롭게 여길까 하노라.잠 26:4-5

영적 파워의 법칙들은 종종 이 역설적인 패턴을 따른다. 어떤 상황에서는 법칙이 한 방향으로 적용되지만 다른 상황에서는 그 반대 방향으로 적용된다. 이 책을 읽으면 내가 한 말의 의미를 알게 될 것이다.

요점: 아리스토텔레스의 논리는 언제나 하나님의 영원한 진리의 빛 아래서 무너지고 만다.

둘째, 나는 당신이 두 가지의 다른 자료로 이 책을 보완하기를 권한다. 하나는 나의 역작 『인써전스』*Insurgence* 하나님 나라의 복음 되찾기이고, 다른 하나는 『내려놓으려면, 붙잡아야 하는 것들』*Hang On, Let Go*: 인생이 송두리째 흔들리는 절체절명의 순간! 매달려라, 놓아버려라이다.

내가 『인써전스』에서 설명한 바와 같이 당신이 하나님 나라의 복음을 이해하고 그것을 받아들인다면, 48가지 법칙을 실행에 옮기는 것이 더 쉽다

---

6) Frankviola.org/judging에 있는 "Judge vs. Judge Not – What Is It?"를 참조할 것.

는 것을 알게 될 것이다.

아울러, 이것을 이해한다면 당신은 예수 그리스도의 일꾼으로서 고통에 시달리게 될 것이다. 어떤 고통은 너무 끔찍해서 설명할 수조차 없을 것이다. 『내려놓으려면 붙잡아야 하는 것들』은 당신이 그것들에 의해 파괴되지 않고 발전할 수 있도록 도움을 줄 것이다.

시작해보자.

절대로 하나님의 사람들에게 상처 주지 말라

이 첫 번째 법칙은 율법과 선지자와 맥을 같이 한다. 다른 무엇보다 중요한 법칙은 하나님의 사람들에게 절대로 상처를 입히지 않는 것이다.

당신이 동의하며 고개를 끄덕이기 전에 내가 의미하는 바가 무엇인지를 풀어보겠다.

헤아릴 수 없이 많은 사역자가 자신의 사역을 발전시키려 애쓰면서 주님의 양들에게 고통을 안겨주었다.

그들은 공격을 받을 때 자신을 방어할 뿐만 아니라 실제로 비방자들의 머리를 절단하고 "악당들을 학살slaughter the villains" 하려고 한다.

그런 육신적인 반응은 그들이 하나님의 방법들에 무지함을 증명한다. 어쩌면 그들이 머릿속으로는 그 방법들을 알지만 마음으로는 하고 싶지 않을지도 모른다.

내가 너무나도 뻔한 일을 언급하는 것이 아니다. 즉, 자기 교회를 은밀하게 강탈하여 선교를 위해 따로 떼어 놓은 교회 돈을 얼토당토않게 개인 경비로 낭비하는 목사의 경우처럼 노골적인 것을 지적하는 것이 아니다.

하나님의 사람들에게 상처를 입히는 것은 종종 더 교묘하다.

나는 내 인생에서 탁월한 은사를 가졌으면서 동시에 다음과 같은 방식으로 주님의 사람들에게 상처를 입힌 사람들을 알고 있다:

- 위협을 느낄 때 개인적으로나 공개적으로 그 사람들을 모욕하는 것.
- 결과를 조작해내려고 노골적으로 거짓말하는 것.
- 자신의 평판이 위태롭다고 생각하거나 어떤 일에 대해 전적으로 자신의 공로를 인정받기를 원할 때 사람들을 위협하는 것.
- 비꼬는 말로 미움을 가리고, 유머로 조롱을 가리는 것.
- 다른 사람들을 업신여기고 자신을 높이기 위해 거짓으로 비난하는 것. 이것은 보통 질투나 경쟁심에서 비롯된다. 이것의 예로 삼상 18:1-16을 참조하라.
- 사람들을 시기해서 조롱하는 것.
- 자신을 불안하게 하는 사람들을 비하하는 것.
- 하나님의 사람들로 하여금 무엇을 행하도록 조장하기 위해 죄책감, 정죄, 두려움, 수치심을 사용하는 것. 설사 그 무엇이 옳고 선하다고 여겨지는 일이라 할지라도. 이것에 대해서는 나중에 더 자세히 살펴볼 예정이다.
- 무례한 방법으로 믿는 자를 고쳐주려는 것.
- 자신의 사역을 번창시키기 위해 사람들을 이용하는 것.

그런 것들은 최소한 하나님의 사람들에게 상처를 입히고, 최악의 경우엔 그들을 황폐화시킨다. 그 결과는 손상된 영혼, 잃어버린 우정, 깨진 관계, 동료가 없는 대학살로 가득한 흔적이다.

높은 길로 가는 잃어버린 기술

나는 사역자들이 수년에 걸쳐 이런 전술 중 일부를 사용하여 엄청난 파멸을 초래하는 것을 지켜보았다. 그들은 쉽게 치유될 수 있는 길로 가지 못하도록 사람들을 혼란에 빠뜨린다.

이런 식으로 행동하는 사람들은 자기 파괴 행위에서 벗어나는 법을 터득하지 못했다.

이와 대조적으로, 주님은 언제나 그분의 일꾼들을 부르셔서 높은 길로 가게 하시고, 하나님과 그분의 사람들을 위해 반복적으로 외부의 거센 공격을 흡수하도록absorb the blows 하신다. 그리고 가장 중요한 것은, 그들의 자기 본성을 십자가로 넘겨주게 이끄시는 것이다.

결과적으로, 하나님의 일꾼들은 주 예수님 자신처럼 육신을 따르거나 육신에 의해 반응하지 않으면서 불의와 학대와 오용 당하는 것을 견딜 수 있다.

그들은 또한 성령이 사용하시는 다른 사람들에게 위협을 느끼거나 그 사람들을 시기하지 않고 그들 자체로서 충분히 안정을 누린다.

달리 말하자면, 하나님은 주님의 양 하나를 희생시키기 전에 그분의 청지기들을 부르셔서 그들 자신을 달려오는 기차 앞에 두도록 하셨다.

이런 이유로, 바울은 디모데에게 주의 종은 모든 사람에게 온유하며 "악을 견뎌내야" 한다고 말했다.딤후 2:24

즉, 때로는 손해가 불가피할 수도 있다. 어떤 사람들은 그것이 당신의 잘못이 아니더라도 화를 낼 것이다.

그럴지라도, 하나님의 사람들에게 상처를 입히는 것은 결코 선택 사항이 아니다.

이 문장을 기록하는 것이 나에겐 마음 아픈 일이지만, 충분히 깨졌고bro-ken, 비난받을 때 부드럽게 대하고, 지적받을 때 은혜롭게 반응하고, 하나님께서 은사를 많이 주신 다른 사람들을 시기하지 않고, 하나님께 호의를 입은 사람들에게 위협을 느끼지 않고, 악을 악으로 갚기를 거부하는 크리스천 지도자들은 붉은 다이아몬드보다 더 희귀하다.

하지만 이것이 바로 주님을 섬기는 우리 각 사람을 부르신 그분의 표준이다.

여기에 좋은 소식이 있다: 당신이 과거에 주님의 사람들에게 상처를 입혔다면, 그들에게 사과하고 같은 실수를 반복하지 않을 시간이 당신에게 있다.

나는 사역의 초기에 주님의 사람들에게 결과적으로 상처를 준 어리석은 결정을 내렸었다. 감사하게도, 나는 빨리 사과했고 가능한 한 그것을 바로잡았다.

어떤 사람들이 당신의 사과를 절대로 받아들이지 않더라도, 당신의 사과가 진정성이 있고 또 당신이 정말 회개했다면 주님께서는 당신의 사과를 존중해주실 것이다. 그리고 어쨌든 중요한 것은 그분의 견해이다.

그리스도인을 흠집 내어 그 밑에 무엇이 있는지 알아보라

지구상에서 가장 위험한 사람은 자신의 사역을 보전하기 위해 무엇이든 할 사람이다. 그러나 우리는 그리스도를 그렇게 배우지 않았다.[7]

대부분의 기독교 지도자들은 공격을 받거나, 비난을 받거나, 위협을 느낄 때, 하나님의 사람들에게 상처를 입히고, "이기기" 위해 경건치 못한 방식으로 반응한다.

나는 한 컨퍼런스에서 다른 지도자들과 함께 강사로 섬겼을 때를 기억한다. 컨퍼런스가 끝난 후, 함께 했던 우리 몇 사람이 점심 식사를 했다.

강사 중 한 명은 잘 알려진 목사였는데 화가 나 있었다. 그리고 그의 교인 중 한 사람으로부터 받은 편지를 우리에게 설명하기 시작했다.

---

[7] "오직 너희는 그리스도를 그같이 배우지 아니하였느니라." 이것은 엡 4:20에서 멋지게 표현된 바울의 말이다.

그 목사가 그에게 정당한 우려를 제기한 여자의 편지를 읽는 동안, 우리는 그에게서 타오르는 분노를 감지할 수 있었다.

그녀는 중요한 문제에 관해 상의하기 위해 그 목사에게 연락하려고 애썼는데, 여러 번 시도했음에도 불구하고 그가 왜 응답하지 않는지 의아해했다.

그는 즉각적으로 그녀를 무시해버렸다.

그 목사는 문제를 인정하기는커녕 그가 반응할 것이라는 그녀의 기대가 얼마나 잘못된 것인지 우리에게 당당하게 말했다. 그는 "나는 이런 어리석은 이들에게 이제 너무 지쳤어요!"라고 소리쳤다.

그는 주위를 산만하게 하더니 마침내 그녀에게 보낼 편지를 꺼냈다. 그는 자신을 변호하기 위해 비웃음을 곁들인 분노의 장광설을 토해냈다. 그는 그녀에게 모욕을 주고, 그렇게 함으로써 자신을 합리화하려고 작정했다.

그는 말로 그녀를 난도질했다.

이 모든 것이 한 가지를 증명했다: 이 사람은 청중 앞에서는 말을 잘 했지만, 예수 그리스도의 십자가에 관해서는 아는 것이 전무했다.

그는 깨어짐brokenness에 관해서 전혀 알지 못했다.

그는 지는 것losing에 관해서 전혀 알지 못했다.

그는 순전히 육신에 따라 반응했다.

마찬가지로, 그의 친구들 중 누구도 이것을 있는 그대로 보지 못한 것 같았다. 그들 중 누구도 그에게 전화를 걸지 않았다. 그 대신 그들은 그의 육신적인 반응을 묵묵히 확인했다.

그들 또한 반대파를 비방하는 법을 배웠다.

여기에 요점이 있다: 당신의 제자도는 당신이 흠집 날 때마다 그 실체를

드러낸다.

진실로 주님 안에서 행하는 사람, 즉 경건한 수사rhetoric가 아닌 실제로 살아내는 사람은, 흠집이 나더라도 반격하지 않는다.

진실로 주님 안에서 행하는 사람, 즉 경건한 수사rhetoric가 아닌 실제로 살아내는 사람은, 흠집이 나더라도 반격하지 않는다. 그들은 비판과 핍박에 직면해서도 어떻게 충격을 흡수하고 어린 양의 영the Spirit of the Lamb을 드러낼지 알고 있다. 그리스도 안의 자매가 한 말에 응답하지 않은 이 저명한 목사가그리스도 안의 한 자매의 말에 응답하지 않아서 그녀가 유감을 표명했기 때문에 육신적으로 반응했다면, 만일 누군가 그 목사를 부당하게 공격하거나 악의적인 의도로 비방했을 경우엔 어떻게 반응하겠는가

> 만일 네가 보행자와 함께 달려도 피곤하면 어찌 능히 말과 경주하겠
> 느냐 네가 평안한 땅에서는 무사하려니와 요단강 물이 넘칠 때에는
> 어찌하겠느냐. 렘 12:5

나는 이 질문에 답할 필요가 없다고 생각한다.

내가 이런 경우를 본 것이 그때가 마지막이었다고 말했으면 좋겠다.

나는 유명한 그리스도인들이 방어적이고 육신적으로 비슷하게 반응하는 것을 보면서 이렇게 생각했다: **그들은 그들의 삶에 십자가의 흔적이 전혀 보이지 않으면서 어떻게 하나님의 백성을 인도할 수 있을까?**

십자가를 받아들이는 것은 결코 쉽지 않다. 당신에게도, 나에게도.

내가 20대 중반에 처음 주님을 섬기기 시작했을 때, 때로는 육신적으로 반응했었다. 나는 누군가가 나를 부당하게 대했다고 느꼈을 때 화가 치밀었다. 나는 침묵을 지키는 것이 낫겠다고 생각했을 때는 때때로 냉소적으로

반응했다.

그러나 주님은 그런 실수들을 사용하셔서 그 어떤 경우라도 결코, 절대로 하나님의 사람들에게 상처를 입히지 말라는 귀중한 교훈을 가르쳐 주셨다.

그 대신, 지는 쪽을 택하라고 하셨다.

주님은 우리가 마음에 새겨야 할 아래의 말씀을 하셨다:

> 또 자기 십자가를 지고 나를 따르지 않는 자도 내게 합당하지 아니하
> 니라 자기 목숨을 얻는 자는 잃을 것이요 나를 위하여 자기 목숨을 잃
> 는 자는 얻으리라. 마 10:38-39

여기에 아주 중요한 원리가 있다: 우리가 예수님을 위하여 지는 쪽을 택하고, 우리의 목숨을 바치고, 부당한 대우를 받아들일 때 하나님은 우리에게 그분의 능력을 주신다.

바울은 그의 "육체의 가시"를 견뎌내는 고통을 묘사하면서 자신이 발견한 다음과 같은 원리를 강조했다:

> [예수님이] 나에게 이르시기를 내 은혜가 네게 족하도다 이는 내 능력
> 이 약한 데서 온전하여짐이라 하신지라 그러므로 도리어 크게 기뻐함
> 으로 나의 여러 약한 것들에 대하여 자랑하리니 이는 그리스도의 능
> 력이 내게 머물게 하려 함이라 그러므로 내가 그리스도를 위하여 약
> 한 것들과 능욕과 궁핍과 박해와 곤고를 기뻐하노니 이는 내가 약한
> 그 때에 강함이라. 고후 12:9-10

나는 바울의 "가시"가 바울의 삶과 사역에 계산적인 공격을 가했던 사람 곧 사탄에 의해 조종당했던 사람이라고 믿는다.8 하지만 당신이 동의하지 않는다 해도, 논쟁의 여지가 없는 요점은 우리가 낮아질 때 하나님의 능력이 우리에게 머무른다는 사실이다.

그렇다면, 친애하는 크리스천 지도자여, 실제이든 소원이든, 누군가가 당신을 흠집 낼 때 어떻게 반응하는가?

당신의 양심을 침묵시키거나 자신을 정당화하는 실수를 저지르지 말라. 우리는 모두 실수를 한다. 그리고 우리는 모두 시시때때로 실패한다.

그러나 만일 당신이 자동적으로 육신에 의해 반응하는데도 당신의 반응이 육신적이라는 것을 내면의 본능이 감지하지 못한다면, 당신의 마음에 뭔가 심각한 문제가 있는 것이다.

여기에 당신의 영적 성숙을 평가하는 기준이 있다: 위협을 당할 때 당신은 어떻게 반응하는가? 그리고 압박감을 느낄 때 당신은 무엇을 하는가?

나는 당신이 소셜미디어에서 얼마나 많은 가입자를 보유하고 있는지, 당신의 교인수가 얼마나 많은 지, 또는 당신이 잘 나가는 사람들을 얼마나 많이 알고 있는지에 관심 없다. 이 질문은 당신이 어떤 사람인지에 대한 적나라한 현실로 귀결된다.

비난과 압박감에 대한 당신의 반응은 당신이 전한 그 모든 영광스러운 메시지보다, 당신이 사인한 그 모든 책보다, 당신과 셀카를 찍은 그 모든 "대단한" 사람보다 당신의 영적 수준을 더 잘 드러내 준다.

유감스럽게도, 오늘날 많은 목사에게는 들이마실 깨어짐의 공기the air of brokenness가 너무 희박하다. 그러므로 나는 당신에게 권고한다: 따로 떨어져

---

8) "Rethinking Paul's Thorn in the Flesh" at frankviola.org/paulsthornintheflesh에서, 나는 이 해석에 대한 근거를 제시한다.

서서 그 공기를 들이마시라.

　당신 자신의 자기 파괴 행위에 맞서서 절대로 하나님의 사람들에게 상처를 입히지 말라. 그 대신, 기꺼이 죽으라.

　그것이 당신의 사역을 잃는다는 것을 의미하더라도.

사람을 기쁘게 하는 사람이 되지 말라

영적 사역에서 가장 에너지를 빨아들이는 요소 중 하나는 사람을 기쁘게 하는 사람a people pleaser이 되는 것이다.

이 사고방식과 태도를 무자비하게 처리하지 않는다면 결국 그것이 당신의 사역을 허물어뜨리고 당신의 영적 파워를 고갈시키고 말 것이다.

사람을 기쁘게 하는 사람이 되면, 종국에는 당신을 등지고 당신의 세계를 혼란에 빠뜨릴 손상된 사람들damaged people을 당신의 삶에 끌어들이게 된다.

사람을 기쁘게 하는 사람들은 결국 영원히 패배하고 만족스럽지 못한 자신을 발견하게 된다.

왜? 그들이 살아 계신 하나님이 아니라 죽을 수밖에 없는 일개 인간의 종이 되기를 스스로 허용했기 때문이다.당신은 이 문장을 다시 소환하고 싶을 수도 있다

마음을 살피게 하는 바울의 이 말을 들어보라:

> 이제 내가 사람들에게 좋게 하랴 하나님께 좋게 하랴 사람들에게 기
> 쁨을 구하랴 내가 지금까지 사람들의 기쁨을 구하였다면 그리스도의
> 종이 아니니라.갈 1:10

요점: 당신은 그리스도를 섬기면서 인간을 기쁘게 하려고 할 수 없다.

당신은 피자가 아니다

내 친척 중 하나가 내 생일에 액자 하나를 선물했는데 거기에 이런 글귀가 써 있었다: "당신은 모든 사람을 기쁘게 할 수 없다. 당신은 피자pizza가 아니다."

이 문구는 하나님을 섬기는 모든 사람의 마음에 새겨져야 한다.

당신은 피짜가 아니다. 당신은 모든 사람을 기쁘게 할 수 없고, 그런 시도를 하는 것조차 심각한 실수이다.

그러므로 당신이 미리, 아니면 뒤늦게라도 그만두는 것이 어떨까?

예수님은 친절하고, 은혜롭고, 동정심이 많으셨지만 결코 사람을 기쁘게 하는 분이 아니셨다. 그분은 인간의 필요에 항상 응답하신 것은 아니다.

그 대신, 예수님은 그분의 아버지의 인도하심을 따라 움직이셨다. 그리고 사람의 필요와 하나님의 인도하심은 항상 일치하지 않았다. 나사로의 죽을 병이 그 예이다.

만일 예수님이 사람을 기쁘게 하는 분이셨다면, 나사로가 병들었을 때 베다니로 오시라는 마리아와 마르다의 간청을 전달받자마자 만사 제쳐놓고 달려오셨을 것이다.

그러나 예수님은 지체하셨다. 의도적으로.

왜 그렇게 하셨는가? 우리 주님의 아버지는 다른 계획을 가지고 계셨고, 그분의 유일한 염원은 일개 인간인 우리가 아닌 그분의 아버지를 기쁘게 하는 것이었기 때문이다.

주님은 항상 무엇이 필요한지를 아시고, 항상 시간을 정확히 지키신다. 그분은 그저 우리의 계산이나 기준을 따라 일하시지 않는다. 사실, 그분은 완전히 다른 시간대에서 사신다.

사람을 기쁘게 하는 것의 배후에 있는 뿌리

기독교 지도자들은 종종 사람을 기쁘게 하는 경향이 있다. 그러나 그것은 실제로 더 깊은 문제의 증상이다.

사람을 기쁘게 하는 것은 대개 자존감self-worth의 결핍에서 비롯된다. 사람들은 인정받고 사랑받기를 원하기 때문에 다른 사람들을 기쁘게 하려고 한다.

사람을 기쁘게 하는 사람들은 어린 시절에 부당한 대우를 받았던 경우가 많다. 따라서 그들은 좋은 대우를 받으려면 어느 시점에서 다른 사람들을 행복하게 해줘야 한다고 무의식적으로 결론을 내렸다.

당신이 사람을 기쁘게 하는 일에 관여하고 있음을 드러내는 몇 가지 눈에 띄는 징후를 여기에 소개한다:

- 당신은 당신의 실제 의견을 숨기고 겉으로는 다른 사람들의 의견에 동의한다.
- 당신의 잘못이 아닌 일에도 지나치게 사과한다.
- 당신은 다른 사람들이 어떻게 느끼는지에 대해 책임감을 느낀다.
- 당신은 뭔가를 요청받을 때 "아니오"라고 대답하는 것이 거의 불가능하다는 것을 발견한다.
- 당신은 편안함과 만족감을 느끼기 위해 당신을 칭찬할 사람들을 필요로 한다.
- 당신은 갈등을 피하기 위해 개인적인 가치들을 포기한다.

사람을 기쁘게 하는 사람들을 위한 해독제

사람을 기쁘게 하는 질병의 해독제는 사람을 두려워하는 그 두려움과 함께 당신 자신의 겟세마네를 갖는 것이다.

> 사람을 두려워하면 올무에 걸리게 되거니와 여호와를 의지하는 자는
> 안전하리라. 잠 29:25

당신이 하나님을 두려워한다면 다른 어떤 것도 두려워할 필요가 없다.

> 이 백성이 반역자가 있다고 말하여도 너희는 그 모든 말을 따라 반역
> 자가 있다고 하지 말며 그들이 두려워하는 것을 너희는 두려워하지
> 말며 놀라지 말고 만군의 여호와 그를 너희가 거룩하다 하고 그를 너
> 희가 두려워하며 무서워할 자로 삼으라. 사 8:12-13

나는 A. W. 토저Tozer가 경외심reverence을 정의한 것과 같은 방식으로 하나님께 대한 두려움을 정의한다: "하나님이 보일 때 인간의 마음에 떠오르는 놀라운 경외심the astonished awe."9

지금 당신의 충성심을 다른 사람들을 기쁘게 하는 것에서 하나님을 기쁘시게 하는 것으로 바꾸겠다고 결단하라.

데살로니가 전서 2:3-12에서, 바울은 자기 사역의 사고방식ministry mind-set을 설명했다. 다음은 하나님의 사람들을 향한 그의 사역의 증표이다.

- 그는 순수한 동기를 가졌다.
- 그는 속이려 하지 않았다.
- 그는 하나님께서 자기를 복음을 위탁하신 사람으로 옳게 여기신다

---

9) 나는 토저가 오래 전에 전한 메시지에서 그가 내린 이 정의에 대해 들었다.

는 확신을 느꼈다.

- 그는 사람이 아닌 하나님을 기쁘시게 하려 했다.
- 그는 하나님께서 그의 마음을 감찰하신다는 것을 인식했다.
- 그는 아첨하는 말을 하거나 탐심을 수용하지 않았다.
- 그는 사람에게서 영광을 구하지 않았다.
- 그는 사도로서의 권위를 주장하지 않았다.
- 그는 단지 복음만이 아니라 자기 자신을 믿음의 공동체들과 나누었다.
- 그는 교회나 개인에게 폐를 끼치지 않으려고 스스로 일해서 충당했다.
- 그는 거룩하고, 옳고, 흠 없는 태도로 행동했다.
- 그는 믿는 자들을 향해 어머니가 자기 자녀를 돌보듯 유순하고 다정했다.
- 그는 아버지가 자기 자녀에게 하듯 믿는 자들이 하나님께 합당하게 행하도록 권면하고, 위로하고, 경계했다.

끊임없이 사람들을 행복하게 하려고 한다면 당신은 결코 하나님 나라에서 전진할 수 없을 것이다.

예수님을 십자가 못박게 했던 빌라도는 "무리에게 만족을 주고자" 그렇게 했다.막 15:11-15 그의 발자취를 따라가는 실수를 범하지 말라.

간단한 과제를 주겠다:

- 당신의 핵심 가치 목록을 작성하라. 그 다음, 어떤 대가를 치르더라

도 결코 이를 위반하지 않겠다는 단호한 결단을 하라. 10

• 은혜롭게 "아니요"라고 말하는 기술을 연마하기 시작하라. 간단하게 "그렇게 하고 싶지만 지금 당장은 좀 힘들겠네요" 또는 "이전에 약속이 있어서 가능하지 않겠네요" 정도면 충분할 것이다.

아래의 세 구절을 매일 볼 수 있는 곳에 배치해서 상기하는 것도 나쁘지 않을 것이다:

무슨 일을 하든지 마음을 다하여 주께 하듯 하고 사람에게 하듯 하지 말라. 골 3:23

기쁜 마음으로 섬기기를 주께 하듯 하고 사람들에게 하듯 하지 말라. 엡 6:7

그러즉 너희가 먹든지 마시든지 무엇을 하든지 다 하나님의 영광을 위하여 하라. 고전 10:31

당신에게 주어지는 모든 필요에 응답하는 것은 사역의 소진, 타협, 우울증, 그리고 결국에는 통렬한 패배로 이어진다.

그러므로 사람들의 필요, 요구, 욕망, 호소 등에 기초해서 결정하는 것을 멈추라.

그 대신, 성령이 당신을 무엇으로, 언제, 그리고 어디로 인도하시는지를 발견하라.

---

10) 『내려놓으려면 붙잡아야 하는 것들』*Hang On, Let Go*(대장간, 2023) 39장에서, 나는 타협할 수 없는 핵심 가치에 관해 이야기했다.

그렇게 할 때, 어쩌면 당신 또한 "하나님의 영광"을 보게 될지도 모른다. 요 11:4

요약하자면, 당신이 모든 사람에게 모든 것이 되려고 노력한다면, 하나님께서 당신에게 주신 목표에 결코 도달하지 못할 것이다. 영적 파워 또한 잃게 될 것이다.

그러므로 사람을 기쁘게 하는 사람이 되지 말라.

법칙 3

빈 집을 조심하라

언젠가 예수님께서 빈 집an empty house의 위험성에 대해 아래의 비유를 말씀하신 적이 있다:

> 더러운 귀신이 사람에게서 나갔을 때에 물 없는 곳으로 다니며 쉬기를 구하되 쉴 곳을 얻지 못하고 이에 이르되 내가 나온 내 집으로 돌아가리라 하고 와 보니 그 집이 비고 청소되고 수리되었거늘 이에 가서 저보다 더 악한 귀신 일곱을 데리고 들어가서 거하니 그 사람의 나중 형편이 전보다 더욱 심하게 되느니라 이 악한 세대가 또한 이렇게 되리라. 마 12:43-45

이 좀 이상한 이야기는 예수님께서 처음 말씀하셨던 "악한 세대"에게 적용되었던 것과 마찬가지로 오늘날에도 적용된다.

누룩을 퍼뜨리는 바리새인들이 예수님께서 사탄의 권세를 빌려 귀신을 쫓아낸다고 비난한 후에 예수님은 이 비유를 말씀하셨다. 마 12:24

유감스럽게도, 오늘날 우리에게는 계속해서 같은 발자취를 따르면서 자신들이 이해하지 못하는 모든 것을 지옥의 일로 전가시키는 바리새인들의 "손주들"이 있다.

하지만 그 지독한 비난을 제쳐두고, 이 비유에는 무서운 진리가 담겨 있다.

1세기로 돌아가서 십대 소년일 때 살아 계신 하나님의 진정한 손길을 경험했던 바리새인을 만나보자. 우리는 그를 도론Doron이라고 부를 것이다. 그 하나님의 손길이 도론의 삶에 개혁을 일으켰다. 도론이 "그의 집을 청소했다"고 해두자. 그는 자신의 행동에서 부정적인 것들을 제거하고 그의 집을 정리했다.

그러나 문제가 생겼다.

도론은 그의 집을 하나님의 것들로 채우지 않았다. 그의 집은 잘 정리되었지만, 비어 있었다.

그 결과는? 처음 도론의 집을 떠났던 귀신이 일곱 귀신일곱은 성서에서 '완전'을 상징하는 숫자이다을 찾아 그의 집에서 살려고 전부 데리고 왔다.

시간이 흐른 후, 도론은 예루살렘에서 예수님을 "십자가에 못 박으라!"라고 천둥 소리처럼 외치는 군중을 이끌고 서 있었다.

그리고 그의 나중 형편은 하나님을 처음 만나기 전보다 훨씬 더 심했다.

사실상, 도론은 결국 십대 소년 때 자신의 삶을 드리기로 서약했던 대상, 바로 그 분을 십자가에 못박은 것이다.

그의 삶이 겉으로 보기엔 멀쩡해 보여도 그의 내면은 공허하고 황량했다. 그리고 그는 자신도 모르는 사이에 하나님의 원수에게 쓰임 받는 도구가 되었다.

그 원리를 적용하기

그 원리는 오늘날에도 적용된다.

과거 언제쯤 당신은 살아 계신 하나님을 만났다. 당신은 영광을 알았고 당신의 집을 정리했다.

시간이 흘러, 당신은 이전에 했던 것과 똑 같은 모든 종교적인 일에 관여하고 있다. 하지만 당신의 집은 비어 있다.

만일 당신이 오랫동안 집을 비워두면 하나님의 부르심에 응답하기 전보다 더 심한 상태에 빠지게 될 것이다.

이 비유는 이것을 가르쳐준다: 우리가 우리의 삶을 깨끗이 청소하고 우리의 집을 정리할 때, 하나님의 생명이 우리 마음에 꾸준히 유입되는 것이 중요하다.

그렇지 않으면 우리는 타락할 뿐만 아니라 예수님을 만나기 전의 어떤 것보다 더 어두운 무엇으로 전락하고 말 것이다.

요점: 당신은 하나님의 기름 부음에 의해 사역을 한 이후에 가장 유혹을 받기 쉽다.

왜 그럴까? 하나님의 놀라운 능력이 방금 당신을 소비했기 때문이다. 당신은 마음을 다 쏟아 부어 말씀을 전했고 모든 면에서 지쳐버렸다.

이런 이유로, 당신이 육신의 충동에 굴복하게 될 가장 취약한 때는 하나님께서 당신을 강한 능력으로 사용하신 직후이다. 당신에게서 너무 많은 것이 나왔기 때문에 당신은 인생의 그 어느 때보다 죄를 짓기 쉽다.

보라, 당신의 집에 빈 방이 있다! 텅 비어 있다. 이제 당신은 극도로 취약하고 유혹에 크게 노출되어 있다.

이것이 바로 내가 하나님의 능력으로 사역한 사람들에게 다음과 같이 권하는 이유이다: 사역을 하고 나서 만족스럽고 즐거운 뭔가를 론 적절한 일를 하라.

어떤 사람들에겐 그것이 디저트를 겸한 풍성한 식사가 될 수도 있다. 나는 밀크셰이크와 스테이크를 선호한다

또 누군가에겐 그것이 오락이나 취미 활동일 수도 있다.

영적인 일에 지속적으로 관여하는 사람은 회복할 시간이 필요하다.

하나님은 우리를 영만이 아닌 몸과 영혼으로도 지으셨다. 결과적으로, 우리 인체 구조의 각 부분은 휴식, 오락, 재충전을 위한 시간이 필요하다. 특히 영적 파워에 의해 사역한 후에 더욱 그렇다.

그러므로 하나님께서 당신을 사용하신 후 다시 연료를 보급할 시간이 필요하다. 당신의 집 안에 있는 모든 방을 가득 채우는 것이 중요하다.

역사의 비극적인 쓰레기

기독교 지도자가 세상으로 되돌아가버리는 것은 고사하고 구원받기 전보다 더 나빠지는 것을 당신은 본 적이 있는가? 나는 그런 경우를 세다가 포기했다.

마찬가지로, 당신은 놀라운 방법으로 하나님의 능력을 행사하다가 지속적으로 죄를 짓는 은밀한 삶이 드러난 누군가를 목격한 적이 있는가?

흘러온 역사의 행진passing parade of history을 연구하는 학생으로서 내가 연구한 판단에 따르면, 위의 경우들에 일어난 일은 빈 집의 비유로 설명될 수 있다.

이 지도자들은 그들의 삶의 한 지점에서 내적인 개혁을 했으나 영적 생명의 지속적인 유입이 결핍되었다.

역사에는 극심한 유혹에 빠져 사역을 망친 하나님의 종들의 사례가 쓰레기처럼 널려 있다.

그런 유혹들은 대부분 하나님께서 그들을 컨퍼런스, 집회, 부흥회 등에서 크게 쓰신 후에 다가왔다. 그것이 모순처럼 들리겠지만 사실이다.

어째서 이런 일이 벌어지는가? 어떻게 이런 일이 일어날 수 있는가? 그것은 그들의 집이 비어 있는데도 그들이 그 집을 채우지 않았기 때문에 발생한다.

이 사실을 인식하는 것이 전투에서 승리하는 전반부에 해당한다. 후반부는 당신의 빈 집을 좋은 것들로 재빨리 채우는 것이다.

빈 집을 가졌다는 것은 매우 위험하다!

정기적인 영적 생명의 유입으로 내면의 부분을 채우려는 당신의 의도를 분명히 하라. 11 사역을 한 후에 즐겁고 만족스러우면서도 적절한 뭔가를 하라.

당신의 내면에 있는 집은 궁극적으로 어떤 것에 의해 채워지게 될 것이므로 절대로 그 집을 너무 오래 비워두지 말라.

이것이 지속적인 영적 파워를 얻는 길이다.

---

11) 나는 Beautiful Pursuit Master Class에서, 당신이 주님을 추구하여 집을 채우는 다양한 방법을 자세히 공유한다. frankviola.org/classes에서 그것을 확인할 수 있다.

법칙 4

하나를 만들기 위해서는 하나가 필요하다

이 법칙은 돌에 새긴 것처럼 지울 수 없다. 그것은 확고부동하다.

그것은 한 문장으로 요약될 수 있다: **하나를 만들기 위해서는 하나가 필요하다.**

달리 표현하자면, 당신은 당신 자신이 아닌 것을 사람들에게 줄 수 없다. 그리고 사람들은 당신이 한 **말**보다 당신의 **됨됨이**를 더 따를 것이다.

결과적으로, 당신의 사역 대상인 남자들이 아내를 위해 목숨을 내놓기를 당신이 원한다면, 당신은 방금 당신의 아내를 위해 당신의 목숨을 내놓겠다고 자원한 것이다.

당신의 교회에 있는 자매들이 험담하지 않는 것을 보고 싶다면, 당신도 험담하지 말아야 한다.

당신에게 배우는 사람들이 온유하고 관대하며 걱정, 불안, 분노에 굴복하지 않기를 원한다면, 당신도 그런 유형의 사람이 되어야 한다.

당신의 교회가 더 기도하고, 그리스도를 더 나누고, 성서를 더 읽는 것을 보고 싶다면, 당신은 방금 더 기도하고, 그리스도를 더 나누고, 성서를 더 읽겠다고 자원한 것이다.

당신이 섬기는 대상이 덜 가혹하고 덜 비판적인 것을 보고 싶다면, 당신도 그렇게 해야 한다.

많은 하나님의 사람이 죄책감과 수치심에 시달린다. **나는 충분히 하고**

있지 않다는 생각은 죄책감이고, **나는 충분하지 않다**는 생각은 수치심이다.

슬프게도, 많은 기독교 지도자 또한 이 쌍둥이 적들과 싸우고 있다. 감사한 것은 그것을 위한 해독제가 있다는 사실이다.[12]

당신이 섬기는 사람들이 죄책감과 수치심에서 해방되는 것을 보고 싶은가? 그렇다면, 당신 자신이 그것들에서 해방되어야 한다.

안타깝게도, 많은 사역자가 자신이 선천적으로 결함이 있다고 믿음으로써 이 부정적인 이야기를 내면화한다는 비판을 너무 자주 받아왔다.

나는, 자신의 설교와 리더십 스타일에 대해 너무 많은 신음과 불평 소리를 듣고 머리를 오븐에 집어넣고 싶을 정도의 위험한 상태까지 간 목사들을 만났다.

이런 관점에서 볼 때, 하나님의 종으로서 당신에게 미치는 영향의 가장 큰 요소는 당신 자신의 변화이다. 여기에는 거짓된 부정적인 단어를 받아들이기를 거부하는 것도 포함된다.

효과적인 사역의 핵심 요소가 개인의 변화라는 생각은 전략, 기술, 고등교육, 스타일 등에 중점을 두는, 사실상 모든 목회자 세미나와 리더십 컨퍼런스와 충돌한다.

미안하지만 이 모든 것은 당신 자신의 변화에 비하면 아무것도 아니다.

왜? 당신이 다른 사람들에게 영향을 끼치게 될 것은 **가르침**이 아니라 당신의 **됨됨이**이기 때문이다.

---

12) **3D Master Class**의 갈라디아서는 많은 성직자와 비지도자를 비난, 죄책감, 수치심, 종교적 의무 및 책임으로부터 자유롭게 했다. frankviola.org/classes에서 무료 샘플을 확인할 수 있다.

가장 큰 장애물

워치만 니는 그의 훌륭한 책 *The Release of the Spirit*에서 이렇게 말했다:

> 하나님을 섬기는 사람은 누구나 자신의 일을 방해하는 가장 큰 장애
> 물이 다른 사람들이 아니라 자기 자신이라는 것을 조만간 발견하게
> 될 것이다. 13

언제나 사역 자체보다 주님의 사역자가 더 중요하다. 그 이유는 사역자를 그의 사역에서 분리시킬 수 없기 때문이다. 사역에는 좋든 나쁘든 언제나 그 사역에 책임을 맡은 사람의 흔적이 남게 된다.

결과적으로, 사역자의 영적 상태는 언제나 그 사람의 사역에 영향을 준다.

교만한 사역자들은 교만한 사람들을 낳는다.

거친 뱃사람들의 언어를 쓰는 지도자들은 불경스러운 말을 사용하는 사람들을 낳을 것이다.

중상모략자들은 다른 사람들을 중상모략하는 사람들을 낳을 것이다.

거짓말을 밥 먹듯 하는 사람은 부정직한 사람들을 낳을 것이다.

가혹하고 비판적이며 비난을 일삼는 지도자들은 그들과 같은 사람을 만들어낸다.

숙련된 업자들은 다음과 같이 말한다: 성공적인 기업가는 기존 제품을 홍보하는데 시간의 80 퍼센트를 사용하고, 새로운 제품을 만드는데 20 퍼센트를 사용한다.

---

13) Watchman Nee, *The Release of the Spirit* (Indianapolis: Sure Foundation, 1965), 9.

당신이 그리스도의 일꾼으로서 효과적이기를 원한다면, 최소한 시간의 80 퍼센트를 당신 자신의 변화를 위해 사용하라. 이것엔 당신의 주님을 알고 그분을 더 닮아가는 것이 포함된다. 그리고 20 퍼센트의 시간은 설교자, 지도자, 교회 개척자 또는 관리자로서 계발하는데 사용하라.

사람은 자신이 간 만큼만 다른 사람을 데려갈 수 있다. 당신의 됨됨이가 당신이 섬기는 사람들의 수준이 될 것이다.

요점: 절대로 당신이 가보지 않은 곳으로 당신의 군대를 보내지 말라. 성벽을 오르는 첫 번째 사람은 피를 흘리게 된다. 그것이 리더십의 대가이다.

하나를 만들기 위해서는 하나가 필요하다. 이것은 최고의 법칙이자 우주의 원리이다.

법칙 5

유명세를 혐오하라

안전 벨트를 매라. 이 장은 험난할 것이다.

내 책들을 오랫동안 읽어온 독자들은 내가 수년에 걸쳐 계란으로 바위 치듯 한 것 중 하나가 기독교계의 유명인 문화the celebrity culture와 관련되어 있다는 것을 안다.

예수님은 한때 당대의 종교 지도자들에게 다음과 같이 정신 번쩍 들게 하는 말씀을 하신 적이 있다:

> 나는 사람에게서 영광을 취하지 아니하노라 다만 하나님을 사랑하는 것이 너희 속에 없음을 알았노라 나는 내 아버지의 이름으로 왔으매 너희가 영접하지 아니하나 만일 다른 사람이 자기 이름으로 오면 영접하리라 너희가 서로 영광을 취하고 유일하신 하나님께로부터 오는 영광은 구하지 아니하니 어찌 나를 믿을 수 있느냐.요 5:41-44

믿음의 가장 큰 장애물은 살아 계신 하나님 대신에 일개의 인간에게서 영광을 받으려는 욕망이다.

영적인 영역에서 인도하는 사람들은 특히 취약하다. 이런 점에서, 역사는 반복된다.

그러나 관리 중에도 그를 믿는 자가 많되 바리새인들 때문에 드러나
게 말하지 못하니 이는 출교를 당할까 두려워함이라 그들은 사람의
영광을 하나님의 영광보다 더 사랑하였더라.요 12:42~43

어쩌면 당신의 믿음을 파멸시키는 가장 좋은 방법은 현대 기독교계를 지
배하는 유명인 문화를 받아들이는 것일지도 모른다. 영적 전염병인 이 문화
는 하나님의 사람들이 기독교 지도자들을 왕족처럼 대하도록 장려한다.

유명세를 탄 설교자의 이야기

우리는 모두 그 이야기를 읽었다. 한 젊은 목사가 고지를 오르기 위해 밤
낮을 가리지 않는다. 야망은 그를 목이 쉴 대로 쉰 대통령 후보처럼 만든다.
결국 그가 그리 젊지 않은 나이에도 여전히 유행을 따르고 최신 멋을 즐기
고 있다.

그는 그의 꿈을 이루었다. 그는 복음주의 먹이사슬의 정상에 올랐다.

그의 급부상한 명성과 함께 그의 교회는 너무 커져서 사람들이 자리를
잡기 위해 건물 주위에 뱀처럼 길게 줄을 선다. 그는 예배 전에 운전기사가
데려다 준 교회 건물의 뒷문을 이용하여 곧바로 개인용 엘리베이터를 타고
대기실로 이동한다.

본당의 처음 몇 줄은 VIP 회원과 유명 인사를 위해 예약되어 있다.

스키니 청바지skinny jeans와 인류에게 알려진 가장 가장 현란한 셔츠가 그
의 성직자 유니폼을 구성한다. 그것들은 역겨울 정도로 고가인 그의 운동
화sneakers로 돋보인다.

그는 섬광을 뿜어내는 조명을 받으며 강단으로 성큼성큼 걸어간다. 무
대 연기가 좌석을 가득 채운다. 회중은 록 콘서트에 있는 것처럼대마초는 빼고

매료된다.

목사는 무대 공연"설교"의 전달을 마친 후 사라지고, 회중 중 단 한 명의 영혼과도 교류하지 않는다.

그는 경호원들때때로 "갑옷 소지자들"이라고도 일컫는다을 고용하고 있다. 또한 팬클럽도 있고, 그의 아내는 "퍼스트 레이디"로 불린다.

꿈을 꾸는 듯한 눈을 가진 팬들은 멀리서 그의 가족을 얼빠진 듯 바라보고 있다. 사람들은 그와 함께 셀카를 찍으려고 팔을 내민다. 극성 팬들은 그의 복장은 물론 그의 억양까지 흉내 낸다.구역질날 정도로!

그는 인간이 만든 스타일, 매끄러움, 화려함, 시원함의 계층 구조에서 "스타의 위치stardom"에 올랐다. 그는 자신만의 브랜드가 있으며 메가mega, 초대형라는 접두사 없이 사는 것에 더는 만족을 느끼지 않는다.

유명세를 탄 목사는 세일즈맨이자 상품이다.

그러던 어느 날, 그의 가슴에서 고동치는 영적 얄팍함이 모든 사람이 볼 수 있도록 수면 위로 떠오른다. 헬륨이 전부 다 빠져나가듯 그의 솟구치던 경력은 갑자기 수축되고, 그는 폭발해버린다.

하지만 쇼는 계속되어야 한다. 이것은 쇼 비즈니스의 두 가지 법칙 중 하나이고, 다른 하나는 관객이 당신의 실제 모습을 결코 볼 수 없게 하는 것이다.

그래서 다른 누군가가 그의 자리를 차지한다.

유감스럽게도, 이 젊은 목사가 걸어가는 길은 오늘날 흔하다.

하나님 나라에는 스키니 청바지와 U-neck 티셔츠에서 바빌론이 스며 나오는 설교자와 교사가 넘쳐난다. 성서 전체에서 바빌론은 세상 제도의 일부인 종교 제도를 대표한다.

본질적으로, 바빌론은 자신의 명성을 위해 하늘에 도달하려고 노력하는 유한한 인간을 뜻한다. 그리고 이를 위해 벽돌을 사용한다. 하나님은 돌을 창조하시고 인간은 벽돌을 만든다.[14]

유명세의 특징

유명인의 두 가지 두드러진 특징은 피상성superficiality과 접근 불가능성 inaccessibility이다. 그러나 하나님 나라 안에서 하나님께는 유명세가 설 자리가 없다.

만일 당신이 그리스도의 깊이에 대해 관심이 없다면, 유명인의 문화에 빠져들도록 문을 활짝 열어놓은 것이다. 그것은 얄팍함을 바탕으로 번창하고 자아와 야망에 힘입어 발전한다.

좀더 실제적인 얘기를 하겠다.

만일 그 누구도 당신에게 연락을 취할 방법을 알지 못한다면 당신은 유명 인사의 지위에 오른 것이다. 자신이 얼마나 인기가 있다고 생각하는지에 관계없이 사람들이 당신에게 연락할 수 있는 웹사이트, 블로그 또는 Face-book 페이지를 항상 설정할 수 있다.

물론 모든 이메일이나 편지에 답장이 요구되는 것은 아니다. 분량이 너무 많아지면 가상 조력자나 비서의 도움을 받아 일반적인 질문들을 처리할 수 있다. 그 외에도 '질문과 답FAQ' 페이지를 만들어 분량을 줄일 수 있다.[15]

하지만 다른 사람들이 당신에게 개인적으로 다가갈 수 있는 길이 어느정도 있어야 한다. 비록 단 하나라도.

특히 당신의 동료들.

---

14)나는 『영원에서 지상으로』(대장간, 2009)의 17장에서 바빌론의 성서적 원리를 설명했다.
15)나의 FAQ를 frankviola.org/faq에서 볼 수 있다.

어떤 지도자들은 유명세에 대한 나의 비판 글을 읽고서 "하지만 프랭크, 나에게 연락이 가능하도록 열어놓는다면 내가 얼마나 많은 우편물을 받을지 당신은 모르실 겁니다"라고 대답한다. 이것을 해석하자면, "연락을 받기엔 내가 너무 인기가 많습니다"라는 뜻이다.

친구여, 정신차리라. 당신은 윌 스미스Will Smith 같은 유명 배우나 테일러 스위프트Taylor Swift 같은 유명 가수가 아니다. 나 자신도 엄청난 양의 메일을 받기 때문에 그것을 관리할 수 있음을 알고 있다.

그 고립된 상아탑에서 몇 계단만 내려오면 어떨까?

당신의 주님은 접근 가능한 상태로 계셨다. 그분의 제자들이 항상 그것을 이해하지는 못했지만.그들은 "선생님을 괴롭히지 마시오!"라고 말했지만 예수님은 그렇게 하시지 않았다. 16

당신은 당신의 주님보다 더 인기가 있는가?

고린도 지방의 문화는 이미지, 지위, 권력, 그리고 자기 영광에 사로잡혀 있었다.

바울은 하나님의 능력이 인간의 약함을 통해 확대되고 나타나는 것을 알고 이 모든 함정에 저항했다.고후 11, 12장을 보라

프랑수아 페넬롱은 그 문제를 이런 식으로 다루었다:

> 당신에게 영적 삶에서의 진전과 널리 알려진 경건한 사람들과 친분을 쌓으려는 일종의 질투가 섞인 야망이 있다는 것은 전혀 놀라운 일이 아니다. 그런 것들은 본질적으로 우리의 자기애에 극도로 아첨하고, 이 자기애는 그것들을 열렬히 추구한다.… 우리의 목표는 겸손함에 의해, 또한 모호함과 경멸을 기꺼이 받아들임으로 자기애의 아첨하는 기쁨을 향해 죽는 것

---

16)막 5:35과 눅 8:49을 참조할 것.

이어야 하고, 하나님을 향한 단 하나의 눈을 갖는 것이어야 한다. 17

이 점에서, 내가 개인적으로 하고 싶은 기도는 아래와 같다:

주님, 제가 하고 있는 모든 일, 제가 행한 모든 일, 제가 할 모든 일에
서 저는 오직 주님께만 영광 돌리기를 구합니다. 나는 다른 사람들이
내가 아닌 주님께 주목하기를 원합니다. 그들이 주님의 경이로움에
놀라게 하시옵소서.

정신 번쩍 들게 하는 두 개의 본문

내가 우리 시대의 기독교 유명세의 위험에 대해 생각할 때, 성서의 본문
두 개가 떠오른다.

우리가 이같이 너희를 사모하여 하나님의 복음뿐 아니라 우리의 목숨
까지도 너희에게 주기를 기뻐함은 너희가 우리의 사랑하는 자 됨이
라. 살전 2:8

바울과 그의 동역자들은 그들이 개척한 교회들에게 복음뿐만 아니라 그
들의 목숨까지도 나누었다.

만일 당신이 국제적으로 사역을 하고 있다면 이는 분명 불가능하다. 하
지만 그것은 당신의 지역 교회 안에서 몇몇 사람과는 절대적으로 가능하다.
심지어 큰 교회 안에서도 가능하다.

그렇다면, 이런 본문도 있다:

---

17)Francois Fenelon, *Let Go* (n.p., GodSounds, 2017), 9.

사람들이 예수께서 만져 주심을 바라고 어린 아이들을 데리고 오매
제자들이 꾸짖거늘 예수께서 보시고 노하시어 이르시되 어린 아이들
이 내게 오는 것을 용납하고 금하지 말라 하나님의 나라가 이런 자의
것이니라 내가 진실로 너희에게 이르노니 누구든지 하나님의 나라를
어린 아이와 같이 받들지 않는 자는 결단코 그 곳에 들어가지 못하리
라. 막 10:13-15

현대 목회자들이 "가난하고 비참한 평신도"를 그들에게서 멀어지게 하
는 기득권을 갖고 있을 때 주님께서 똑같이 분개하시지 않겠는가?
    그 대신, 침례자 요한의 발자취를 따라 유명세에 대한 혐오감을 갖도록
하라.

    그는 흥하여야 하겠고 나는 쇠하여야 하리라. 요 3:30

    시편 기자가 아래의 놀라운 후렴구에서 두 번이나 자신에게 영광을 돌리
지 않게 해달라는 것은 우연이 아니다:

    여호와여 영광을 우리에게 돌리지 마옵소서
        우리에게 돌리지 마옵소서
        오직 주는 인자하시고 진실하시므로
        주의 이름에만 영광을 돌리소서. 시 115:1

    더욱 경각심을 불러일으키는 사실은 과연 얼마나 많은 기독교 유명 지도
자가 하나님께 정말 선택을 받았는가 하는 것이다. T. 오스틴 스팍스의 말

을 들어보자:

> 하나님께서 선택하신 지도자들에 관한 또 다른 일반적인 점은 그들이 인간이기는 하지만 여러 면에서 그들 자신이 한 계층을 이룬다는 것이다. 그들은 개척자이고, 개척자는 하나가 아닌 여러 면에서 외로운 사람들이다. 어떤 면에서 그들은 어려운 사람들이다. 그들의 기준과 척도는 다른 사람들보다 앞서야 하는데, 인간의 본성은 일반적으로 방해받지 않는 쉬운 길을 추구하기 때문에 개척자는 종종 사람들에게 다소 과분한 존재이다. 그는 가만히 있지 않고, 결코 만족하지 않으며, 항상 앞으로 나아가도록 압박하고 재촉한다. 그의 인생의 기본 방침은 "계속 전진하자"이다. 그의 길은 쉬운 길이 아니며, 인간의 본성은 쉬운 길을 원하기 때문에 지도자가 항상 인기 있는 것은 아니다. 인간의 본성은 전부 둘 중의 하나이다: 하향적이거나 은밀하고 행복한 심술과 잘난척 함. 따라서 개척자는 항상 진가를 인정받지 못하고 종종 매우 다른 방식으로 평가된다. 그는 이 그저그런 중력this mediocre gravitation을 거스른다. 리더십의 대가 중 일부는 외로움이다. **18**

위의 생각은 기독교 유명세라는 질병에 중독된 사람에게 좋은 약이다. 그러므로 어떤 대가를 치르더라도 그것을 혐오하라.

---

18) T. Austin-Sparks, *Leadership and Ministry* (Tulsa, OK: Emmanuel Church, 2015), 7-8.

법칙 6

소진burnout을 피하라

모세의 장인인 이드로는 모세에게 다음과 같은 소중한 충고를 했다:

> 모세의 장인이 그에게 이르되 네가 하는 것이 옳지 못하도다 너와 또
> 너와 함께 한 이 백성이 필경 기력이 쇠하리니 이 일이 네게 너무 중함
> 이라 네가 혼자 할 수 없으리라. 출 18:17-18

영적 지도자의 가장 큰 유혹 중 하나는 하나님의 일에 너무 열중한 나머지 자신이 잿더미로 변하는 것이다.

주님의 일을 시작한 초기에 나는 주말의 전사였다. 나는 공공 부문에서 일주일에 5일 일하고, 금요일에는 비행기를 타고 주말 동안 다른 주에서 말씀을 전한 후, 일요일 저녁에 비행기를 타고 돌아와서 월요일 아침에 직장으로 다시 출근했다. 그것은 소진을 위한 강력한 레시피였다.

결국 나는 주님께서 안식일휴식을 그분의 창조 세계 안에 세우신 데에는 이유가 있다는 것을 발견했다. 대부분의 사람보다 더 많은 사역을 하신 예수님은 긴장을 풀고 재충전하시기 위해 정기적으로 물러나 휴식을 취하셨다.

복음서들에 의하면, 예수님의 휴식은 각기 다른 세 가지 환경 또는 "신성

한 지형landscapes of the sacred"에서 이루어졌다. 19

첫째, 그분은 물 근처로 물러나셨다: "예수께서 제자들과 함께 바다로 물러가시니"막 3:7

둘째, 그분은 산으로 물러나셨다: "무리를 작별하신 후에 기도하러 산으로 가시니라"막 6:46

셋째, 그분은 한적한 곳으로 물러나셨다: "예수는 물러가사 한적한 곳에서 기도하시니라"눅 5:16

우주의 주인이신 하나님은 인간이 육체적, 정신적, 감정적, 그리고 영적으로 회복하고 재충전하고 새롭게 될 수 있도록 이 세 공간을 창조 세계 안에 지으셨다.

하지만 비결은 의도적으로 물러날 시간을 찾는 것이다. T. 오스틴 스팍스가 올바르게 말했다:

> 하나님은 우리가 그분을 위해 무엇을 하는지 보다 우리 안에서 행해지는 일에 더 관심을 갖고 계신다. 그분은 종종 우리가 일을 많이 할 때보다 활동하지 않을 때 우리와 함께 그분의 목적을 훨씬 더 잘 이루신다. 20

휴식을 취하는 의도

이 법칙을 이해한 이후 나는 정기적인 휴식의 시간을 연간 스케줄에 포

---

19)이 문구는 내 친구 레너드 스위트(Leonard Sweet)에게서 나왔다.

20) T. 오스틴 스팍스가 1935년에 스위스의 귀믈리겐에서 "Christ Our All"이라는 제목으로 전한 메시지에 등장하는 말이다.

함시켰다. 나는 플로리다에 살고 있기 때문에 대부분의 휴식은 물 근처에서 이루어진다.

바울은 육체의 연습은 약간의 유익이 있다고 말했지만, 진짜 유익하다. 신체 운동이 우리에게 이익을 주는 방법 중 하나는 에너지를 증가시키는 것인데, 에너지는 생산성의 주요 요소 중 하나다.

생산성이 없으면 당신의 사역은 손실을 입을 것이다. 여기에 에너지를 높이는 방법에 대한 **빠른** 레시피가 있다:

1. 혈당 지수가 높은 음식을 멀리하라.
2. 에너지를 고갈시키는 사람들을 피하라.
3. 비타민B 보충제를 섭취하라.
4. 매일 물을 많이 마시라. 최소 1.5 리터
5. 심호흡을 연마하라.
6. 활력을 주는 음악을 들어보라.
7. 충분한 햇빛을 확보하라. 북쪽에 거주하는 경우 SAD 21 조명을 고려하라
8. 하루 종일 간간이 휴식 시간을 가지라.
9. 무엇이 당신에게 영감을 주는지 알아보고 정기적으로 그런 것들에 자신을 노출시키라.
10. 물 근처, 산 근처, 한적한 곳에서 연간 휴식 스케줄을 계획하라.

주기적으로 당신의 사역에 제동을 걸고 영적 CPU 컴퓨터 제어 기능를 재설정하여 예수 그리스도께 재부팅하는 것이 매우 중요하다.

---

21)역자 주: SAD는 Seasonal Affective Disorder(계절성 정서 장애)의 약자인데, 이것은 계절에 따라 감정이 변하는 증상으로서 특히 낮이 짧은 겨울철에 주로 나타난다. SAD 조명은 이 기간을 위해 고안된 조명 장치를 뜻한다.

누군가 이런 말을 한 적이 있다: "촛불은 다른 촛불을 밝혀줘도 아무것도 잃지 않는다." 이것이 양초의 경우에는 해당될 수 있지만 사역의 경우에는 해당되지 않는다.

사역에 대한 더 나은 비유는 스마트폰의 배터리를 소모하는 예이다. 휴대폰이 작동하려면 배터리를 충전해야 한다.

이것이 바로 예수님께서 재충전을 위해 군중을 떠나 한적한 곳, 물, 또는 산으로 종종 피하신 이유이다.

그분은 하나님 아버지의 임재 안에서 자신을 재설정하셨다.

결국 당신의 건강을 잃지 않고는 촛불 양쪽 끝을 태울 수 없다. 에바브로디도는 사역을 한 번도 쉬지 않았기 때문에 거의 죽을 뻔했고빌 2:25-30을 보라,22 역사상 그런 사람은 그 밖에도 얼마든지 있다.

당신이 피곤해지면 더 주려는 것을 중단한다. 당신은 그다지 사랑하지 않게 된다. 잘 귀담아듣지도 않게 된다. 그리고 당신은 주의를 기울이지 않는다.

그러므로 비행기가 활주로를 떠나기 전에 모든 항공기 승객이 듣는 내용을 연습하라. "먼저 산소 마스크를 착용하십시오."

언뜻 보면 이기적인 것처럼 보일 수도 있지만 그것이 실제로는 현명하고 사랑이 넘치는 행동이다. 호흡이 멈춰진다면 어떻게 다른 사람을 도울 수 있겠는가?

사역에서도 마찬가지이다.

결과적으로, 장작이 꺼져가고 연기가 날 때 달리기를 멈추라. 영적인 속

---

22)이것을 증명할 수는 없지만, 바울이 빌립보서 2장에서 에바브로디도에 관해 이야기할 때 그런 인상을 받는다.

도 제한은 선택 사항이 아니다. 멈추라. 휴식을 취하라. 기력을 회복하라. 연료를 보급하라. 재설정하라.

당신의 영적 비축량을 보충하지 않고 고갈시키면 당신 주변의 모든 사람을 위험에 빠뜨리게 된다.

다음 구절을 숙고하고 이것을 개인적인 초대로 받아들이라:

이르시되 너희는 따로 한적한 곳에 가서 잠깐 쉬어라 하시니 이는 오고 가는 사람이 많아 음식 먹을 겨를도 없음이라 이에 배를 타고 따로 한적한 곳에 갈새. 막 6:31-32

다른 사람을 따뜻하게 해주려고 당신 자신에게 불을 지르지 말라. 때때로 자신에게 출구를 제공하라. 재충전하고 재부팅하기 위해 정기적으로 한적한 곳으로 물러나겠다는 의도를 설정하라.

소진되지 말라. 자신에게 연료를 공급하고 활활 타오르라. 깨어 있는 주의 종으로 즐겁게 기대하라. 힘든 시기에도 포기하지 말고 더욱 열심히 기도하라. 롬 12:11-12, MSG

누군가가 말하기를 "당신이 불붙지 않으면 타버릴 수 없다"고 했다. 또 누군가는 "녹슬지 말고 다 타버려라"라고 말했다. 닐 영Neil Young은 그리고 유감스럽게도 커트 코베인[Kurt Cobain] 또한 반복해서 말했다 "사라지는 것보다 불타버리는 것이 낫다"고 말했다. 23

---

23) Bonnie Stiernberg, "'Is It Better to Burn Out Than to Fade Away' and Other Impossible Questions," *Paste*, July 1, 2016.

하지만 이 모두 잘못된 선택이다. 이 책에 나와 있는 처방을 적용하면 녹이 슬거나 소진되거나 사라지는 것을 방지할 수 있다.

법칙 7

결과를 하나님께 맡기라

하나님 말씀의 사역자들은 종종 그들이 말씀을 전하거나 가르친 후에 그들의 말이 어떻게 받아들여졌는지 궁금해한다.

당신이 어떤 영향을 끼쳤는지 알고 싶어하는 것은 지극히 정상적인 일이다. 하지만 내가 관찰한 바로는 대부분의 설교자가 그것에 너무 많은 관심을 갖고 있다.

나는 당신이 이런 질문들에 익숙할 것이라고 믿는다:

"누구의 마음이 움직였나요? 누가 감동을 받았나요? 누가 깨우침을 받았나요? 누가 변화 받았나요? 실제로 얼마나 많은 사람이 예수님께로 돌아왔나요? 내가 아직도 비장의 무기를 갖고 있나요?"

그러나 중요한 것은 당신이 당신의 영향력의 범위 전체를 결코 알 수 없다는 것이다. 따라서 그것에 집착하는 것은 실수이다.

당신은 사역을 한 후에 그냥 안식하고 결과를 하나님께 맡기라.

때때로 주님은 당신의 사역의 열매를 살짝 보여주실 수도 있지만 대부분의 경우에는 그렇지 않으실 것이다.

하나님의 신탁oracles

물론, 나는 이 모든 것을 당신의 사역이 주님으로부터 온다는 가정에 기초를 두고 있다. 하나님은 우리가 그분의 말씀을 선포할 때 그 말씀이 헛되이 되돌아오지 않을 것이라고 약속하셨다.

> 내 입에서 나가는 말도 이와 같이 헛되이 내게로 되돌아오지 아니하
> 고 나의 기뻐하는 뜻을 이루며 내가 보낸 일에 형통함이니라. 사 55:11

이와 관련하여, 두 개의 구절을 고려하라:

> 우리에게 주신 은혜대로 받은 은사가 각각 다르니 혹 예언이면 믿음의 분
> 수대로. 롬 12:6

> 만일 누가 말하려면 하나님의 말씀을 하는 것 같이 하고. 벧전 4:11

첫 번째 구절에서 바울은 하나님께서 은혜로 우리에게 은사를 주시고 우리가 예언주의 이름으로 말할 때에는 우리의 믿음의 분량대로 한다고 말한다.

베드로는 우리가 말할 때 "하나님의 말씀"을 말해야 한다고 하면서 그 요점을 되풀이했다.

NKJV는 그것을 이렇게 표현한다: "누가 말하려면, 하나님의 신탁처럼 해야 한다."

즉, 일어나서 말하기 전에 하나님께서 당신에게 메시지를 주셨고 당신으로 하여금 그 메시지를 전달할 수 있게 하신다는 확신믿음을 갖는 것이 중요하다.

당신이 말할 때 그런 믿음이 없다면, 당신은 아직 그때를 위해 준비되어 있지 않다. 당신의 인생에서 하나님의 구체적인 부르심이 분명해질 때까지 잠시 사역을 내려놓아야 할 수도 있다. 그분께서 당신을 목회자, 설교자, 가르치는 자

또는 다른 어떤 일로 부르셨는가?

나는 하나님께서 자신들을 교회의 목회자로 부르셨는지에 확신이 없다고 개인적으로 시인한 많은 목사를 만났다.

만약 당신이 "하나님께서 나를 [빈칸을 채울 것]로 부르셨다면 번지수가 틀렸을 수도 있다"라고 믿는다면, 그것은 당신이 당신의 부르심을 잘못 읽었음을 보여주는 징후일 수 있다.

보내심을 받은sent 사람들과 스스로 간went 사람들 사이에는 큰 차이가 있다. 스스로 간 사람들은 하나님의 축복을 받지 못한다.

불행하게도, 오늘날 누군가가 하나님의 부르심을 느낄 때 그에게는 일반적으로 세 가지 선택만 주어진다: 목사, 선교사, 또는 음악 사역자.

그러나 신약 성서는 사역에 대해 훨씬 더 광범위한 관점을 가지고 있다.24

베드로가 묘사한 말에 대한 믿음이 부족하다는 것은 당신이 첫 번째로 추구해야 할 것을 소홀히 했음을 의미할 수도 있다: 주님을 알고 그분의 음성을 듣는 것.25

나를 울게 만든 카드

여러 해 전, 내가 어떤 행사에서 말씀을 전하기 전에 한 젊은 여자가 나에게 카드가 든 봉투를 건네주었다. 아내와 나는 호텔 방에 도착해서 그 봉투를 열고 카드를 읽었다. 그 카드를 읽고 내 눈에는 눈물이 고였다.

---

24) 예를 들면, 어떤 목사들은 실제로는 사도적 일꾼으로 부르심을 받았다. 또 어떤 사람들은 관리하는 은사를 받았지만 말씀을 전하거나 가르치도록 부르심을 받지는 않았다.
25) 나는 Leonard Sweet and Frank Viola, *Jesus Speaks: Learning to Recognize and Respond to the Lord's Voice* (Nashville: Thomas Nelson, 2016)의 후반부에서 주님의 음성을 실제로 듣는 방법에 대해 설명했다.

그 젊은 여자는 몇 년 전 나의 책 『영원에서 지상으로』를 읽었다고 했다.

그 책의 한 단원이 자살하려는 그녀를 구했다. 그녀는 책을 읽고 자신의 삶이 어떻게 영원히 바뀌었는지 설명했다. 그녀는 아들과 함께 인생을 즐길 수 있었기 때문에 "기쁨으로 가득" 했다.

나는 카드를 읽은 후, 내 책에 의해 비슷한 방식으로 영향을 받은 대부분의 사람들이 나에게 결코 알리지 않을 것이라고 주님께서 말씀하시는 것처럼 느꼈다. 이 젊은 여자도 그런 일이 일어났다고 나에게 말하기까지 몇 년을 기다렸다. 만일 우리 둘 다 그 행사에 참석하지 않았다면 나는 아마 전혀 알지 못했을 것이다.

같은 행사에서 또 다른 여성 강사는 그녀가 몇 년 전에 바닥을 쳤을 때 하나님께서 여자를 어떻게 보시는지에 대해 인터넷 검색을 했다고 말하면서 말씀을 전하기 시작했다.

검색하던 중 그녀는 우연히 내가 쓴 글인 "여성에 대한 하나님의 견해"를 발견했고 그것이 그녀의 삶을 변화시켰다.[26]

나는 이것을 전혀 알지 못했다.

당신이 주님의 능력으로 그분을 섬기고 있다면 당신이 상상하는 것보다 더 많은 사람에게 영향을 미칠 수 있다는 것을 확실히 말할 수 있다. 그러나 당신은 그 범위를 결코 알지 못할 것이다.

당신의 임무는 충성하는 것이고, 하나님의 일은 결과를 처리하시는 것이다.

---

26) 다음을 참조할 것: Frank Viola, "God's View of a Woman," Beyond Evangelical (blog), frankviola.org/godsview.

결과를 내려놓으라

나는 자신의 사역에서 일이 "제대로 되지" 않는 것처럼 보일 때 결과를 만들기 위해 타고난 능력을 모두 발휘하는 사역자들을 너무 많이 만났다. 나도 그중 하나였다!

더그Doug도 그런 사람 중 하나였다. 더그는 강요하는 성격을 갖고 있었다. 그는 고집이 세고 자신의 견해를 과신했다. 누가 더그의 의견에 동의하지 않으면 그는 내려놓기를 거부했다. "동의하지 않아도 받아들이는" 태도는 그에게 신성 모독처럼 들렸다.

더그는 "우리는 진실을 찾아야 한다!"라는 철학에 따라 살았다. 그러나 그에게 그것의 의미는 "내가 옳고 당신은 틀렸다. 당신이 고집 센 바보가 되지 않고 굴복할 때까지 나는 당신을 지치게 할 것이다"였다. 이런 이유로, 그와 잘 지낼 수 있는 사람은 거의 없었다.

더그는 하나님께서 자신에게 동료 그리스도인을 위한 "말씀" 또는 영감을 받은 조언을 주셨다고 느낄 때, 그 사람이 그것을 받아들이는지 확인하기 위해 온 힘을 다 쏟았다. 만일 그들이 받아들이지 않으면 그는 압박하고, 찌르고, 열변을 토하고, 심지어 괴롭히기까지 했다. 더그는 그가 믿는 대로 하나님의 뜻을 따르는 행동하지 않는 사람들의 간담을 서늘하게 하는 것에 거리낌이 없었다.

하나님 나라의 신비 중 하나는 인간이 하나님 나라에 저항할 수 있다는 것이다. 하나님 나라가 모든 사람에게 유효하지만, 하나님 나라를 받아들이기 거부하는 사람을 압도하거나 정복하지는 못한다.

예수님께서 부자 청년 관원과 나눈 대화는 주님이 어떻게 결과를 내려놓으셨는지에 대한 사례 연구다.

흥미롭게도, 우리는 예수님께서 젊은 관원에게 특별한 애정을 갖고 계셨음을 읽게 된다. 복음서들은 우리에게 "예수께서… 그를 사랑하사"라고 말하는데, 이는 흔치 않은 묘사이다.[27]

> 예수께서 그를 보시고 사랑하사.막 10:21

어쩌면 주님께서 그 청년이 나중에 그분이 보내실 칠십인 중 한 명이 되도록 부름 받을 것을 예견하셨을지도 모른다. 어쩌면 그분은 이 젊은 관원이 곧 예루살렘에서 탄생할 첫 번째 에클레시아의 기둥이 될 운명이라고 생각하셨을 지도 모른다.

우리가 알 수는 없지만 이 사람의 특별한 무엇인가가 예수님으로부터 독특한 애정을 끌어냈다.

모든 것을 팔고 그분을 따르라는 주님의 도전에 그 사람이 저항했을 때, 예수님은 그를 따라가시지 않았다. 그분은 그의 잘못된 선택에 대해 그를 설득하려고 하시지 않았다. 그분은 그를 괴롭히시거나 겁을 주어 하나님 나라에 들어가게 하려고 하시지 않았다.

예수님은 그 결과를 아버지께 맡기고 그를 그냥 가게 놔두셨다.

두 명의 보울러(Bowlers)

두 남자가 친구들과 함께 볼링을 치는 것을 상상해보라.

첫 번째 보울러는 볼링 공을 던지고 공이 굴러가며 핀에 꽂히는 것을 지켜본다. 그런 다음 그는 친구들에게 자신의 기술에 대해 어떻게 생각하는지 묻는다. 그는 300점 만점을 기록한 적이 없기 때문에 자신의 방법에 대해

---

27) 복음서들은 예수님께서 특정한 개인을 사랑하셨다는 것을 거의 알려주지 않는다. 나사로, 마리아와 마르다, 요한복음의 저자 정도가 예외이다. 예수님은 사랑의 화신이셨고 지금도 그러하시지만, 성서가 그분이 특정한 사람을 사랑하셨다고 말할 때 그것은 중요하다.

불안감을 느낀다.

두 번째 볼울러는 공을 던지자마자 즉시 뒤돌아 볼링장 문을 향해 걸어간다. 그는 건물을 떠나고 절대로 뒤돌아 보지 않는다. 그는 자신이 몇 개의 핀을 쓰러뜨렸는지 걱정하지 않는다. 그는 단지 공을 던진 것만으로도 대만족한다.

당신이 하나님의 말씀을 전할 때마다 두 번째 보울러처럼 하라.

당신의 사명은 주님을 위해 살고 그분을 충성스럽게 섬기는 것이다. 결과는 그분의 영역에 속한다.

아래의 두 본문을 숙고하라. 하나는 예수님께서 하신 말씀이고, 다른 하나는 바울이 한 말이다.

> 또 이르시되 하나님의 나라는 사람이 씨를 땅에 뿌림과 같으니 그가 밤낮 자고 깨고 하는 중에 씨가 나서 자라되 어떻게 그리 되는지를 알지 못하느니라 땅이 스스로 열매를 맺되 처음에는 싹이요 다음에는 이삭이요 그 다음에는 이삭에 충실한 곡식이라 열매가 익으면 곧 낫을 대나니 이는 추수 때가 이르렀음이라. 막 4:26-29

> 나는 심었고 아볼로는 물을 주었으되 오직 하나님께서 자라나게 하셨나니 그런즉 심는 이나 물 주는 이는 아무 것도 아니로되 오직 자라게 하시는 이는 하나님뿐이니라 심는 이와 물 주는 이는 한가지이나 각각 자기가 일한 대로 자기의 상을 받으리라. 고전 3:6-8

첫 번째 비유에서, 농부가 하는 일은 씨를 뿌리는 것뿐이다. 그 다음 그의 임무는 끝났다. 땅은 "스스로" 씨의 산물을 생산한다.

두 번째 비유에서, 하나님은 결과를 만들어 내신다. 우리의 임무는 단순히 씨를 심거나 물을 주는 것이다. 두 방법 모두 인내심이 요구된다. 씨는 좋은 땅에 심어져도 하루아침에 자라지 않는다.

> 좋은 땅에 있다는 것은 착하고 좋은 마음으로 말씀을 듣고 지키어 인
> 내로 결실하는 자니라. 눅 8:15

생명이나 사망의 향기

당신이 예수 그리스도를 섬기고 있다면, 당신이 하는 말에는 말로 표현할 수 없는 주님의 향기가 담겨 있을 것이다.

그 향기는 어떤 사람에게는 사망이 되고 어떤 사람에게는 생명이 될 것이다. 그것은 모두 당신의 말을 듣는 사람의 마음에 달려 있다. 바울은 고린도 교인들에게 이렇게 말했다:

> 항상 우리를 그리스도 안에서 이기게 하시고 우리로 말미암아 각처에
> 서 그리스도를 아는 냄새를 나타내시는 하나님께 감사하노라 우리는
> 구원 받는 자들에게나 망하는 자들에게나 하나님 앞에서 그리스도의
> 향기니 이 사람에게는 사람으로부터 사망에 이르는 냄새요 저 사람에
> 게는 생명에 이르는 냄새라 누가 이 일을 감당하리요. 고후 2:14-16

당신이 하나님의 기름 부음 아래 말씀을 전하거나 가르칠 때, 듣는 사람들의 마음은 열리거나 닫힐 수 있고, 받아들이거나 굳어질 수도 있다. 28 그

---

28)예: 마 13:15, 막 3:5, 행 16:14, 고후 6:11, 13. 설교나 가르침을 들을 때의 마음 상태에 대한 중요한 성서 본문 목록을 보려면 다음을 참조할 것: Frank Viola, "Dull of Hearing," *Beyond Evangelical* (blog), frankviola.org/dullofhearing.

렇다면 하나님의 말씀의 영향력은 두 가지에 의해 결정된다: 당신 사역의 질, 그리고 듣는 사람들의 마음 상태.

내가 가장 좋아하는 이야기 중 하나는 중요한 연설을 위해 오랫동안 열심히 준비한 한 남자에 관한 것이다. 연설이 끝난 후 그의 아내가 그에게 전화를 걸어 "여보, 연설은 어땠나요?"라고 물었다.

"어떤 것?" 그 남자가 대답했다. "내가 3주 동안 준비한 것? 내가 실제로 연설한 것? 아니면 집에 가는 길에 나 자신을 향해 연설했던 훌륭한 것?"

당신은 당신의 연설 이나 집필한 책이 다른 사람에게 영향을 미치는지 여부에 초점을 맞추고 있는가? 그렇다면 주님을 위해 포기하라. 당신이 가르치고 집필하는 것에 대한 당신의 경험을 당신이 유일하게 집중하는 것으로 삼으라. 그런 다음 조용하고 확신 있게 당신의 사역의 결과를 하나님의 선하시고 사랑이 많으신 손에 맡기라.

당신의 말이 열매를 맺을 것이라고 굳게 믿으라. 그리고 결과에 대해 그분을 신뢰하라. 그분은 그분의 말씀이 헛되이 되돌아오지 않을 것이라고 약속하셨다. 이사야 55:11을 참조하라

이것이 영적 파워를 얻는 또 하나의 길이다.

낙심을 극복하라

예수 그리스도의 사역자인 당신은 낙심을 피할 수 없다. 그것은 모든 진정한 사역의 날줄과 씨줄로 엮여 있다.

나는 낙심에 있어서라면 올림픽 기록을 보유하고 있다고 뻔뻔하게 인정할 것이다.

하나님께서 진정으로 그분의 나라에서 일하도록 당신을 부르셨다면, 때때로 당신은 포기하기 일보 직전인 상태에 이를 때도 있을 것이다.

당신은 간신히 버티는 날도 있을 것이고, 완전히 지쳐버리는 시기도 있을 것이다.

어떤 것들이 하나님의 종들을 낙심하게 하는가?

• 당신은 하나님의 기름 부음 아래 누구도 들어본 적이 없는 주제에 대해 독특하고 놀라운 메시지를 전한다. 청중 중 많은 사람이 당신의 메시지에 감동해서 입이 쩍 벌어진다. 나중에 한 사람에게서 다음과 같은 말을 듣게 된다. "정말 신이 납니다! 우리 목사님도 지난 주에 우리 교회에서 이와 똑같은 메시지를 전하셨습니다. 상기시켜 주셔서 감사합니다!" 당신은 호기심에 그 목사의 설교를 찾아보다가 어리둥절해진다. 그의 설교는 당신의 설교와 전혀 달랐다.

- 당신은 타락한 사람들을 그리스도께로 인도하려고 노력하면서 마음을 쏟아 붓는다. 당신의 말은 하나님의 영과 함께 흘러가고 그 사람은 눈에 띄게 흔들리는 것처럼 보인다. 당신이 그들을 위해 기도할 때 그들은 회개하고 삶에 변화가 일어난다. 2주 후에 그들은 다시 세상으로 돌아가 예전처럼 거짓 신들을 섬긴다.
- 당신은 하나님께서 당신을 인도하셨다고 확신하는 새로운 프로젝트를 시작한다. 첫 달에는 사람들이 호의적으로 반응한다. 하지만 그후 2년 동안은 달팽이 속도로 느리게 성장한다.
- 당신은 누군가를 영적으로 성장시키기 위해 엄청난 시간과 에너지와 돈을 투자해서 제자 훈련하는데 여러 해를 보낸다. 그는 당신 자신과 다른 사람들에게 몇 번씩이나 이렇게 말한다: "나는 비록 내 친구들을 모두 잃는다 하더라도 결코 예수님을 따르는 것을 멈추지 않을 것입니다." 시간이 흐른 후, 그 사람은 믿지 않는 사람들과 친구가 되기로 선택하는데, 그들은 그를 빠르게 타락시킨다. 당신은 이 사람에 대한 당신의 모든 사역이 헛되었다고 생각한다.

위에 열거한 일들 중 하나라도 당신에게 일어난 적이 있는가?

그럴 것이다. 내게도 이와 똑 같은 일은 일어나지 않았다.

그렇지만 심각하게도, 나는 사역을 하다가 너무 낙심해서 다음과 같은 독백이 종종 머릿속에서 펼쳐지는 수많은 사역자를 만났다.

그것은 그만한 가치가 없어. 그냥 그만두고 다른 일을 해볼까? 그런데 어떻게 그만둬? 대신 내가 무엇을 할 수 있을까? 내가 계속 가야 하나? 그렇다면 뭐? 맙소사, 생각을 멈춰! 내 휴대폰은 어디 있지!?

위에 나열한 것과 같은 사건들은 많은 사역자로 하여금 사역을 그만두고

낚시를 시작하도록 유혹한다.

낙심의 불가피성

어떤 날에는 사역이 마치 바람 부는 날 누군가가 당신의 어깨에 물을 붓는 동안 성냥을 켜는 것처럼 느껴진다.

낙심discouragement이 닥치겠지만, 그것이 절망despair으로 이어진다면 당신은 끝장이다. 당신은 영적으로 무기력해질 것이다.

낙심은 당연히 찾아오게 된다. 절망은 희망을 잃었다는 뜻이기 때문에 영적인 자살이다. 하지만 밧줄에 달려 있다는 것은 피를 흘리는 것과는 다르다.

고린도후서를 읽으면, 당신은 심각한 낙심과 맞서 싸운 사도를 보게 될 것이다. 그는 한동안 절망에 빠졌지만 살아남았다. 그의 말을 들어보자:

> 형제들아 우리가 아시아에서 당한 환난을 너희가 모르기를 원하지 아
> 니하노니 힘에 겹도록 심한 고난을 당하여 살 소망까지 끊어지고 우
> 리는 우리 자신이 사형 선고를 받은 줄 알았으니 이는 우리로 자기를
> 의지하지 말고 오직 죽은 자를 다시 살리시는 하나님만 의지하게 하
> 심이라 그가 이같이 큰 사망에서 우리를 건지셨고 또 건지실 것이며
> 이 후에도 건지시기를 그에게 바라노라.고후 1:8-10

하나님을 섬기는 우리는 낙심에 맞서 싸우는 법을 배워야 한다. 그렇지 않으면 절망에 빠지게 될 것이다. 그러면 커튼이 닫히고 우리는 사역의 또 다른 희생자가 된다.

피로, 좌절, 실패, 두려움, 외로움은 모두를 낙심을 하게 한다.

좋은 소식은 낙심이 치료될 수 있다는 사실이다.

피상적인 것 너머에 기꺼이 주님을 따르려는 사람이 거의 없기 때문에 다 포기하고 싶었던 하나님의 종들 가운데 엘리야 한 사람만 있는 것이 아니다.

우리 시대의 영적으로 얄팍함, "물질"보다 관계성에 더 가치를 두는 사람의 결핍, 다른 사람들과 협력하기 원하는 사람을 찾기가 드물다는 사실은 하나님의 종에게 크나큰 낙심을 안겨줄 수 있다.

하나님의 마음에 맞는 사람삼상 13:14 참조하라인 다윗은 낙심하면서 여러 처절한 전투를 치렀다.시편을 읽어보라.

사무엘상 30장에서, 우리는 다윗이 큰 싸움에서 패한 것을 본다. 그 결과, 적들은 그의 가족과 그의 부하들의 아내와 자녀들을 포로로 잡아갔다. 다윗의 군사들은 너무 괴로운 나머지 다윗을 돌로 쳐 죽이려고 했다.

이 모든 것의 무게를 싣고 성서는 이렇게 말한다:

백성들이 자녀들 때문에 마음이 슬퍼서 다윗을 돌로 치자 하니 다윗이 크게 다급하였으나 그의 하나님 여호와를 힘입고 용기를 얻었더라.삼상 30:6

처방전

『내려놓으려면 붙잡아야 하는 것들』Hang On, Let Go에서, 나는 지난 몇 년간 주님 안에서 나 자신을 어떻게 격려해 왔는지에 대한 실질적인 처방을 제시했다:

• 산책하고 하나님께 마음 쏟기.

- 하나님을 경배하는 노래를 들으며 눈물로 주님께 노래하기.
- 하나님께 쓰라린 통곡을 터뜨리며 기도하기.
- 하나님의 신실하심에 관한 시편을 기도로 바꾸기.
- 다른 사람들이 내게 준 다양한 격려의 말을 나 자신에게 되풀이하기.
- 하나님께서 과거에 나를 어떻게 돌봐 주셨는지 상기하고 그것에 대해 그분께 감사드리기.
- 고난과 믿음이라는 주제에 대해 강력하게 저술한, 내가 좋아하는 저자들의 책을 읽기.이 점에서, T. 오스틴 스팍스와 프랭크 로박은 나의 가장 가까운 동반자가 되었다.**29**

아울러, 나는 나의 일이 아닌 하나님의 일에 참여하고 있다는 사실을 스스로 상기시킨다.

결과적으로, 나를 낙심시키는 것이 변하게 된다면 그것을 바꾸는 책임은 주님께 있다. 그래서 나는 그 짐을 그분의 어깨에 옮기고 그 밑에서 나온다.

보통 하루 정도 지나면 낙심은 사라진다. 그리고 하나님의 기름 부음과 힘이 다시 솟아오르기 시작하여 나를 일어서게 하고 계속 나아가게 한다.

믿음은 당황시킨다. 심지어 위험하기도 하다. 왜냐하면, 그것은 우리가 내려놓아야 한다는 뜻이기 때문이다. 그러나 바다는 우리가 물에 발을 담그고 나서야 갈라진다.

믿음은 현재에서 미래를 보는 것이고, 그것은 낙심을 극복하는 믿음이다.

결국, 사역을 하면서 겪는 대부분의 장애물은 타이어 펑크가 아니라 과속방지턱이 되도록 설계되었다는 사실을 깨달으라. 그리고 그 장애물이 타이

---

29)프랭크 바이올라, 『내려놓으려면 붙잡아야 하는 것들』(대장간, 2023), 243.

어 펑크가 될지 아니면 과속방지턱이 될지는 당신의 반응이 결정할 것이다.

> 우리가 선을 행하되 낙심하지 말지니 포기하지 아니하면 때가 이르매
> 거두리라.갈 6:9

뭔가 첨언하지 않으면 내가 태만하다는 소리를 들을 것 같아서 덧붙인다.

진정한 부르심이 없다면 하나님의 일은 너무 고통스럽고 어렵다. 당신이 건너갈 깊은 물은 헤아릴 수 없다.

하나님께서 부르시지 않은 사역을 당신이 계속하는 것은 불행을 초래한다. 그것을 계속하는 것은 가치가 없다.

그것이 부르심이라는 것은 **틀림없다.**

그러나 당신의 사역이 도마 위에 오르고, 당신이 하는 일이 실패로 끝나고, 당신이 그것 때문에 비난을 받기 전까지는 하나님께서 정말로 당신을 그분의 일에 부르셨는지 알 수 없다.

당신이 죽음을 코앞에 두고도 다시 일어설 수 있다면, 당신은 하나님 나라의 참된 일꾼일 가능성이 매우 높다.

리트머스 시험은 이것이다: 당신은 패배하고, 실패하고도 다시 일어날 수 있는가?

물론, 하나님은 당신의 현재 역할이 아닌 그분의 일에 당신을 부르실 수도 있다. 이것은 많은 제도권 교회의 목사들에게 사실임이 입증되었다.30 하지만 그것은 또 다른 주제이다.

---

30) 내가 본 최신 데이터에 따르면 미국에서 매달 2,000명 이상의 목사들이 목사직을 떠난다. 그들 중 많은 사람은 양심의 가책으로 인해 그것에서 벗어나 다른 방법으로 하나님을 섬기기 시작한다. 어떤 사람들은 (명백한 이유로) 이 수치에 대해 이의를 제기했지만, 그 중 4분의 1이 실제 수치라고 해도 여전히 엄청난 수치이다.

영적 만족을 찾으라

나는 이 장을 깜짝 놀랄만한 말로 시작하겠다: 하나님을 사랑하는데 있어 가장 큰 장애물 중 하나는 하나님을 섬기는 것이다.

이 말을 받아들이기 어려울 수도 있지만, 그럼에도 불구하고 그것은 사실이다.

우리가 예수님을 사랑하는 것보다 사역을 더 사랑할 때 영적 섬김은 우상 숭배가 된다.

또한, 사역을 하는 사람들이 영적으로 지루해지는 것도 가능하다

내가 종종 말했듯이, 예수 그리스도 외에는 모든 것이 낡아진다. 여기에는 영적 훈련, 실천, 활동 및 섬김이 포함된다.

사람들의 삶을 변화시키는 사역조차도 진부하고 일상적이 되어 당신의 영적 건강에 해로울 수 있다. 하나님 백성의 지루함이 한때 금송아지를 만들었다는 사실을 상기하라. 31

영적 지루함을 극복하기

사람들이 자신의 직업에 지루해하고 무관심해질 때, 우리는 그것을 "녹슨 것rusting out 또는 지친 것" 이라고 부른다. 사람들이 영적인 활동에 지루함을 느낄 때도 마찬가지이다. 그것은 영적인 무관심과 고역으로 이어진

---

31)출 32장.

다.

영적인 지루함을 깨뜨리는 것은 무엇인가?

답: 여러 가지.

당신은 그리스도를 경험하고, 즐기고, 만나는 신선한 방법을 추구함으로써 영적으로 지친 것을 깨뜨릴 수 있다.

내가 "사역을 수행하는 신선한 방법"이라고 말하지 않았다는 점에 주목하라. 아니다, 나는 "그리스도를 경험하고, 즐기고, 만나는 신선한 방법"이라고 했다.

이것은 실험과 모험 정신과 탐험 정신을 요구한다.

동일한 영적 활동을 같은 방식으로 반복하는 것은 당신을 그리고 당신의 영향을 받는 다른 모든 사람을 피곤하게 하고 늙게 만들 것이다.

나는 30여 년 전에 하던 것과 똑같은 일을 여전히 하고 있는 노련한 사역자들을 많이 만나는 불행을 겪었다. 그들의 영적 열정은 증발해서 그들을 무기력한 상태로 남겨놓았다. 그들은 단지 다람쥐 쳇바퀴 돌듯 할 뿐이었다. 어떤 생명이나 기름 부음도 그들의 활동을 축복하지 못했다.

그들은 녹슬어버렸다.

이 문제에 대한 해독제는 영적 만족을 구하고 찾는 것이다.

달라스 윌라드는 이 주제에 대해 몇 가지 환상적인 통찰력을 가졌다. 보석 같은 아래의 말을 숙고해보라:

> 사역을 하면서도 그리스도 안에서 만족을 찾지 못하는 사람들은 말씀을
> 전하기 위한 지나친 노력과 과도한 준비를 보여줄 가능성이 높다. 그리고
> 말씀을 전한 후에 하는 일에 대해 평안이 없음을 보여줄 가능성이 높다.
> 만일 우리가 하나님 안에서 안식하는 자리에 이르지 못했다면, 돌아가서

아, 내가 이것을 했다면, 또는 아, 내가 저것을 하지 않았구나 라고 생각할 것이다. 당신이 하나님으로부터 깊숙이 들이마시고 그분이 당신과 함께 행하실 것을 신뢰하는 자리에 올 때, 당신이 말씀 전한 것에 대해 평안이 있다.**32**

당신이 지속적으로 주님의 형상을 닮지 않고 그분 안에서 만족할 수 있는 신선한 방법을 찾지 않는다면, 당신의 모든 영적 활동은 아무리 외적으로 인상적이라 할지라도 무가치하다

영적인 지루함이 많은 남녀로 하여금 그들의 사역을 망치게 했다. 윌라드는 설명한다:

그 만족 안에서 사역하지 않는 설교자는 위험한 처지에 있는 것이다.⋯ 나는 만족하지 않는 불만족스러운 상황에서 유혹이 나온다는 것을 안다. 나는 뭔가에 대해 걱정하고 있거나 내가 알고 있는 충분함이 거기에 있음을 느끼지 못하고 있다. 내가 강한 유혹을 받는다면 그것은 나의 불만족에서 비롯된다.

사역자들의 도덕적 실패는 보통 성, 돈, 권력, 이 세 가지 중 하나에 기인한다. 그것은 항상 불만족에서 비롯된다. ⋯ 실패를 극복하는 가장 확실한 보장은 잘못한 것이 드러날 때 그것에 흥미를 두지 않고, 하나님과 화평하고 그분으로 만족하는 것이다. 이것이 우리가 유혹에서 벗어나는 방법이다.**33**

---

32) Dallas Willard, "The Secret to Ministry Satisfaction," ChruchLeaders.com, August 12, 2018.

33) Willard, "The Secret to Ministry Satisfaction."

영적으로 만족한 사람이 말씀을 전하거나 가르칠 때, 그 만족은 성취된다. 사람들은 그것을 감지할 수 있다. 그 말씀 뒤에는 평안과 안식과 만족이 있다.

또한 권위가 있다. 예수님의 말씀을 들은 사람들에게 깊은 인상을 준 것과 동일한 권위이다. 그분의 말씀 너머에 있는 무형의 어떤 것이 스며든 것이다. 마 7:29

최고의 추구

하나님의 임재 안에서 침묵을 지키고 그분을 바라보는 것 외에는 아무것도 하지 않는 연습은 오늘날은 잃어버린 예술이다.

> 우리가 다 수건을 벗은 얼굴로 거울을 보는 것 같이 주의 영광을 보매
> 그와 같은 형상으로 변화하여 영광에서 영광에 이르니 곧 주의 영으
> 로 말미암음이니라. 고후 3:18

우리가 성령 안에서 성장하려면 고요하고 단순하게 우리 주님을 바라보기 위해 우리 마음을 가라앉히고 모든 방해 요소를 제거하는 법을 배우는 것이 중요하다. 계속 마음에 떠오르는 블레이즈 파스칼의 관찰이 적합하다:

> 나는 인간의 모든 불행이 자신의 깊숙한 방에 고요히 머물 수 없다는
> 단 하나의 사실에서 비롯된다는 것을 발견했다. 34

---

34) Blaise Pascal, *Pensées*, 139.

이와 관련하여, 월라드는 주님 안에서 만족을 찾는 방법에 대해 몇 가지 훌륭한 조언을 제공한다:

나는 [사역자들]이 매주 하나님을 누리는 것 외에는 아무것도 하지 않는 실질적인 시간을 갖기를 권한다. 그것은 시냇가를 걷거나, 꽃을 바라보거나, 노래를 듣거나, 당신의 자녀나 손주들을 끊임없이 통제하려 하지 않고 그들이 노는 것을 지켜보는 것을 의미할 수 있다. 하나님의 충만하심을 경험하고, 하나님이 당신을 위해 행하신 선한 일들을 생각하고, 하나님이 당신을 통해 행하신 선한 일들을 인식하라. 만일 그렇게 하는 데에 문제가 있다면 문제를 다루도록 하라. 왜냐하면, 우리가 그분을 진심으로 사랑하지 않으면 그분을 진정으로 섬길 수 없기 때문이다.[35]

실질적인 점을 하나 추가하겠다. **실험**이다. 실험을 하나 해보고 그것이 끝나면 좀 더 실험을 해보라.

주님을 만나고 성서에 접근하는 다양한 방법을 시도해 보라. 그런 다음, 효과가 있는 방법을 고수하라. 그것이 싫증나면 다른 접근 방식을 택하고 그대로 유지하라.

주님을 아는 것은 하나의 모험이므로 대양으로 나가서 항해해보라.

나는 다른 곳에서 이 목표를 달성하기 위해 사용할 수 있는 실천 목록을 제공했다. 당신에게 다른 것이 없다면, 그것들이 좋은 시작이 될 수 있다.[36]

---

35) Willard, "The Secret to Ministry Satisfaction."
36) 예를 들면, Insurgence podcast의 55번 "How an Insurgent Approaches Scripture"를 들어보라. 그리고 insurgencebook.com/Aware.pdf에 있는 "Aware of His Presence"를 읽어보라.

그러나 당신에게 생명을 공급하고 당신의 마음을 그리스도께 더 가까이 이끄는 뭔가를 찾는 한, 그것을 계속 유지하라.

하나님의 말씀을 전하는 사역자로서 당신의 주요 임무는 예수 그리스도를 아는 것이다:

> 내가 그리스도와 그 부활의 권능과 그 고난에 참여함을 알고자 하여 그의 죽으심을 본받아.빌 3:10

T. 오스틴 스팍스는 다음과 같이 멋지게 표현했다:

> 그분의 목적은 다른 무엇보다도 그분을 아는 것임을 주님의 자녀들이 충분히 인식하는 것이 가장 중요하다. 이것이 주님께서 우리를 다루시는 모든 일을 총괄하는 종착역이다. 이것이 우리의 모든 필요 중 가장 큰 것이다.37

그리스도를 아는 것은 꾸준하고, 가차없고, 의도적으로 그분을 추구할 것을 요구한다.

그것은 또한 예수님과 연결되려는 만족할 줄 모르는 열망, 즉 당신의 일생 동안 지속되어야 하는 열망을 요구한다.

말씀을 전하고 가르치는 것은 돋보기를 들고 사람들에게 예수 그리스도가 실제로 얼마나 엄청난 존재인지를 보여주는 것과 같다. 하지만 그러기 위해서는 당신이 먼저 그분을 직접 찾아야 한다.

---

37) T. Austin-Sparks, "On Knowing the Lord," *A Witness and a Testimony magazine*, Nov-Dec 1930, vol. 8-6.

당신은 당신이 보지 못하는 것을 확대할 수 없다.

너무나 많은 설교자가 하나님의 사람들이 주님과 얄팍하고 피상적인 관계를 갖고 있을 때 더 많은 기도, 더 많은 사랑, 더 많은 섬김, 더 많은 인내 등을 바라는 그들의 호소에 응답할 것이라고 기대한다.

주님을 추구하는 것은 그리스도를 알고자 하는 배고픔과 목마름에서 시작된다. 내가 "그리스도"라고 말하는 이유는 하나님은 그리스도 안에서, 그리고 그리스도를 통해 알 수 있기 때문이다. 예수님은 육체를 입으신 하나님이시다.

율법과 선지자는 이 한 가지에 달려 있다. 열정과 신중함으로 영적인 만족을 찾고 그것으로 당신의 하루를 살아보라.

우리의 사역은 그리스도를 추구함에서 흘러나오는 것이다. 이것 없이는 그 사역이 지속력을 갖지 못할 것이다.

당신이 위험에 빠지려면 이 법칙을 무시하라.

법칙 10

상처받기를 거부하라

『주님은 베다니를 사랑했지』에서, 나는 다른 사람이 당신에게 상처를 주었을 때 어떻게 해야 하는지에 대해 많은 지면을 할애했다. 성처받지 않고 사는 것이라는 주제가 그 책을 관통하고 있다.

나는 이 장에서 그 책의 내용에 추가하려고 한다.

당신이 사역을 하고 있다면 사람들이 당신을 끔찍한 말들로 부를 것이다. 그 중 일부는 너무 자극적이어서 당신은 보복하고 싶은 유혹을 느낄 것이다. 그러나 하나님께서 당신을 권능 가운데 사용하시기를 원한다면, 당신은 미끼를 물기를 지속적으로 거부해야 할 것이다. 이런 종류의 자제력과 자제력을 유지하는 중요한 열쇠는 상처의 구조를 이해하는 것이다.

상처의 구조

당신의 사역이 얼마나 깨끗한지는 중요하지 않다. 어떤 사람들은 당신과 당신의 말에 상처를 입을 것이다. 그들은 예수님께 그랬고, 바울에게도 그랬고, 당신에게도 그럴 것이다. 그러니 착각하지 말라. 당신이 하나님의 나라에 영향을 미치고 있다면, 그런 일이 일어날 것이다.

불행하게도, 그리스도인들은 지구상에서 가장 추악하고 사악한 사람들이 될 수 있다. 이것은 현대 복음주의의 식수 속에 들어있는 독선의 바이러스 때문이다. 나 자신도 복음주의자로서 이것을 말하는데, 사실상 우리 시

대에는 그 용어가 의미 없게 되었다.[38]

당신은 다른 신자들로부터 피해를 당할 것이다. 그것은 불가피하다. 하지만 당신은 상처를 받을지, 받지 않을지를 선택할 수 있다.

당신은 높은 길을 택하고 내려놓든지, 아니면 반격을 하며 낮은 곳을 향할지를 결정할 수 있다.

하나님의 종으로서, 당신은 기분이 상하는 사치를 누릴 여유가 없다. 나는 이것을 너무나 강하게 느껴서 다음과 같은 한 문장으로 표현하겠다: 하나님의 종은 상처를 받아서는 안 된다.

타락한 세상에서는 상처를 피할 수 없다.마18:7 처음에는 당신을 사랑하지만 나중에는 당신을 미워하게 될 사람들이 당신의 인생에 들어올 것이다. 어떤 사람들은 당신에게 최악의 상황이 닥치기를 바라고 있을 것이다. 또 어떤 사람들은 당신의 은사와 당신의 삶에 베푸신 하나님의 호의를 미친 듯이 질투할 것이다.

나는 너무나 많은 기독교 지도자가 상처를 받으며 "하나님이 자신들의 편"이라면서 상처를 준 사람들을 폭격하기 시작하는 것을 보았다.

만일 당신이 상처를 잘 받는 사람이라면, 당신은 대학살을 일으키지 않고는 결코 주님의 일에 성공할 수 없을 것이다.

많은 현대 정치인이 취하는 태도, 즉 민감하고, 지나치게 예민하며, 가혹하고, 양보하지 않는 태도는 그리스도의 정신에 어긋난다.

당신을 무시한 사람들을 망치와 정으로 뒤쫓는 것은 기괴한그리고 미성숙한 충동이다. 개인적인 상처에 대해 원한을 품고 다른 사람을 비방하는 것으로 반응을 하는 것은 십자가에 못 박히신 분의 손을 거부하는 것이다.

---

38) 나는 *Christ Is All podcast*, "Beyond Evangelical"의 episode #49에서 이것을 설명한다.

그 대신, 당신이 다른 사람들의 손에 의해 학대를 당할 때마다 주님께 나아가 이렇게 아뢰라: "주님, 이것은 주님이 주권적인 섭리 안에서 허락하신 것이기 때문에 궁극적으로 주님의 손에서 나온 것입니다. 저는 그것을 그렇게 받아들이고 그것이 내 안으로 들어오도록 놔두지 않을 것입니다."

어떤 대가를 치르더라도 평안과 평온을 유지하라. 이러한 특성은 당신이 하나님을 신뢰하고 그분의 관점에서 문제를 본다는 증거다.

이렇게 접근하는 것이 당신으로 하여금 고통, 상처, 그리고 실망을 느끼지 않게 해줄 것인가? 아니다. 그러나 당신은 고통과 상처와 실망을 주님께 전가하고 대신 그분이 주는 평안을 얻을 수 있다.

하지만 그러기 위해서는 당신이 하나님의 눈으로 보면서 지금 일어나고 있는 일이 그분의 눈을 피하지 못한다는 것을 기억해야 한다. 그분은 완전히 알고 계시고, 다 알고 계시기 때문에 당신을 충분히 도우실 수 있다.

실족하지 않는 자는 복이 있다

침례자 요한은 감옥에 홀로 갇혔을 때, 예수님이 실제로 약속된 메시아인지 의심하기 시작했다.

우리가 어두운 곳에 있을 때마다 주님은 요한에게 하셨던 것처럼 우리에게도 똑같은 날카로운 말씀을 하신다: "나로 말미암아 실족하지 아니하는 자는 복이 있도다."[39]

당신은 위의 문장 끝에 이 말을 첨가할 수 있다: "특히 다른 사람들이 너의 삶에 들어와서 너에게 고통을 주도록 내가 허용할 때."

나(예수님) 때문에 마음이 상하지 않는 사람은 복이 있다.

이것은 잊혀진 팔복beatitude이다.

---

39) 마 11:6.

침례자 요한은 일평생 철저하게, 전적으로, 타협하지 않고 하나님을 섬겼다. 그는 모든 면에서 자기를 부인했고, 포도주도 마시지 않았고, 좋은 옷도 입지 않았고, 맛있는 음식도 먹지 않았다.

그리고 그가 그것을 위해 무엇을 보여줘야 했는가? 투옥당함. 그리고 결국 참수당함.

설상가상으로, 요한 불확실한 상황에 처했을 때 예수님은 감옥에 있는 그를 방문조차 하시지 않았다. 대신에 예수님은 요한과 "사회적 거리를 두시고" 그와 소통하기 위해 사자들을 보내셨다.

잊혀진 팔복은 하나님이 우리의 기대에 부응하지 않으실 때마다 등장한다. 하지만 죄 있는 사람들은 악을 의미하고, 하나님은 그분의 자녀들과 관련하여 항상 선을 의미하신다. 창 50:19-21, 롬 8:28

그러므로 다시 한번 말하지만, 주님의 종으로서 당신은 상처를 받아서는 안 된다. 분노에 중독된 사람들이 흔할 뿐만 아니라 오히려 분노 중독을 당연시하는 시대에 사는 우리 대부분에게는 상처받지 않는 것이 특히 어려울 것이다.

그렇지만, 분노는 성령의 열매가 아니다. 그것은 육신의 산물이다.

하나님의 진실한 종들은 상처를 받지 않는다.

> 노하기를 더디 하는 것이 사람의 슬기요 허물을 용서하는 것이 자기
> 의 영광이니라. 잠 19:11

이것이 당신과 내가 부르심을 받은 표준이고, 영적 파워를 얻는 열쇠이다.

법칙 11

기대치를 낮추라

당신은 기대가 아닌 감사의 기초 위에 인생을 건설하는 것이 현명할 것이다.

당신이 기대에 따라 산다면 끊임없는 좌절, 그리고 심지어 분노를 경험하게 될 것이다. 왜냐하면, 인생을 살면서 우리의 기대에 찬물을 끼얹는 경향을 충분히 예측할 수 있기 때문이다.

그렇지만, 당신이 감사하는 마음으로 산다면 당신의 삶에서 기쁨을 주는 것들을 강조하게 될 것이다.

이것을 당신에게 더 가까이 가져오려면 하나님의 사람들에게 너무 많은 것을 기대하지 말라. 그렇게 하면 반드시 실망이 뒤따를 것이다.

나는 젊은 신자였을 때 이렇게 생각하곤 했다: **글쎄, 그 사람은 그리스도인이기 때문에 결코 중상모략을 하지는 않을 거야.**

또는 그녀는 그리스도인이기 때문에 다른 신자들에 대해 의도적으로 거짓말을 하거나 소문을 퍼뜨리지 않을 거야.

나는 꿈 속에서 살고 있었다.

나는 타락이 우리 모두에게 끼친 심각한 피해에 대해 자신에게 때때로 상기시켜야 한다.

공격하는 평화주의자

몇 년 전, 자칭 기독교 평화주의자가 온라인에서 내 공동 저자 중 한 명을 부당하게 공격하기 시작했다. 그렇다. 당신은 이 문장을 올바르게 읽었다. "평화주의자" 가 다른 신자를 공격하기로 결정했다!

이 사람은 전쟁의 해악, 군사 보복의 사악함 등에 대해 공개적으로 자신 있게 말했다. 그러나 누군가가 그를 잘못된 방식으로 격동했을 때 그는 폭력적인 언어를 구사했다. 이것이 얼마나 나를 놀라게 했는지를 내가 공동저자에게 말하자 그는 이렇게 대답했다: "아직도 그것을 몰랐다구요? 자신이 설교하는 것을 실천하는 그리스도인은 거의 없습니다."

그가 나를 "동네 바보a village idiot 취급하는 것 같다는 생각이 든다. 40

씁쓸하다.

당신이 사역을 하고 있다면 기대치를 낮추라.

아주 많이 낮추라.

당신은 "프랭크, 왜 그렇게 부정적입니까? 그렇게 까지 말을 할 필요가 있을까요?"라고 말할 수도 있다.

내가 당신에게 과제를 하나 주겠다. 디지털 노트북이나 종이 노트북을 꺼내라. 그런 다음, 초기 그리스도인들이 직면했던 문제들을 세어보는 눈으로 신약 성서의 모든 서신서를 읽으라.

해당 문제들의 목록을 만들어보라.

서신의 상당한 부분을 기록한 바울은 하나님의 일에 있어서 건축을 잘 했음을 명심하라. 고린도전서 3장을 참조하라

그럼에도 그는 고린도, 빌립보, 갈라디아, 로마 등지에서 일어난 1급 유

---

40) 역자 주: "a village idiot"은 다른 사람들은 다 아는데 혼자만 모르는 사람을 가리키는 말 이다.

혈사태를 막지 못했다.

내가 다른 곳에서도 지적한 것처럼 사도행전 이후의 신약 성서 대부분은 어려움에 처한 교회들을 향해 사도적 일꾼들이 기록한 편지들로 구성되어 있다. 그들은 모두 큰 위기를 겪었다.

감사하게도, 우리에게는 무한히 인내하시는 주님이 계시다. 당신과 함께, 나와 함께, 그리고 모든 그분의 사람들과 함께. A. W. 토저가 예수님에 대해 말했듯이, "그분은 당신의 최악의 상황을 아시고 당신을 가장 사랑하는 분이시다."[41]

뜨뜻미지근한 사람

주님 안에서 당신의 사역이 아무리 강력하더라도, 당신의 교회 안에는 주님께 헌신하고 항복한 사람들과 함께, 헌신되지 않은 사람들, 겉도는 사람들, 뜨뜻미지근한 사람들이 항상 있을 것이다.

빛이 나방을 끌어당기듯이, 그리스도께 완전히 항복한 사람들의 불을 쬐려고 손을 내미는, 주위에서 겉도는 사람들이 항상 있을 것이다.

당신은 그런 사람들을 어떻게 대하는가? 당신은 그들을 주변에서 중심으로 어떻게 이동시키는가? 당신이 이 질문에 대한 답을 찾게 되면 공중전화를 사용하여 수신자 부담으로 연락해달라. 물론, 요즘 그런 일이 아주 흔치 않다는 건 알지만 내 말의 뜻을 알아차렸을 것이다

내가 스스로 모순되는 것처럼 말하는 것을 용납하라. 한편으로, 우리는 기대치를 낮춰야 한다. 그러나 다른 한편으로, 우리는 하나님의 사람들에 대해 신뢰를 가져야 한다.

---

41) A. W. Tozer, *And He Dwelt Among Us: Teachings from the Gospel of John* (Ventura, CA: Regal, 2009), 135.

바울그리고 다른 신약 성서의 저자들은 긴장 속에서 두 가지 모순된 태도를 동시에 견지했다. 한편으로 그들은 하나님의 사람들에 대한 깊은 신뢰를 갖고 있었다. [42] 바울은 자신을 통해 역사하시는 하나님의 능력을 의지하면서 썩지 않는 재료로 건축하는 자신의 능력을 믿었다.

그러나 반면에 그는 인간 상태의 취약성을 익히 알고 있었기 때문에 하나님의 사람들에게 너무 많은 것을 기대하지 않았다.

고린도 교인들이 매춘부들과 동침하고, 주의 만찬에서 술에 취하고, 지체들끼리 법정 다툼을 하고, 그들이 선호하는 사도 때문에 교회를 파탄시키고, 심지어 부활을 부인하기까지 했다는 사실을 알고도 그가 낙심하지 않았던 이유가 바로 이것이다.

고린도전서를 주의 깊게 읽으면 산산조각난 바울을 결코 발견하지 못할 것이다. 오히려 그는 은혜와 친절로 편지를 쓰면서 고린도 교인들에게 그리스도 안에 있는 그들이 누구인지, 그리고 그들 안에 계신 그리스도가 누구인지를 꾸준히 상기시켜주었다.

정말 대단하다!

조언을 함에 있어서

예외인 경우도 드물게 있지만, 나는 오래 전에 상대방이 원치 않는 조언을 중단했다.

나는 사람들이 조언을 거의 받아들이지 않고 종종 그것이 갈등을 일으키기 때문에, 요청하지 않는 조언을 하지 않는다. 수년에 걸쳐, 나는 조언에 관한 세 가지 사실을 발견했다. 물론 이것은 나에게만 국한된 것은 아니다.

---

42) 다음 성경구절들을 확인하라: 롬 15:14, 고후 2:3, 7:6, 8:22, 갈 5:10, 살후 3:4, 몬 1:21, 히 6:9.

- 조언이 가장 필요로 하는 사람은 조언을 가장 쉽게 거부하는 사람이다.
- 당신이 조언할 때마다 그것에 대해 책임을 질 준비를 하라. 왜냐하면, 어떤 사람들은 실제로 그것을 받아들일 수도 있기 때문이다!
- 누군가가 이런 말을 했다: "조언은 눈과 같아서 부드럽게 내릴수록 더욱 깊어진다."

위의 내용을 고려하여, 당신은 언제나 **지적**(correct)**하기** 전에 **연결**(connect)**하는** 것이 더 좋다. **조언**(advice)**을 하기** 전에 **칭찬**(affirmation)**을 하는** 것이 더 좋다.

요한계시록에서 예수님이 어떻게 지적하시고 조언하셨는지를 생각해 보라. 그분은 책망의 큰 망치로 내리치시고 경건한 조언의 수술용 칼을 휘두르시기 전에 먼저 교회들을 칭찬하신다.

당신의 기대치를 낮추고, 절대로 성급하게 조언을 하지 말라.

원활한 연결과 무장 해제를 위해 유머를 사용하라

Jesus: *A Theography*에서, 나와 공동저자는 예수님께서 지상에서 사역하실 동안 사용하신 유머에 대해 한 장을 할애했다.[43]

21세기에 사는 우리는 히브리어의 숙어를 이해하지 못하기 때문에 이 요소를 놓치고 있다. 주님은 유머 감각이 뛰어나셨고, 무엇을 강조할 때 날카로운 아이러니를 종종 사용하셨다.

당신이 하나님의 말씀을 전하는 사역자라면 자신을 너무 심각하게 받아들이지 말라. 릭 워렌이 한 말을 기억하라: "하나님을 심각하게 받아들이되 자신을 심각하게 받아들이지 마십시오."[44]

자신을 비웃는 법을 배우라. 무엇보다도, 당신은 덜 떨어진 사람이다. 그렇게 생각하지 않는다면 당신의 배우자나 여자친구[남자친구]에게 물어보라

G. K. 체스터턴이 옳게 말했다:

> 천사는 자신을 가볍게 여기기 때문에 날 수 있다. … 심각함은 미덕이 아
> 니다. … 무거워지는 것은 쉽지만 가벼워지는 것은 어렵다. 사탄은 중력에

---

43) Leonard Sweet and Frank Viola, *Jesus*: *A Theography* (Nashville: Thomas Nelson, 2012), 200-202.

44) Rick and Kay Warren interview, *Religion and Ethics Newsweekly*, September 1, 2006.

의해 떨어지고 말았다.45

오늘날 사역의 세계에서 가장 필요한 것 중 하나는 하나님을 섬기는 사람들이 유머 감각을 키우는 것이다.

수년에 걸쳐, 나는 이 요소가 아주 부족한 기독교 지도자들을 만났다. 그들은 매우 종교적이고 진지하게 행동했다.

그들은 항상 레몬을 빨고 있거나 괄약근을 조이고 있는 것처럼 보였다.

그런 사람들은 깨진 적이 없고unbroken, 위험한dangerous 존재였다. 그들은 특히 연설의 재능으로 청중의 마음을 움직일 수 있는 사람들이었다. 그들이 어린 아이들의 파티에서는 결코 주목을 끌 수 없음은 말할 것도 없다

깨지지 않은 남자와 여자는 불행한 생물이다. 그들에게는 유머 감각이 없다. 이런 상태를 위한 해독제는 예수 그리스도의 십자가를 정면으로 만나는 것이다.

유머의 효력

유머는 사람들을 연결시켜준다. 그것은 또한 우리의 인간성을 드러낸다. 아울러, 그것은 뜨겁게 달아오른 상황을 무장 해제시키는 효과적인 도구이다. 당신이 진정한 사역을 하고 있다면, 심각한 상황에 직면할 것이다. 그것도 한번이 아닌 여러 번.

여러 해 전, 다른 대륙에 있는 목사들 그룹이 나를 강사로 초청했었다. 내가 도착하기 직전에 나는 그 사람들이 내 영적인 시체를 묻어버리려고 한다는 것을 알게 되었다. 그들은 칼을 뽑아서 나를 처리하려고 했다.

한 나이 많은 지도자가 이 행사에 대해 나에게 귀중한 조언을 해주었다.

---

45) G. K. Chesterton, *Orthodoxy* (San Francisco: Ignatius Press, 1995), 127-128.

"당신이 이 사람들과 함께 있을 때에는 곧 잠이 들 것처럼 행동하세요. 그들의 긴장을 풀어주세요. 필요하다면 낮잠을 주무세요. 그리고 절대로 목소리를 높이지 마세요."

나는 그날 지옥과 싸워야 한다는 것을 절감했다.

내가 모임 장소에 들어갔을 때 그곳은 폭죽보다 더 뜨겁게 느껴졌다.

단검이 나타나기를 기다리면서, 얼굴에 심각한 표정을 지으며 자리에 똑바로 앉아 있는 30명의 남자들로 가득 찬 방에서 나는 의자에 구부정하게 앉아 있었다. 그 다음, 나는 유머와 재치를 사용해서 그들과 내 통역사(나의 친구였다)에게 부드럽게 농담하기 시작했다.

나는 자기 비하적인 농담으로 양념을 했다. 결국, 이 사람들은 긴장이 풀리기 시작했다. 약 15분쯤 지나자 그들은 미소를 짓고 웃기 시작했다.

목사들이 갈고리를 가져왔는지 모르지만 나는 그것들을 본 적이 없다. 성령님이 나에게 예수 그리스도의 유머를 주셨고, 이를 통해 나는 무장 해제하고 그들과 연결되었다.

그 다음, 나는 아마 지금까지 그 어떤 그룹에서 전했던 말씀보다 더 강력한 메시지를 전한 것 같다.

내가 메시지를 마쳤을 때 그 장소는 얼어붙었다. 시계가 멈췄고, 허파가 숨을 쉬지 않았다. 그리고 나는 무사히 그 장소를 나올 수 있었다.

우리 모두는 해일이 그 장소를 휩쓸었음을 인식했다. 하지만 내가 분위기를 완화시키고, 수류탄을 해체하고, 공기를 맑게 하여 강력하고 타협하지 않는 메시지를 전할 수 있었던 것은 유머를 통해서였다.

이것은 순전하고 단순한 하나님의 은혜였다. 거기서 일어난 일은 내 능력을 넘어서는 것이었다.

만약 내가 그 모임에 유머를 주입하지 못했다면 살아남아서 이 책을 쓰지 못했을 것이라는 점에는 의심의 여지가 없다.

요점: 자신을 비웃는 법을 배우라. 농담의 예술을 발견해보라. 당신의 재치를 갈고 닦으라.

왜 그렇게 해야 하는가? 그것이 연결시켜주고, 이완시키고, 완화시키기 때문이다. 그리고 그 점에서 그것이 하나님의 능력이 발휘되는 길을 열어줄 수 있기 때문이다.

예수님은 레몬을 빠는 분이 아니셨다. 그분은 기쁨이 넘치셨고, 풍자, 아이러니, 재치, 그리고 유머를 사용하는 방법도 알고 계셨다. 이것이 그분을 대중에게 그토록 매력적으로 다가가게 한 이유 중 하나이다. 그리고 그분은 오늘날에도 여전히 동일하시다. 히 13:8

자신을 너무 심각하게 받아들이지 말라. 그리고 절대로, 항상 자신을 심각하게 받아들이는 사람을 따르지 말라. **46**

---

46) 세세한 것에 얽매이고, 꼼꼼하고, 과민한 사람들에게, 나는 우리가 궁극적으로 예수님을 따른다는 것을 알고 있다. 그런 사람들은 깨진 적이 없고(unbroken), 위험한(dangerous) 존재였다. 그들은 특히 연설의 재능으로 하지만 바울은 이렇게 말했다: "내가 그리스도를 본받는 자가 된 것 같이 너희는 나를 본받는 자가 되라"(고전 11:1) 그는 또한 자신을 본받는 교회를 칭찬했다.(살전 1:6) 아울러, 딤후 3:10-11에서 바울이 디모데에게 한 말을 참고하라. 그러므로 나는 바울이 말했던 것과 같은 의미로 "사람을 따르라"는 표현을 사용한다.

운하가 되지 말고 저수지가 되라

우리가 그리스도와 함께하는 충만한 영적 생명의 넘쳐남으로 사역을 할 때, 우리는 저수지처럼 행동한다. 이것은 열매 맺는 개념과 관련이 있다.

정확히 열매가 무엇인가?

지구상에서 열매를 맺는 모든 나무는 생존에 관한 연구 대상이다. 나무는 생명이 넘쳐남으로 열매를 맺는다.

각 세포와 섬유질은 너무 많은 생명으로 넘치기 때문에 그 에너지 가운데 일부를 방출할 방법을 찾아야 한다. 그렇지 않으면 그 자체의 활력으로 익사할 위험이 있다. 그러므로 나무는 줄기 끝과 가지 끝에 꼬투리를 만든다.

열매는 나무에 담긴 생명의 넘침으로 인해 자라서 땅에 떨어진다.

대부분의 경우, 하나님께서 우리에게 보여주시는 것은 무엇이든 먼저 우리 자신이 즐기고 체험할 수 있도록 하고, 그 다음에는 넘치는 대로 다른 사람들에게 나눠주는 것이다.

클레르보의 베르나르는 이 법칙을 다음과 같이 묘사했다:

> 그러므로 현명한 사람은 자신의 삶을 운하보다는 저수지에 더 가깝다고
> 생각한다. 운하는 받은 것을 동시에 쏟아내고, 저수지는 물이 채워질 때
> 까지 물을 보유하고 있다가 자체의 손실 없이 넘치는 물을 배출한다. …

오늘날 교회에는 운하처럼 행동하는 사람들이 많고 저수지는 너무나도 드물다. 하늘의 교리를 우리에게 흘러 보내는 사람들의 사랑은 너무나 급해서, 채워지기 전에 그것을 쏟아 붓기를 원한다. 그들은 듣는 것보다 말하기를 더 좋아하고, 자신도 터득하지 못한 것을 가르치려고 참을성이 없으며, 자신들을 다스리는 방법을 모르면서 다른 사람들을 다스리려는 주제넘음으로 가득 차 있다.47

그런데 절대로 "세인트 버나드Saint Bernard"라고 부르지 말라. 그는 개가 아니다.

베르나르는 생명수를 다른 사람들에게 주기 전에 먼저 자신에게 가득 차게 하라고 우리에게 가르친다. 이것이 저수지가 작동하는 방식이다.

운하처럼 작동하는 사람들에게는 채워질 시간이 없다. 서두르는 것이 그들의 몸에 배어 있다. 그들은 하나님께서 그들에게 뭔가를 가르치시는 시간과 그것을 다른 사람들과 나누는 시간 사이에서 결코 멈추지 않는다.

운하는 항상 급하게 작동한다. 그들은 받자마자 내놓는다. 그들은 요리를 하기 전에 자신들이 발견한 것을 경험할 시간을 갖지 않는다.

베르나르는 계속해서 말한다:

저수지는 물이 넘칠 때만 흘러서 시내를 형성하고, 퍼져 나가서 웅덩이를 형성하는 샘물과 비슷하다. 저수지는 그것을 채워주는 샘처럼 아낌없이 주지 않는다는 것을 부끄러워하지 않는다. … 그분[예수님]이 처음으로 은밀한 곳을 가득 채웠을 때, 그분의 풍성한 자비가 넘쳤다. 그 자비가 땅에 쏟아 부어져서 땅을 적시고 그 풍성함을 넘치게 했다. 당신은 이 과

---

47) Bernard of Clairvaux, *Song of Songs*, Sermon 18.

정을 따라해야 한다.**48**

나는 마지막 문장인 "당신은 이 과정을 따라해야 한다"를 두 번 클릭하여 실행하겠다.

이와 관련하여 바울은 디모데에게 이렇게 말했다:

수고한 농부가 먼저 열매를 받는 것이 마땅하다.딤후 2:6

찰스 스퍼젼은 이 본문에 대해 다음과 같이 묘사했다.

이것은 법칙이다. 누구든지 밭의 열매를 먼저 맛보기 전에는 전혀 참여할 권리가 없다. 주님의 은혜를 먼저 맛보기 전에는 우리가 하나님의 일을 효과적으로, 적절하게 할 수 없다.**49**

예수 그리스도는 다른 사람들에게 나누어 주시기 전에 먼저 하나님 아버지의 생수로 자신을 채우셨다. 소년 시절과 나중에 작업장에서 장인으로 준비하는 동안 그분은 아버지의 지혜를 배우고, 발견하고, 관찰하셨고 그 지혜로 충만하셨다. 그리고 나서, 적절한 때에 그분은 그 풍성함을 다른 사람들에게 부어주시기 시작했다.

같은 맥락에서, 앤드류 머레이는 다음과 같이 피력했다:

48)Bernard, *Song of Songs*.
49) *The Complete Works of C. H. Spurgeon*, volume 59: Sermons 3335-3386 (Harrington, DE: Delmarva Publications, 2013).

사역자의 첫 번째 의무는 하나님께서 그의 청중들에게 행하기를 원하시는 모든 일이 먼저 자신 안에서 진실되고 온전하게 이루어지기를 그분께 겸손히 구하는 것이다.50

말씀을 전하는 것은 요리하는 것과 같다. 그러므로 당신이 전하는 내용을 다른 사람들에게 먹이기 전에 당신 자신의 삶에서 시험해 보라.

불행하게도, 오늘날 대부분의 사역자들은 이렇게 하지 않는다. 그 대신 그들은 "이것이 설교거리인가?"라고 자문하는 경향이 있다. 이 충동은 오늘날 대부분의 사역자의 머리 속에 새겨져 있다. 그러나 나는 그것에 도전하고 싶다.

역동적인 책, 기사, 메시지를 발견하면 "이것을 어디서 설교할 수 있을까?" 대신 "어떻게 하면 이것을 더 충분하게 경험할 수 있을까?"라고 반응하도록 훈련하라. 너무나 많은 설교자와 교사가 "주님, 이 페이지에 있는 주님으로 저를 놀라게 하옵소서!" 대신 "이것이 설교거리인가?"라는 사고 방식을 가지고 성서에 접근한다.

안타깝게도, 이런 식으로 기도하는 기독교 지도자는 거의 없지만 이것이 영적 파워의 비결이다.

결과적으로, 잘못된 습관을 버려야 한다.

눈꺼풀에 이것을 문신하는 것이 좋을 것이다: **당신은 당신 자신이 먼저 경험한 적이 없는 무언가로 사람들을 데려가서 실제로 경험시킬 수 없다.**

그것이 당신 자신의 삶에 실제가 아니라면, 그것은 다른 사람들의 삶에 지속적인 영향을 미치지 못할 것이다. 당신이 예리한 번뜩임과 치솟는 달변으로 메시지를 전하는 경우에도 이것은 마찬가지이다.

---

50) Andrew Murray, *The Deeper Christian Life* (New York: Cosimo Classics, 2007), 87.

마음에 앞선 정신(Mind Ahead of Heart)

나는 20대 초반에 공중 앞에서 말씀을 전하기 시작했다. 그 시절을 돌이켜보면 내가 그런 어린 나이에 그렇게 할 필요가 없었다.

그렇게 이른 나이에 말씀을 전할 수 있었던 이유는 내가 그리 오래 살지 않았으므로 내 경험에 비해 지식이 훨씬 많았기 때문이다.

내가 전하는 말씀을 듣는 사람들은 종종 감사를 표하고 심지어 유익을 얻기도 했지만, 나의 메시지는 지속적인 힘을 발휘하지 못했다.

내가 주님께 인도한 사람들은 결국 뒷걸음질치고 말았다. 내가 가르친 내용을 "이해하는" 것처럼 보이는 사람들조차도 금세 이전 삶의 패턴으로 되돌아갔다.

그러다가 주님은 내가 주님을 직접 경험하고 싶은 절실함을 느낄 수밖에 없는 일련의 견딜 수 없는 상황에 나를 두셨다. 그래서 나는 그런 영적 보물을 다른 사람들에게 전하기 전에 내 삶에 뿌리를 내릴 시간을 주었다.

나는 그것들을 내 영혼의 냄비에 재워 두었다.

다양한 시련과 고난을 겪으면서, 머리로만 알았던 것들이 마음속으로 들어왔다. 연기가 걷히고 나서야 씀을 전했고, 듣는 사람들의 삶이 변화되는 것을 보기 시작했다. 나는 항상 말해왔던 것과 똑같은 말을 많이 했지만, 뭔가 다른 것, 더 깊고 강력한 것이 그 말을 통해 혈류가 흐르듯 하기 시작했다.

나는 말씀을 전하기 전에 내가 터득한 것을 경험하는 교훈을 배웠다.

이 원칙은 내 사역과 개인 생활에 지침이 되었다. 주님에 관한 진리를 배웠지만 한동안 경험하지 못했다면, 나는 그것이 내 삶에서 증명될 때까지 그것에 대해 말하지 않고 기다린다.

개인적인 야망

개인적인 야망은 종종 사람들이 저수지가 되는 것을 방해한다. 비즈니스 세계는 야망에 달려 있지만 그것은 하나님의 일에는 해롭다.toxic

하나님은 높이는 분이시다.시 75:6-7 주님의 종으로서 우리의 유일한 야망은 주님을 알고, 그분의 마음을 기쁘시게 하고, 그분의 이름을 영화롭게 하며, 우리를 부르신 그 부르심에 지속적으로 충실한 것이다.

주님께서 이렇게 말씀하신다:

> 지혜로운 자는 그의 지혜를 자랑하지 말라 용사는 그의 용맹을 자랑하지 말라 부자는 그의 부함을 자랑하지 말라 자랑하는 자는 이것으로 자랑할지니 곧 명철하여 나를 아는 것과 나 여호와는 사랑과 정의와 공의를 땅에 행하는 자인 줄 깨닫는 것이라 나는 이 일을 기뻐하노라 여호와의 말씀이니라.렘 9:23-24

오늘날 권력과 인기와 명성을 위해 사역하는 사람이 얼마나 많은가? 많은 목사들이 설교하는 것에 중독되어 있고, 사람들을 웃기고 울리는 일에 푹 빠져 있다. 그들은 박수에 의존한다.

그러나 우리 사역의 유일하고 적절한 동기는 그리스도의 광범위한 위대하심을 사람들에게 보여주는 것이다.

그러므로 이것을 당신의 유일한 초점과 야망으로 삼으라.

자신에게 다음과 같이 말함으로써 당신의 의도를 고정시키라:

> 나는 하나님의 영광을 위해 존재한다. 나는 그리스도의 찬란함을 드러내기 위해 말씀을 전하고 가르친다. 나는 나의 재능이나 성품으로 사람들에

게 인상을 주려고 애쓰고 싶지 않다. 나는 주님의 아름다움과 위엄과 능력으로 그들에게 감동을 주고, 심지어 그들을 놀라게 하고 싶다.

이 말을 당신의 뇌 안에 있는 회로에 새겨 넣으라. 왜냐하면, 당신은 그 말을 빨리 잊을 것이기 때문이다. 하나님 앞에서 이 말을 함으로써, 당신은 사람들에게 당신의 인상을 심어주려는 것에서 멀어져서 그들을 주님으로 감동시키려는 의도를 고정시키게 될 것이다.

사람에게 보이려고 그들 앞에서 너희 의를 행하지 않도록 주의하라 그리하지 아니하면 하늘에 계신 너희 아버지께 상을 받지 못하느니라. 마 6:1

당신이 공중 앞에서 말씀을 전할 때 당신 자신에 관해 잊으라.

당신이 자기를 의식한다면 그것은 이기주의의 증거이다. 당신이 누군가에게 깊은 인상을 주려고 노력하는 것이다.

체면을 버리고 당신의 필요가 아닌 하나님 사람들의 필요에 대해 말하라.

주님을 기쁘시게 하는 그리스도의 종은 하나님의 뜻 안에서, 하나님의 능력으로, 하나님의 영광을 위해 영적 사역을 한다.

우리가 무슨 일이든지 우리에게서 난 것 같이 스스로 만족할 것이 아니니 우리의 만족은 오직 하나님으로부터 나느니라 그가 또한 우리를 새 언약의 일꾼 되기에 만족하게 하셨으니. 고후 3:5-6

우리 주님처럼 우리의 양식은 하나님의 뜻을 행하는 것이다. 요 4:34 그리

고 우리는 목자이신 주님을 향한 우리의 사랑에 의해 그분의 양떼를 먹이는 것이다. 요 21:17

예배로서의 사역

그리스도에 대한 사랑하나님을 예배한다는 말의 또 다른 표현이 아닌 다른 어떤 것에서 흘러나오는 섬김은 다 헛된 것이다. 이에 대해 A. W. 토저는 다음과 같이 피력했다:

> 우리가 간과하고 있는 것은 먼저 예배자가 아닌 사람은 누구도 일꾼이 될 수 없다는 사실이다. 예배에서 흘러나오지 않는 수고는 헛되고, 각 사람의 공력을 시험하는 날에 오직 나무와 풀과 짚이 될 것이다. 고전 3:11-15을 참조하라 예배를 하지 않으면 합당한 일을 할 수 없다는 것이 하나의 격언으로 자리잡을 수도 있다. … 하나님과의 교제는 곧바로 순종과 선행으로 이어진다. 이것이 신성한 질서이고, 그것은 결코 되돌릴 수 없다.51

나는 예배가 눈을 감고, 손을 들고, "예배 전담 팀"이 이끄는 "경배와 찬양" 노래를 부르는 것으로 국한된 기독교 부족에서 자랐다.

하지만 신약 성서는 훨씬 더 넓은 예배의 개념을 가지고 있다.

예배는 살아 계신 하나님께 대한 경배와 사랑의 복종이다. 그것은 그리스도의 선하심과 위대하심과 아름다움을 높이 기리는 행위이다.

바울에 의하면, 우리 몸을 하나님께 산 제사로 드리는 것이 "참되고 합당한 예배"이다. 롬 12:1

"아무도 나를 주목하지 않고, 그것에 대한 대가도 받지 못하더라도 내가

---

51) A. W. Tozer, Born *After Midnight* (Camp Hill, PA: WingSpread, 2008), 152.

주님을 섬길 수 있을까?"라고 자문해 보라.

흠….

대답하기 전에 이 면밀한 질문을 당신의 마음속에 재워 놓을 시간을 주라.

이것과 관련된 관찰 하나: 흔히 설교자들은 자기가 이해하지 못하는 성서 본문을 읽을 때 즉시 "전문가들"에게 문의하려는 충동을 받는다. 그들은 여러 주석책과 온라인 자료를 서둘러 검색한다.

하지만 나는 토저의 다음과 같은 조언이 훨씬 더 나은 방법이라는 것을 알았다:

> 몇 분 동안 진지하게 기도하는 것이 주석책을 몇 시간 동안 읽는 것보다 종종 더 많은 빛을 제공할 수 있다. 가장 좋은 규칙은 어떤 본문의 의미에 관해서 먼저 하나님께 나아가는 것이다. 그 다음, 전문가들에게 문의하라. 그들은 당신이 간과했던 한 알의 밀을 가지고 있을 수도 있다.52

요약하자면, 운하가 아닌 저수지가 되는 법을 배우라.

---

52) James L. Snyder, *The Life of A. W. Tozer: In Pursuit of God* (Camp Hill, PA: Christian Publications, 1991), 10.

타인의 지적을 받아들이라

예수님의 음성은 우리의 행동을 살필 뿐만 아니라, 그것은 또한 우리의 태도와 반응도 살핀다.

그리고 그분의 음성은 종종 그리스도의 몸의 다른 지체들을 통해 우리에게 전달된다.

이것이 고린도전서 12장의 위대한 논점이다.

바울은 예수님이 말 못하는 우상이 아니라고 말한다. 그분은 말의 능력을 가지고 계신다.1-2절 하지만 그분은 어디에서 말씀하시는가? 그분은 성령에 의해 그분의 몸을 통해 말씀하신다.3-4절

하나님께서 그분의 일에 당신을 사용하시기를 원한다면, 그분은 당신이 보지 못하는 삶의 영역을 무자비하게 다루실 것이다. 그러나 당신을 아는 몸의 다른 지체들은 그것들을 명확하게 볼 수 있다.

당신이 육신 안에 있다면, 지적 받을 때 반응을 보일 것이다.

당신이 성령 안에 있다면 당신은 스펀지처럼 행동하여, 당신의 삶의 어떤 부분이 드러나고   변화되기 위해 당신을 관통하는 하나님의 빛이 필요한지 이해하기 위해 질문하게 될 것이다.

지적을 받았을 때 그 사람이 어떻게 반응하는지가 그의 성품을 확연히 드러낸다.

약간의 압력이 가해지면 우리가 실제로 누구인지 노출된다.

깨진 적이 없는 사람들the unbroken은 사소한 지적에도 신속하게 자신을 방어한다.

대조적으로, 십자가를 아는 사람은 모든 형태의 지적을 마음에 새길 것이다. 그들은 배우고자 하는 자세를 보여줄 것이다.

그들은 자신이 틀렸다는 것을 인정하기를 주저하지 않고, 신속하게 회개하고 사과할 것이다. 오래 지속되는 사역은 깨지고 부서진 것에서 비롯된다. 이 원리는 별에 새겨질 정도로 분명하다. 지적과 책망을 받는 것은 고통스럽다. 그러나 좋은 소식은 모든 십자가의 반대편에 부활이 있다는 것이다.

그렇지만, 당신이 먼저 십자가 나무를 훑고 그리스도의 고난에 참여하기 전에는 그분의 부활의 능력을 알지 못할 것이다.

내가 다른 곳에서 썼듯이, "하나님께서 당신을 높이시려는 것은 기초를 놓기 위해 그분이 파신 것만큼 깊다."[53]

지적을 받아들이는 법

직설적으로 말하겠다. 만일 당신이 지적을 받아들일 수 없다면, 하나님의 일에 참여할 필요가 없다. 당신은 하나님의 사람과 불신자 모두에게 위험한 인간이다.

효과적인 주님의 종은 분명한 견해를 갖고 있지만 그것을 부드럽게 드러낸다. 그 사람은 자신이 믿거나 가르치는 모든 것을 바로잡을 수 있는 여지가 완전히 열려 있다.

내 형제들아 너희는 선생된 우리가 더 큰 심판을 받을 줄 알고 선생이 많

53) Frank Viola, *Revise Us Again* (Colorado Springs: David C. Cook, 2011), 115.

이 되지 말라. 약 3:1

겸손은 하나님의 일에 있어서 첫 번째 원리이다. 방어적이지 않고 지적에 귀를 기울이는 능력은 겸손의 뛰어난 특징이다.

신자들이 그리스도의 영으로 지적을 받아들일 때의 모습은 다음과 같다:

- 그들은 방어하거나 정당화하거나 합리화하지 않는다.
- 그들은 문제를 더 잘 이해하기 위해 질문한다. 가장 잘 듣는 사람이 그 방에서 가장 성숙한 사람이다
- 그들은 자신에게 사각지대가 있을 수 있다는 것을 예리하게 인식하고 있다.
- 그들은 지적받았을 때 그것을 인신 공격으로 재구성하지 않는다. 설사 그것이 인신 공격이라 할지라도
- 그들은 그것을 개인적으로 받아들이지 않는다.
- 그들은 상처받기를 거부한다.
- 그들은 지적하는 사람들의 마음에 악한 동기를 전가하지 않는다. 그들은 판단을 주님께 맡긴다
- 그들은 지적하는 사람들의 평판을 비난하고 파괴하려고 하지 않는다.
- 그들은 자신을 피해자가 아닌 학생으로 여긴다. 54
- 그들은 지적이 정확하지 않더라도 그것을 하나님의 손에서 오는 것

---

54) 나는 Christ Is All podcast의 episode #140, "Help When Your World is Crumbling"에서 피해자와 학생의 차이를 설명한다.

으로 받아들인다. 그리고 그들은 그것을 뒤로 밀어내지 않는다.

사람이 위의 모든 것을 실천하려면 하나님께서 그를 깨뜨리셔야 한다. 위의 모든 것은 또한 하나님의 사람들을 안심시키는 사람들those who are safe to God's people에게 나타나는 표시이다.

나는 그것에 동의하지 않습니다

나는 몇 년 전에 사역에 종사하는 청년을 알고 지냈다. 그를 조Joe라고 부르겠다. 모든 젊은이들처럼 나도 21세 때 그랬었다 조도 변화가 절실히 필요한 상황에 처해 있었다.

조는 열심으로 가득 차 있었다. 그는 대담하지만 무모하여 종종 사람들에게 상처를 입혔다. 조는 그야말로 전형적인 실수투성이였다.

여러 해가 지나면서 많은 성숙한 신자가 조를 부드럽게 바로잡으려고 노력했다.

조의 기본적인 반응은 방어적인 태도를 넘어서 "나는 그것에 동의하지 않습니다"라고 말하는 것이었다. 그는 아무런 질문도 하지 않았다. 그는 이해하고 싶다는 어떤 증거도 제시하지 않았다. 그는 자신이 실제로 틀렸을 수도 있다는 암시를 한 번도 하지 않았다. 그는 전혀 겸손을 보여주지 않았다.

얼마 지나지 않아 조는 철저하게 실패하고 말았다.

나는 그가 지금 어디 있는지, 무엇을 하고 있는지는 모르겠지만, 지적을 받아들일 수 있다는 중요한 교훈을 얻었기를 바란다.

이것은 무시할 수 없는 또 하나의 법칙이다.

비판자들을 구별하라

당신이 하나님의 나라를 위해 뭔가 가치 있는 일을 하고 있다면 불을 불러올 것이다.

풀이 잘릴 때마다 뱀이 드러난다. 당신은 그것에서 독을 끌어낼 것이다. 그리고 대부분의 경우, 그들은 예수님 당시의 경우와 마찬가지로 "종교적인" 사람들일 것이다.

사실, 하나님 나라에 대한 당신의 기여가 더 가치 있을수록 비판은 더 심해진다. 예수님과 바울을 향한 공격에 대해 '법칙 39'를 참조할 것

아마 당신은 "목표물 위로 날아가면 대공포를 맞을 것이다"라는 진부한 말을 자주 들어본 적이 있을 것이다. 글쎄, 이것은 그 반대이다.

당신이 가혹한 비판을 마주하고 싶지 않다면, 아무 말씀도 전하지 말고, 아무런 글도 쓰지 말고, 아무 말도 하지 말라.

언제든.

개는 주차된 차를 향해 짖지 않는다. 그리고 당신이 아무것도 목표로 삼지 않으면 매번 성공하게 될 것이다.

그러나 모든 비판이 동일한 것은 아니므로 비평가를 구별하는 것이 중요하다.

이전에 내가 내 블로그인 Beyond Evangelical에 쓴 것처럼 비평가에는

세 부류가 있고, 각각 다른 반응을 보인다.[55]

지지자들(supporters)

이 사람들은 당신을 사랑하고 당신이 하는 일을 지지한다. 그들이 당신에게 가져오는 어떤 비판도 건설적이다. 그것은 당신을 더 나은 사람으로 만들기 위해 고안되었다.

지지자들은 당신이 성공하기를 바라기 때문에 당신과 당신의 일을 응원하고 있다.

예를 들어, 당신이 작가라면 지지자가 철자나 문법의 오류를 지적할 수도 있다. 그는 또한 사실적 오류에 당신의 주의를 끌 수도 있다.

지지자들을 향한 당신의 반응: 그들의 비판은 종종 매우 귀중하기 때문에 그 비판을 환영하라. 이 비평가들은 당신의 사각지대와 당신이 간과한 것들을 지적함으로써 당신에게 홀큰 도움을 준다. 그들이 시간을 내어 그런 일에 당신의 주의를 환기시켜 준 것에 항상 감사하라. 때로는 그들처럼 그렇게 하기가 쉽지 않다.

반대자들(objectors)

반대자들은 진심을 갖고 당신의 의견에 동의하지 않는다. 그들은 당신의 적이 아니다. 결과적으로, 그들은 논쟁을 벌이거나 비열하게 굴지 않으며 당신이나 당신의 일을 허위라고 선언하지 않는다.

그들은 예의 바르게 일관성 있는 의견 차이를 제시한다. 이것이 그들의 말에 신뢰가 가게 하고, 또 그것을 들을 만한 가치가 있게 만든다. 우리 중

---

55) Frank Viola, "Three Kinds of Critics & How to Respond to Them," *Beyond Evangelical* (blog), frankviola.org/2013/02/13/threekindsofcritics.

누구도 완벽하게 인지했다는 주장을 할 수 없다. 그러므로 이 사람들에게 고마운 마음을 가지라.

반대자들을 향한 당신의 반응: 반대자들이 옳을 수도 있으므로 그들을 향해 열린 마음을 가지라. 그들에게 귀를 기울이고 그들이 말하는 것을 숙고해보라. 그들의 반대 의견은 정확하고, 따라서 그들은 당신의 생각을 바로잡아 도움을 주는 것으로 판명 날 수 있다. 반면에, 그들의 주장을 분석함으로써 당신은 자신의 입장을 확인할 수도 있다.

나는 이의 제기를 받고 그 사람과 명백한 이견을 놓고 대화했을 때 대부분의 경우 꼭 둘의 의견이 다른 것이 아님을 발견했다. 마틴 루터 킹은 다음과 같이 멋지게 표현했다:

> 나는 내 일과 아이디어에 대한 비판에 대답하기 위해 잠시 멈추는 일이 거의 없습니다. 만일 내가 내 책상을 뒤덮는 모든 비판에 답하려고 한다면, 내 비서들은 하루 종일 그런 편지들을 놓고 씨름하는 것 외에는 아무 것도 할 시간이 없을 것이고, 나는 건설적인 일을 할 시간이 없을 것입니다. 그러나 나는 당신이 진실된 선의를 가진 사람이고 당신의 비판이 진심으로 제기된 것이라고 생각하기 때문에, 인내심을 갖고 합리적인 용어로 당신의 말에 대답하려는 노력을 하고 싶습니다.[56]

유독한 사람들(trolls)

유독한 사람들은 당신을 파괴할 준비가 되어 있다. 대개 질투심에 뿌리를 둔 증오가 그들을 지배한다. 유독한 사람들은 우선 의도적으로 당신을 왜곡할 것이다. 그래도 효과가 없으면 인신 공격과 인격 살인에 의지할 것

---

56) Martin Luther King, Jr., "Letter from Birmingham Jail," April 16, 1963.

이다.

유독한 사람들은 부정직해서 거짓을 만들어내고, 진실을 희석시키고, 사실을 왜곡한다. 그들은 종종 입증되지 않을 뿐만 아니라 터무니없는 엉터리 비난과 가짜 위조물을 만드는 "괴물"로 묘사될 수 있다.

유독한 사람들은 누구에게도 지적을 받지 않기 때문에 급속도로 신뢰를 잃는다. 오직 잘 속는 사람들과 증오심으로 행동하는 사람들만 그들을 지지한다. 유독한 사람들은 거의 항상 그들이 개인적으로 알지 못하는 사람들을 공격한다.

유독한 사람들은 다른 사람들을 무너뜨리는 동시에 스스로를 높이는 일을 반복한다. 그들은 한 번도 십자가에 가본 적이 없는 부풀려진 자기 사랑에 시달린다. 이런 이유로, 그들은 다른 사람들에게 해를 끼치며 그들 자신에게 최악의 적이다.

유독한 사람들을 향한 당신의 반응: 모든 소셜 미디어 전문가는 다음과 같이 동의한다: 유독한 사람들에게 먹이를 주지 말고 그들을 무시하라. 당신이 유독한 사람과 논쟁을 하며 그를 바로잡으려고 한다면, 당신의 노력은 수포로 돌아갈 것이다. 사실, 그것은 단지 그들을 믿을만한 사람처럼 보이게 만들고 그들의 부정직한 말에 관심을 끌기 때문에 비생산적이다.

유독한 사람들의 행동은 경멸을 받아 마땅하다. 유독한 사람들은 그들의 행동에 대한 반응을 고귀하게 보지 않는다.

유독한 사람들은 의도적으로 부정직하기 때문에 이를 바로잡으려고 노력해도 소용이 없다. 사실, 그렇게 하는 것은 그들을 받을 자격이 없는 위치로 올려주는 것이다.

유독한 사람들은 보잘것없는 적이다. 그들과 관계를 맺거나 상호 작용하는 것은 당신 자신을 보잘것없고 약하게 만드는 것이다. 유독한 사람을 무시함으로써 마치 짜증나는 모기같이 그를 잊어버리라.

유독한 사람과 얽히는 데 시간과 에너지를 낭비하지 말라. 그렇게 하면 당신의 삶에 빼도 박도 못하게 되는 상황이 생길 것이다. 유독한 사람의 한심한 독설과 비열한 부조리를 인정함으로써 그의 존재에 신뢰성을 부여하는 것이다.

> 잠언 26:4은 "미련한 자의 어리석음을 따라 대답하지 말라 너도 그와 같이 될까 두려우니라"라고 말한다. 결국 유독한 사람들은 자신의 칼에 죽고 만다. 그러므로 그들에게 틈을 주지 말라.[57]

내가 묘사한 비평가들 각각은 기독교인일 수 있다. 유독한 사람들은 그들의 비난받을 만한 행동으로 마태복음 7:12을 지속적으로 위반하기 때문에 "이름뿐인" 그리스도인이라고 할 수 있다.

비판에 관해서라면, 당신의 삶에 들어오는 모든 것, 즉 선이든 악이든, 불평이든 찬양이든 그것이 당신에게 도달하기 전에 먼저 하나님의 사랑의 손을 거쳐야 한다는 것을 기억하는 것이 중요하다. 롬 8:28

감사하는 마음으로 건설적인 비판을 받아들이고 거짓에 뿌리를 둔 것은 무엇이든 무시하라. 당신의 주님께서 공격을 받으셨을 때 하셨던 것처럼 높은 길을 택하여 가라. 벧전 2:23

---

57) 이것의 예외가 있다면, 유독한 사람의 정체를 폭로하도록 당신이 부르심을 받은 경우이다. 어떤 사람들은 이런 임무로 부르심을 받았지만, 그것을 실행할 때 유독한 사람을 직접 대하지는 않는다. 그 대신, 그들은 유독한 사람의 행적, 부정직한 역사, 그리고 명예 훼손한 것, 소셜 미디어에서 정지당한 것, 교회에서 파문을 당한 것과 같은 법적 또는 윤리적 위반을 폭로한다. 그러나 다른 사람들의 죄를 폭로하는 그리스도인들은 항상 먼저 해를 끼치는 사람에게 홀로 조용히 가야 한다. 그런 다음, 필요하다면 개인적으로 증인과 함께 마태복음 18장에 설명된 단계에 따라 그들의 범죄가 공개적으로 드러나기 전에 회개하도록 요청한다.

시어도어 루즈벨트는 비평가들에 대해 다음과 같은 적절한 말을 했다:

중요한 것은 비평가가 아니다. 즉, 강한 사람이 어떻게 넘어지는지, 행동하는 사람이 어디에서 더 잘할 수 있었는지를 지적하는 사람이 아니다. 실제로 경기장에서 뛰는 사람에게 공이 돌아간다. 즉, 얼굴이 먼지와 땀과 피로 얼룩진 사람, 용감하게 노력하는 사람, 실수와 결점이 없는 노력은 없기 때문에 실수를 하고 계속해서 부족함을 느끼는 사람, 그러나 실제로 그 일을 하려고 노력하는 사람, 큰 열정과 큰 헌신을 아는 사람, 가치 있는 대의를 위해 자신을 바치는 사람, 최선의 경우 마지막에 있을 고귀한 성취의 승리를 아는 사람, 최악의 경우 실패하더라도 적어도 대담한 시도를 하다가 실패했음으로 승리도 패배도 모르는 냉정하고 소심한 사람들과는 결코 자리를 함께할 수 없는 사람이다.[58]

비판을 받을 때 상처 받지 않고 얼마나 오래 버틸 수 있는지 알아보는 것은 당신의 영적 성숙도의 테스트이다.

다시 말해서, 당신이 그리스도를 섬기고 있다면 편협한 사람들의 비난을 받게 될 것이다.

여기에 연습 문제 하나를 제시하겠다: 모든 비평가의 목록을 작성하고 각 유형을 식별하라. 그 다음, 그들 각각을 다루기 위한 지혜를 달라고 주님께 구하라.

---

58) Quoted in Charles Morris, *Battling for the Right: The Life Sory of Theodore Roosevelt* (n.p., 1910), 354-355.

법칙 16

오해를 예상하라

여러 해 전, 나는 예수 그리스도께서 하나님 나라 공동체를 세우시는 방법에 대한 비유로 아둘람 굴에 관해 44분간 메시지를 전했다.

서두에서 나는 심리학에 관해 몇 가지를 간략하게 언급했다. 나는 심리학자들이 인간의 발달human development에 있어 다양한 단계를 발견했다고 말했다. 메시지의 나머지 부분은 심리학, 심리학자들 또는 인간의 발달과는 전혀 관련이 없었다.

그 메시지는 전부 진정한 교회의 발전 단계들에 초점이 맞춰졌다.[59]

메시지를 마치고 질문을 받았을 때 첫 번째 손을 든 사람은 나이든 여자였는데, 그녀는 질문이 아닌 논평을 했다.

그녀는 다음과 같이 말했다: "당신은 심리학에 대해 언급했습니다. 심리학자들은 서로 간에 의견의 일치를 보지 못하기 때문에, 심리학은 증명될 수 없고 비과학적입니다."

처음엔, 그녀가 주제에서 벗어난 그런 발언을 했기 때문에 연옥에서 15분쯤 고생하는 것이 마땅하다고 할 정도로 내 마음이 편치 않았다. 내가 주 예수 그리스도와 그분의 몸에 관해 44분 동안 전한 메시지에서 그녀가 들었던 유일한 것은 인간의 발달에 관해 서두에서 짧게 소개한 내용이 전부였다.

사역의 길로 들어선 친구여, 당신을 환영한다.

---

59) Episode #42 of *the Christ Is All* podcast, "A City Whose Builder and Maker Is God."

위의 이야기를 통해 내가 말하고자 하는 간단한 요점이 있다. 오해를 받지 않고 메시지를 전하고, 가르치고, 권면하고, 조언하고, 충고하고, 글을 쓰는 것은 불가능하다.

때로는 오해에 대한 책임이 당신에게 있을 수 있다. 당신이 말의 미묘한 차이뉘앙스를 충분히 표현하지 못했다. 명확하지 않았다는 뜻이다. 당신의 말이 정제되지 않고 부주의했을 수 있다. 또는 당신이 감히 "심리학" 같은 단어를 대담하게 사용했을 수도 있다.

때때로 오해는 사람들이 당신의 말을 여과하고 듣기 때문에 일어난다.

그런 경우에, 듣는또는 읽는 사람들은 자신의 경험이라는 장치를 통해 당신의 말을 걸러낸다. 아니면 그들이 뉘앙스를 놓치고 성급히 부정확한 결론을 내렸거나, 주의 깊게 듣지또는 읽지 않았거나 둘 중 하나이다.

또한, 당신이 사용하는 특정 단어나 이미지가 듣는 사람에게 고통스럽거나 민감한 기억을 촉발할 때도 있다.

모기에 의해 짜증나다

나는 잭 테일러Jack Taylor로부터 britches라는 단어를 설교에 사용했던 설교자의 얘기를 들은 적이 있다. Britches는 trousers 또는 pants의 옛말이다. 모두 '바지'라는 뜻이다

그 설교자가 설교를 마쳤을 때 어떤 여자가 그에게 이렇게 말했다: "나는 목사님이 오늘 설교에서 britches라는 단어를 사용한 것에 기분이 상했어요! Trousers라고 했어야 합니다."

그는 이렇게 대답했다: "제가 britches라는 말을 사용하기 전에 무슨 말을 했는지 기억하시나요?"

그녀는 "아니요"라고 대답했다.

"제가 britches라는 말을 사용한 후에 무슨 말을 했는지는 기억하시나요?"

그녀는 "아니요"라고 했다.

이에 그는 다음과 같이 말했다: "그렇군요. 글쎄요. 제가 britches라는 말을 사용하길 잘했다는 생각이 드네요. 만일 그 말을 사용하지 않았다면, 자매님은 저의 메시지에서 아무것도 얻지 못했을 것이기 때문입니다."

물론 그는 설교에서 britches나 trousers, 또는 심리학자에 초점을 맞추지 않았다.

당신은 격려의 말을 듣고 싶은가? 사람들은 심지어 흠 없이 완벽하신 하나님의 아들을 오해했다.

예수님은 베드로가 어떻게 죽을 것인지에 대해 이상한 말씀을 하셨다. 그러자 베드로는 요한이 어떻게 죽을지에 대해 예수님께 질문했다. 주님은 간결하면서도 직설적으로 대답하셨다: "내가 올 때까지 그를 머물게 하고자 할지라도 네게 무슨 상관이냐 너는 나를 따르라." 요 21:22

이 말씀 다음에 그 본문은 우리에게 제자들이 주님께서 말씀하신 의미를 오해해서 그들의 잘못된 해석에 기초한 거짓 소문을 퍼뜨렸다고 말해준다.

요한은 그것을 다음과 같이 전한다:

> 이 말씀이 형제들에게 나가서 그 제자는 죽지 아니하겠다 하였으나 예수의 말씀은 그가 죽지 않겠다 하신 것이 아니라 내가 올 때까지 그를 머물게 하고자 할지라도 네게 무슨 상관이냐 하신 것이러라. 요 21:23

우리는 이 이야기에서 판도를 바꾸는 통찰력 두 가지를 얻을 수 있다.

첫 번째는 예수님께서 베드로에게 하신 말씀과 관련이 있다: "내가 올 때까지 그[요한]를 머물게 하고자 할지라도 네게 무슨 상관이냐 너는 나를 따

르라."요 21:22

이 솔직한 말씀은 하나님께서 다른 사람들의 삶을 다루시는 일에 우리가 결코 관심을 두지 말아야 함을 알려준다. 우리는 스스로 주님을 따르는 데에 집중해야 한다.

우리는 다른 사람들이 하나님과의 관계에서 무엇을 하고 있는지, 무엇을 하지 않는지에 대해 너무 자주 걱정한다. 아니면 하나님이 그들을 어떻게 다루실지를 걱정한다. 그러나 예수님은 그런 걱정에 대해 베드로에게 냉철한 대답을 하셨다: "내가 그 사람을 대하는 것은 나의 일이지 네 일이 아니니 너는 나를 따르는데 집중하라!" 60

달리 말하자면, 다른 사람들이 책임져야 할 일에 대해 걱정하지 말라. 오직 당신이 책임져야 할 일에만 관심을 가지라.

그야말로 판도를 바꾸는 통찰력이다.

일반적으로 사람들은 자신이 한 일에 대해 사과하면서도 다른 사람을 비난한다. 예: "당신 얼굴에 침을 뱉은 것은 미안하지만 당신이 나를 비웃어서 그렇게 했습니다."

물론, 일반적으로 그렇게 노골적이지는 않지만 종종 그런 식 비슷하게 말한다.

이것에 대해 예수님은 어떻게 말씀하시는가? 아마 이렇게 말씀하실 것이다: "너는 네 자신의 일에 책임을 지며, 다른 사람이 책임질 일에는 관심을 두지 말라. 그들의 일은 나에게 맡겨라."

완벽한 의사소통자

위의 본문에서 우리는 판도를 바꾸는 또 하나의 통찰력을 발견한다. 완

---

60) 저자가 내용을 풀어쓰기한 것이다.

벽하게 말씀하시는 예수님이 그분의 제자들에게 오해를 받으셨다. 다시 한 번 읽어보라:

> 이 말씀이 형제들에게 나가서 그 제자는 죽지 아니하겠다 하였으나 예수
> 의 말씀은 그가 죽지 않겠다 하신 것이 아니라 내가 올 때까지 그를 머물
> 게 하고자 할지라도 네게 무슨 상관이냐 하신 것이러라. 요 21:23

제자들은 흠 없이 완전하신 분을 오해했다. 그래서 그분이 말씀하신 것에 대한 거짓 소문이 퍼졌다.

나는 수년 전 내가 가르친 내용 중 하나를 누군가 오해하고 잘못 전했을 때 위의 본문을 읽었던 것을 기억한다.

나는 내가 전한 말씀이 매우 명확하다고 생각했기 때문에 이것이 나를 실망스럽게 하고 또 당혹스럽게 만들었다. 그러나 위의 본문은 나에게 안도감을 주고 안심시켜 주었다.

심지어 예수님도, 인류 역사상 가장 위대한 의사소통자이신 그분도 그분의 가장 가까운 제자들에게 오해를 받으셨다.

판도를 바꾸는 또 하나의 통찰력이다.

그때로부터, 이 두 본문은 개인적으로 나에게 큰 의미로 다가왔다.

요약하자면, 한편으로 오해를 받지 않도록 최선을 다하라. 최대한 명확하게 설명하려고 애쓰라. 여기에는 한 가지 예외가 있다 61

다른 한편으로는, 오해를 예상하라. 왜냐하면, 오해를 받는 날이 올 것이기 때문이다.

---

61) 마가복음 4:9-12에서 하셨던 것처럼 의도적으로 청중을 선별하기 위해 비유나 이야기를 하는 경우는 예외이다. 하지만 그것은 완전히 다른 주제이고, 이 책의 범위를 벗어나는 주제이다.

독선을 경계하라

성경이 묘사하는 의righteousness와 독선self-righteousness,자기 의 사이에는 엄청난 차이가 있다.

독선이란 자신이 다른 사람보다 더 낫고 거룩하다는 왜곡된 생각에 기초하여 다른 사람을 향해 경건하고, 신성하고, 잘난 체하고, 우월하고, 비판적인 태도를 갖는 것이다. 종교적으로 전염되는 이 질병은 "그리스도인들" 가운데 전염된다. 이에 대한 유일한 백신은 자비와 은혜의 화신이신 예수 그리스도와의 정면 충돌이다.

바리새인들은 독선에 관해서라면 박사학위 소지자들이다. 예수님이 말씀하신 이야기가 독선의 사고방식과 태도를 잘 묘사해준다:

> 또 자기를 의롭다고 믿고 다른 사람을 멸시하는 자들에게 이 비유로 말씀하시되 두 사람이 기도하러 성전에 올라가니 하나는 바리새인이요 하나는 세리라 바리새인은 서서 따로 기도하여 이르되 하나님이여 나는 다른 사람들 곧 토색, 불의, 간음을 하는 자들과 같지 아니하고 이 세리와도 같지 아니함을 감사하나이다 나는 이레에 두 번씩 금식하고 또 소득의 십일조를 드리나이다 하고. 눅 18:9-12

나는 *In Jesus : A Theography*에서 다음과 같이 문제를 제기했다:

예수님을 완전히 화나게 만들었고 아마도 그분을 가장 짜증나게 했던 것은 바로 독선적인 비판주의self-righteous judgmentalism였을 것이다. 예수께서 가장 강하고 엄한 말씀을 하신 대상을 살펴보라. 자신을 죄인으로 여기지 않고 다른 모든 사람을 정죄하는 독선적이며 비판을 일삼는 바리새인과 사두개인이 그들이었다. 그분은 그런 사람들을 "눈먼 인도자", "위선자", "어리석은 자", "회 칠한 무덤", "독사의 자식", 마귀의 자식들로 특징짓고 묘사하셨다. 온화한 메시아의 친절한 말과는 거리가 멀었다.

예수님은 누구에게 가장 동정심을 나타내셨는가? 매춘부, 간음한 자, 세리, 도둑 등 온갖 부도덕을 행하는 사람들이었다. 오늘날 우리는 이 표준을 우리 자신의 상황이나 우리 자신에게 적용하지 않고, 예수님께서 독선적인 사람들을 "실제 죄인들"보다 더 엄하게 대하셨다는 것을 인정하기 쉽다.

그러나 "예수 그리스도는 어제나 오늘이나 영원토록 동일하시다." 그분이 모든 죄 중에서 가장 심각한 죄독선로 간주하신 것은 많은 현대 기독교인이 단순한 경범죄 정도로 보는 것이다. 그리고 예수님이 큰 동정심과 인내를 가지셨던 종류의 죄들은 많은 기독교인이 중범죄로 간주하면서 "심각한 죄"의 토템 기둥 꼭대기에 올려놓는 것이다. 속지 말라: "자기 의식에 의해 경건한 자들의 가증스러운 자기 만족"이 우리 주님을 가장 분노하게 만든 것이다.[62]

하나님 말씀의 사역자로서 당신의 마음속에 경계해야 할 가장 가공할만

---

62) Leonard Sweet and Frank Viola, *Jesus: A Tehography* (Nashville: Thomas Nelson, 2012), 208.

한 적들 중 하나는 독선이다.

온 우주에 독선적일 권리가 있는 존재가 단 한 명 있는데, 그분은 그렇지 않다.

그러므로 예수님에게서 힌트를 얻으라.

> 교만은 패망의 선봉이요 거만한 마음은 넘어짐의 앞잡이니라.잠 16:18
> 그런즉 선 줄로 생각하는 자는 넘어질까 조심하라.고전 10:12

선의 지식이 악의 지식과 같은 나무에 속한다는 것을 잊지 말라. 금지된 나무의 두 측면, 즉 선과 악은 육신의 양면에 해당한다.

하나는 육신의 독선이고선의 지식에서 흘러나오는 것, 다른 하나는 육신의 더러운 행실이다.악의 지식에서 흘러나오는 것 63

생명나무는 완전히 다르다. 그것은 단순한 선의 지식이 아니라 선함이 성육신 된 신성한 생명을 담고 있다.

하나님의 푸른 지구 위에서 까칠하고, 오만하고, 아는 체하고, 독선적인 기독교인보다 더 나쁜 것은 거의 없다.하지만 지금 당장 딱히 생각나는 게 없다

독선에 대한 강력한 예방책은 자기 인식self-awareness, 즉 자신이 다른 어떤 그리스도인보다 나을 것이 없다는 냉철한 의식이다. 그리고 당신도 그들처럼 넘어지기 쉬운 사람이라는 의식이다.

나는 많은 사역자가 다른 사역자들이 죄를 지었거나 실수를 했을 때 가혹하게 판단했다가 자신이 끔찍한 곤경에 빠지는 것을 보았다.

부메랑 효과는 하나님의 창조의 구조에 내장되어 있다.

당신의 혈류 안에 독선이 흐르고 있는지를 어떻게 알 수 있는가? 간단하

---

63)나는 나의 책 『영원에서 지상으로』(대장간, 2009)에서 이 주제를 자세히 설명한다.

다. 다른 기독교 지도자가 실패하거나 추락했다는 소식을 들었을 때 당신이 어떻게 반응하는지 주의 깊게 살펴보라. 만약 당신이 '아, 그 사람이 나였을 수도 있다'라고 생각하지 않는다면, 당신은 아마도 독선적인 사람일 것이다.

이것은 다른 사람을 고쳐주려 하는 문제로 연결된다.

다른 신자를 고치는(고치지 않는) 법

나는 십대 후반의 젊은 그리스도인일 때 "꾸짖는데 열광하는 자"였다. 나는 다른 사람의 잘못을 직시하고 바로잡는데 아무런 문제가 없었다. 내가 우러러보았던 사람들을 나의 모델로 삼았고, 무지몽매하게도 그들의 본을 따랐다.

나는 성서를 잘 알고 있었기 때문에 성서 구절들을 장전하고 총구를 겨누고 있었다. 나는 잠언에서 내가 가장 좋아하는 구절을 발견했다. 특히 지혜로운 사람은 책망을 좋아하고 미련한 사람은 책망을 싫어한다고 말하는 구절을 발견했다. 예를 들면, 잠 9:8, 12:1, 13:1

나는 주님 안에서 성장하면서 몇 가지 고통스러운 발견을 하게 되었다. 하나는 예수 그리스도의 마음으로 다른 신자를 어떻게 바로잡아야 할지 전혀 몰랐다는 것이었다. 그래서 내가 "고쳐주기"로 좋은 것보다는 피해를 더 많이 입혔다.

다른 하나는 하나님께서 내가 다른 모든 사람을 바로잡는 것을 원치 않으신다는 것이었다. 심지어 내가 다른 사람들의 잘못과 결점을 발견할 때조차도. 이것은 자랑할 일이 되지 못한다. 주님은 나에게 그리스도 안에 있는 형제자매들의 행동을 바로잡는 일을 맡기지 않으셨다. 나는 다른 사람들보다 내 자신의 영적 행보에 더 많은 관심을 기울여야 했다. 약 4:11을 참조하라 믿는 자로서 초기에 나는 다른 모든 사람을 바로잡는데 열광하는 기독교 전통에 속했었다. 그것은 율법주의와 독선을 낳은 좋지 못한 가르침이었다. 나는 그것을 받아들인 죄를 지었다. 그 당시 누군가가 나에게 그리스도 안에서 바로잡음이 이루어졌을 때 어떤 모습일지를 가르쳐줬더라면 얼마나 좋았을까?

여기에 당신이 다른 그리스도인을 바로잡기 전에 고려해야 할 14가지를 소개한다:

1. 절대로 간접적인 정보를 바탕으로 바로잡으려 하지 말라.

   어떤 사람이 말하거나 행동했다고 전해 들은 것을 비판하지 말고, 언제나 그 사람에게 직접 가서 사실을 알아내라. 이야기의 한쪽 면을 듣는 것은 누군가를 지적하기에는 끔찍한 근거이다. 나는 과거에 이런 잘못을 범한 적이 있다 **64**

2. 단지 다른 사람의 잘못을 본다고 해서 당신에게 그것을 지적하고 고칠 수 있는 권리가 주어지는 것은 아니다.

   다른 사람의 결점을 찾아내는 능력은 재능이 아니다. 만일 당신이 그런 능력을 사용하기 시작한다면, 결국 소외되고 말 것이다.

   성서는 잘못을 찾아내는 것을 정죄한다. 유 1:16 그리고 믿지 않는 철학자들도 잘못을 찾아내는 것의 해악을 이해한다. 칼릴 지브란은 다음과 같이 말했다: "우리의 최악의 잘못은 다른 사람들의 잘못에 집착하는 것이다." **65**

---

64) Frankviola.org/onesideofastory를 참조할 것.
65) Kahlil Gibran, *The Kahlil Gibran Reader: Inspirational Writings* (New York: Cita-

3. 많은 그리스도인이 누군가가 예수 그리스도의 방식에 반대되는 방식으로 그들을 지적했기 때문에 심각한 피해를 입었다.

4. 당신이 누군가를 은혜롭지 않게 지적한다면, 당신과 그 사람과의 관계에 반드시 문제가 일어날 것이다.잠18:19

5. 당신의 영적 본능은 상처에 대처하는 방법을 알게 해줄 것이다.
   법칙 28갈등을 관리하라에서, 나는 갈등을 관리하는 방법 세 가지에 대해 설명한다. 당신의 본능이 상황에 가장 적합한 것이 무엇인지를 안내하도록 하라.

6. 때때로 그리스도인들은 다른 사람들을 지적하지 말아야 할 때 그렇게 하고, 어떤 경우에는 심각한 문제인데 해결하지 않고 그대로 방치한다.
   이 두 가지 실수 모두 다른 사람들을 파괴할 수 있다.고전 5장을 참조할 것 누군가가 다른 사람에게 상처를 주거나, 억압하거나, 괴롭히거나, 허위 진술을 하는 것은 사실상 항상 잘못된 것이다. 그러한 행위를 무시하는 것도 잘못된 것이다.

7. 당신의 형제나 자매가 당신의 심기를 불편하게 했다면당신이나 다른 사람에게 실제로 상처를 주기보다는, 그들을 바로잡는 것에 대해 여러 번 생각해 보라.

---

del Press, 2006), 39.

8. 누군가를 지적할 때에는 예수님께서 우리에게 가르치신 대로 그 사람을 개인적으로 만나라. "너와 그 사람과만 상대하여", 마 18:15 이것은 또한 예수님께서 마 7:12에서 가르치신 것을 이행하는 것이다: "무엇이든지 남에게 대접을 받고자 하는 대로 너희도 남을 대접하라."

그 문제에 대해 다른 사람들당신이 지적하는 사람 외에게 가는 것은 오직 그 사람이 고치기를 거부하고 계속 죄를 짓는 경우마 18:16-17 또는 공개적으로 다른 사람에게 죄를 짓는 경우에만 보장된다. 예를 들어, 누군가가 공개 모임에서 다른 사람을 허위 진술하는 경우, 동일한 공개 모임에서 잘못된 정보를 퍼뜨리는 사람을 바로잡아야 한다.

9. 다른 신자를 바로잡기 전에 당신 자신에게 몇 가지 질문을 하라:

이 사람을 바로잡는 것이 내 몫인가? 나는 그들과 개인적인 관계를 가지고 있는가? 아니면 내가 다른 사람의 일에 참견하는 것인가?벧전 4:15, 딤전 5:13

나는 이 문제를 오랫동안 참을성 있게 견뎌 왔는가? 오래 참음이 잘 실천되고 있는가?

나는 교만이나 분노나 다른 좋지 못한 동기로 반응하고 있는가?

나는 형제나 자매와 이야기하기 전에 나에게서 어두운 부분을 제거해 달라고 주님께 간구하며 고민한 적이 있는가?

주님께서 내 마음에서 자기의와 냉혹함의 영을 제거하셨는가?

나는 하나님께서 먼저 이 사람을 고쳐주시기를 바라며 그를 위해 기도했는가?

나는 고치려는 시도를 하기 전에 십자가로 갔는가?

그리고 어쩌면 이것이 가장 중요한 것일지도 모른다: 내가 이 사람의 처지라면 어떻게 고침 받기를 원하는가?

위의 질문들에 "그렇다"라고 대답할 수 없다면, 당신은 형제나 자매를 바로잡는데 있어 아직 적격자가 아니다.

10. 당신이 바로잡으려는 사람과 마찬가지로 당신도 타락했고 심판을 받아야 마땅하다는 사실을 직시하라.

독선의 죄는 어떤 죄다른 사람의 죄를 다른 죄우리 자신의 죄보다 더 심각하게 여긴 결과이다.

기억하라. 예수님은 분노를 살인과, 정욕을 간음과 동일시하셨고마 5:21-22, 27-28, 야고보는 율법의 한 가지 조항을 어기면 모든 법을 어기는 죄가 있다고 말했다.약 2:10 그것은 우리 모두를 똑같은 궁핍한 수준에 놓이게 한다.

필립 얀시의 친구가 고통스럽게 관찰한 다음과 같은 말에 빠지지 않도록 조심하라. "그리스도인들은 자신과 다르게 죄를 짓는 다른 그리스도인들에게 매우 화를 낸다."66

11. 당신이 예수 그리스도의 십자가에 의해 깨지지 않는다면, 성서는 당신 손에 있는 죽음의 도구가 될 수 있다.

바울은 "율법 조문은 죽이는 것이요 영은 살리는 것이니라"라고 말했다.고후 3:6 깨지지 않은 육신으로 성서를 휘두르는 것은 위험한 일이다.

12. 형제나 자매를 지적하는 것이 당신에게 상처를 주기보다 그들에게

---

66) Philip Yancey, "Homosexuality," philipyancey.com (blog), July 8, 2010.

더 큰 상처를 준다면 당신은 아마도 그리스도 안에서 지적하지 않았을 것이다.

13. 당신이 누군가를 온화하고 겸손하게 바로잡지 않는다면, 당신도 같은 유혹에 빠지거나 더 나쁜 유혹에 빠질 가능성이 매우 높다.

여러 해 전, 워치만 니Wachman Nee의 책을 읽었던 기억이 있는데, 그 책에서 그는 자신의 경험에 의해 이렇게 썼다: 믿는 자가 비판적이고 독선적인 태도로 다른 신자를 바로잡을 때마다, 지적한 사람이 나중에 똑같이 심각하거나 더 나쁜 뭔가에 빠지게 된다. 바울도 그렇게 말했고고전 10:12, 갈 6:1, 나 자신도 수년에 걸쳐 그것을 지켜봤다.

14. 어떤 일에도, 다 듣기에 속히 하고, 말하기는 더디 하고, 결론 내리기도 더디 하고, 노하기도 더디 하라약 1:19, 잠 18:13.67

워치만 니가 적절하게 표현했다:

당신의 말이 다른 사람들에게 깊은 인상을 주기를 원한다면 먼저 당신 자신의 마음이 아파야 한다. 당신의 마음에 먼저 깊은 아픔이 있지 않는 한, 그 훌륭한 말은 듣는 사람들에게 아무런 영향을 미치지 못할 것이다. . . 다른 사람들의 잘못을 지적하는 것은 얼마나 쉬운 일인가, 하지만 68 눈물을 흘리며 그렇게 하는 것은 얼마나 어려운 일인가!

---

67) 이 부분은 이전에 쓴 글에 나와있다: Frank Viola, "How (Not) to Correct Another Christian," ChurchLeaders.com, June 18, 2012.

68) Watchman Nee, *The Joyful Heart* (Fort Washington, PA: CLC Publications, 1970), 230.

위의 교훈이 당신에게 용기를 주었으면 한다.

하나님의 종으로서 우리가 그리스도 안에 있는 우리 형제자매들의 잘못을 바로잡아야 할 필요가 있을 때 더 높은 길을 걸을 수 있기를 바란다.[69]

무슨 일이 있어도 독선을 경계하라. 우리는 무엇보다도 이것을 해야 한다.

---

69)이 장의 후속 내용을 들을 수 있는 팟캐스트: episode #108 on the *Christ Is All podcast*, "How Not to Receive Correction."

법칙 18

고립을 피하라

영적인 일을 다루는 사람들은 종종 영적 외로움과 고립으로 고통을 받는다. 너무도 많은 목사와 교사에게 가까운 친구가 없다. 그들의 인생에서 신뢰할만한 사람이 거의 없다.

나는 한 저명한 지도자와 개인적으로 이야기를 나눴던 것을 기억한다. 그는 나와 내 친구들에게 우리가 수년에 걸쳐 구축한 커뮤니티와 네트워크의 종류에 대해 물었다.

친한 친구나 동료들과 나누는 열린 교제와 상호 격려의 유형을 우리가 그에게 설명했을 때, 그의 뺨에는 눈물이 흘러내렸다.

그는 다음과 같이 고백했다: "내 인생에는 이런 것이 없습니다. 그러나 나는 그것을 간절히 원합니다."

이 사람의 눈물은 내가 수년 동안 만났던, 자신이 고통스럽게 고립되어 있고 고독하다고 느끼는 기독교 지도자들의 한탄을 반영했다.

고립은 건강에 해로울 뿐만 아니라, 그것은 영적으로 위험하다.

사역을 하는 모든 사람은 자신의 삶에서 신뢰를 가질 수 있는 사람이 적어도 한두 명은 필요하다. 자신과 "영적으로 동등한 사람"이 아니더라도.

당신이 고립되어 있다면, 당신은 끊임없이 실제가 아닌 당신 자신의 상상 속에 있게 된다. 그리고 우리가 항상 우리의 생각을 믿을 수 없기 때문에 이곳은 무서운 곳이다.

하나님은 그것이 비록 작은 규모일지라도 공동체를 위해 우리를 보내셨다.

또한, 신약 성서에 그려져 있는 대로 주님의 사람들이 서로 교제하기를 당신이 원한다면, 당신 자신도 같은 경험을 해야 한다. 비록 한두 사람과 함께할지라도.

발을 씻는 원리

다른 신자들로 하여금 당신의 발을 씻도록 허락하는 것은 매우 중요하다.

나는 여기서 실제로 발 씻는 것을 말하려는 것이 아니다. 내가 다른 곳에서 피력했듯이, 신약 성서에서 발을 씻는 것은 영적인 것이고, 세상 제도로부터 오염되지 않은 상태를 유지하기 위한 중요한 통찰력을 지니고 있다.[70]

1세기에는 사람들이 샌들을 신었는데, 그것은 그들의 발이 필연적으로 더러워졌음을 의미한다. 발을 씻는 목적은 발에서 더러운 것을 제거하는 것이었다.

마찬가지로, 우리는 타락하고 부패한 이 세상에서 매일 걷기 때문에 우리의 발이 더러워진다. 우리가 코와 손을 깨끗하게 유지할지라도 그것을 막을 수는 없다.

이것은 어떤 모습인가?

당신은 직장 동료들이 험담을 하고, 다른 사람을 헐뜯고, 욕설을 하고, 외설적인 표현을 하는 등의 말을 듣는다. 당신의 상사는 당신을 힘들게 하고 당신이 하는 일을 별로 인정하지 않는다. 소셜 미디어를 확인하면 선정적인 사진이 화면에 나타난다.

비록 당신이 이런 행위에 전혀 가담하지 않더라도, 이 세상의 타락한 뭔

---

70) 자세한 것은 다음을 참조하라: episode #41 of the Insurgence podcast, "Keeping Unstained by the World."

가가 당신의 영혼을 끌어내린다.

무슨 일이 벌어졌는가?

당신의 발에 먼지와 흙이 쌓인 것이다.

그날 저녁에, 당신은 그리스도 안의 몇몇 형제자매들과 함께 다과를 나누며 주님에 대해 이야기하기 시작하고, 찬송을 부르기도 한다.

즉시 당신은 내면이 새로워진 느낌을 받는다. 당신의 영이 새로워지고 당신의 영혼이 회복된다.

무슨 일이 일어났는가?

세상에서 걷다가 당신의 발에 쌓인 흙이 제거되었다. 당신의 발이 깨끗하게 씻겨졌다.

당신의 발을 씻을 수 있고 당신이 그 사람의 발을 씻어줄 수 있는 사람을 당신의 인생에 두는 것에는 의도적인 노력이 요구된다. 오늘날 대부분의 사람들은 친구를 사귀려는 시도를 먼저 하지 않는다. 그래서 그렇게 하는 것은 당신에게 달려 있다.[71]

시도하는 것은 쉽지만, 반응할 사람들을 찾는 것은 도전이다.

하지만 희망을 잃지 말라. 행동이 결합된 기도가 뒷받침되도록 하라.

당신이 간절히 원한다면, 하나님께서 친구 한두 명을 주실 것이다.

나는 경험을 통해 이것을 말할 수 있다.

이것을 연습하라: 당신이 고립되었다고 느끼면, 정기적인 전화 통화나 직접 다과 모임에 초대할 사람들의 목록을 만들라. 그것을 위해 기도하고 주님께서 어떻게 하시는지를 보라.

자신을 고립된 상태로 두지 말라.

---

71) 나는 이 팟캐스트를 추천한다: episode #99 of *the Christ Is All* podcast, "7 Ways to Destroy a Friendship."

십자가의 본능을 발전시키라

성령에 의한 사역은 그리스도의 십자가로 우리를 깨뜨리시는 하나님으로부터 흘러나온다.

당신이 하나님의 기름 부음에 의해 사역하기를 원한다면, 십자가의 본능을 발전시키는 것이 매우 중요하다.

내가 예수 그리스도의 십자가에 대해 수도 없이 전하여 왔지만, "십자가를 지는 것"에 관해 이야기할 때 나는 우리를 위한 주님의 속죄의 죽음 외에 다른 것을 염두에 두고 있다.

나는 십자가의 원리, 즉 자기 자신에 대해 죽는 원리에 초점을 맞추고 있다.

십자가는 우리 타락한 영혼의 삶our fallen soul life 또는 일부 신학자들이 "자신을 위한 삶self-life"이라고 부르는 것을 부인하는 것과 관련이 있다. 당신의 기본적인 본성basic nature은 자기 유익, 자기 보존, 자기 방어로 특징 지어진다.

예수님은 우리의 기본적인 본성을 부인해야 할 필요성에 대해 강력하게 말씀하셨다:

> 또 무리에게 이르시되 아무든지 나를 따라오려거든 자기를 부인하고 날마다 제 십자가를 지고 나를 따를 것이니라 누구든지 제 목숨을 구원하

고자 하면 잃을 것이요 누구든지 나를 위하여 제 목숨을 잃으면 구원하리라. 눅 9:23-24

바울 또한 고전 15:31과 고후 4:8-12에서 우리 자신을 향해 죽는 원리를 언급했다. 이 본문들은 구원에 관한 것이 아니다. 그것들은 자신을 부인하는데 있어 십자가를 취한 다음, 매일 그것을 지고 그리스도를 따르는 것에 관해 말하고 있다.

우리 모두는 짊어져야 할 십자가를 받았다. 그리고 하나님은 그것을 감당하도록 우리 각자를 부르신다.

당신의 자존심이 건드려질 때마다, 당신의 교만이 드러날 때마다, 당신의 약점이 지적될 때마다, 당신이 오해를 받을 때마다 십자가는 가장 심오한 일을 할 준비가 되어 있다.

그리고 당신은 그것과 싸우든지, 아니면 그것 위에서 죽든지 할 수 있다.

십자가에 관한 통찰력 10가지

이 장의 교훈들은 많은 개인적 고통의 모루anvil에서 나온 것이다. 그것은 내 삶에서 십자가의 많은 경험을 통해 생겨났다.

그 무시무시한 깊이를 꾸준하게 경험하지 않았다면, 어느 누구도 십자가의 이 차원에 관해 이야기해서는 안 된다. 그렇지 않다면, 그들이 하는 말은 사람들의 삶에 거의 영향을 미치지 않는 죽은 이론일 뿐이다.

여기에 그리스도의 십자가를 지는 것에 관한 통찰력 10가지를 소개한다.

1. 어떤 사람도 당신의 삶에서 십자가를 인식하는 방법을 가르쳐줄 수

없다. 하나님께서 보여주셔야 한다. 그것은 영적인 본능의 문제이다. 여기에 단서 하나가 있다. 만일 당신이 "나의 하나님이여, 나의 하나님이여, 왜?"의 자리에 왔다면, 당신은 의심할 바 없이 십자가에 닿아 있는 것이다.

2. 하나님의 백성의 귀가 십자가에 대하여는 막혀 있는 듯하다. 우리는 그것에 대해 듣고 싶어하지 않는다.

3. 십자가는 이 세상에서 가장 쉽게 잊혀진다. 우리는 꾸준하게 그것을 상기할 필요가 있다. 그것은 마치 익지 않은 스파게티처럼 벽에 달라붙지 않는다.

4. 당신은 그리스도의 십자가와의 만남 외에는 당신이 알아야 할 주님을 결코 알지 못할 것이다.[72]

5. 진정한 몸의 생활body life은 우리가 원하는 방식으로 작동하는 경우가 거의 없다. 그것은 십자가로 가는 철로이다.

6. 십자가의 도구는 종종 그리스도 안에 있는 우리의 동료 형제자매이다. 그들은 무의식적으로또는 때때로 의도적으로 그것을 우리에게 건네준다. 우리의 가족 또한 둘째 가라면 서러울 정도로 그것을 건네준다.

---

72) 나는 나의 책 『내려놓으려면, 붙잡아야 할 것들』(Hang On, Let Go)에서 성서를 사용하여 그리스도의 십자가의 여러 다른 차원에 관해 설명했다. 특히, 하나님께서 우리의 삶에 허락하시는 시련과 고통에 관해 이야기했다.

7. 당신은 자신을 십자가에 못 박을 수 없다. 한 손에 못 하나를 박을 수 있지만 다른 손은 자유로울 것이다. 결과적으로 십자가는 하나님의 놀라운 설계이다.

8. 하나님은 당신을 위해 맞춤형 십자가를 만들어 주실 것이다. 예수님은 목수이시기 때문에 만드는 방법을 아신다.

9. 당신이 더 많은 은사를 갖고 있을수록 당신의 삶에 십자가가 더 많이 필요하다. 자신에게 의존하고, 결과를 만들어내고, 미묘한 방법으로 자신을 높이려 하는 경향을 깨뜨리기 위해서는 그것이 필요하다.

10. 그리스도인들의 공동체에서는 결국 당신의 사각지대가 노출되게 된다. 진정한 몸의 생활body life은 거울로 가득한 집이다. 주님은 당신 안에서 그분 자신을 파괴하지 않으실 것이지만, 다른 모든 것을 파괴하려고 하실 것이다. 특히 하나님께서 당신을 그분의 일에 부르셨다면 이것이 사실이다.

이것을 기록해 두라: 당신의 인생에서 자신을 부인하고 져야 할 때가 있다면, 그것은 누군가가 당신의 감정을 상하게 했다고 느낄 때이다.

이것은 당신이 그리스도 안에서 누군가를 바로잡을 때 그들이 그것을 거부할 뿐만 아니라 당신의 명예를 훼손시키려고 보복할 경우도 마찬가지이다. 어떤 사람이 시기심으로 당신을 미워하고, 마음에 악독을 품고 당신에 대하여 악독한 거짓말을 퍼뜨린다면 당신에게 십자가가 필요하다. 또한,

누군가가 당신의 기대를 충족시키지 못할 때에도 당신은 십자가가 필요하다.

상처를 주는 그리스도인들은 십자가에 저항한다. 그리고 자기의 명예와 이익을 지키기 위해 보복하는 그리스도인들은 십자가를 알지 못한다.

우리의 육신은 스스로를 방어하고, 스스로를 정당화하고, 분노하고, 비난하고, 보복하려고 한다.

때로는 수동적이고 공격적인 방식으로 이것을 수행하며 종종 "하나님이 나에게 말씀하셨다"라는 망토 아래 종교적인 말로 자신을 정당화한다.

그러나 육신은 결코 자신을 희생하지도, 타격을 흡수하지도 않을 것이다. 대신 자신의 감정의 제단 위에 다른 사람들을 제물로 올리기에 급급할 것이다.

육신은 항상 다른 사람을 희생시키면서 자신의 명성을 보호하려고 한다.

십자가를 모르는 사람은 손실, 고통, 지적 받는 것을 용납할 수 없다. 그리고 그들은 침묵할 수 없다. 그 대신, 그들은 자신의 반응을 "성령의 인도를 받는 것"이라고 부르면서 육신적으로 반응하도록 허용할 것이다.

그러나 이것은 속임수이다.

이러한 반응은 어린 양의 영the Spirit of the Lamb이 항상 우리를 인도하는 높은 길을 따르기를 거부하고 자신을 최우선으로 생각하는, 깨지지 않는 사람의 열매이다.

이것을 명심하라: 당신은 십자가를 상대로 싸움을 하면서 당신의 인생에서 주님의 변화를 낭비할 수 있다.

나는 하나님의 부르심을 받은 사람들이 그들의 인생에서 처음으로 십자가를 만났을 때 그 기회를 날려버리는 것을 보았다. 그들은 처음에 문제가 발생하자 손을 움켜쥐고 실패하고 말았다.

예수님의 당시의 종교 지도자들, 특히 바리새인들은 걸어 다니는 시체였다. 그들은 십자가를 참을 수 없었고, 종교적인 육신을 구체적으로 전시했다.

그리스도의 십자가는 우리에게 죽고, 지고, 항복하라고 명한다. 반면에, 육신은 살아남고 자신을 보호하기 위해 할 수 있는 모든 것을 할 것이다.

열한 제자는 언덕 위에 십자가가 나타나는 것을 보고 맹렬한 속도로 줄행랑을 쳤다. 여자들이 예수님 곁에 머물러 있을 때, 그들은 반대 방향으로 달렸다.

우리의 육신도 십자가가 우리 인생에 모습을 드러낼 때마다 똑같이 하려고 한다.

자기 본성을 십자가에 못박는 것

십자가의 가장 어려운 요소 중 하나는 우리의 자기 본성ego을 십자가에 못 박는 것이다. 어떤 사람들은 성장 과정에 의해 뿌리 깊은 불안감insecurity을 갖고 있다. 불안감은 매우 위험한 특성이며, 특히 사역으로 부르심을 받은 사람에게는 더욱 그렇다.

내 인생 전반에 걸쳐, 나는 뛰어난 재능을 지닌 극도로 불안정한 설교자 두 명을 알았다. 이것이 그들을 칭송을 받는 대상으로 우뚝 서게 했다. 그러나 그들 내면의 블랙홀을 채우기에는 그들을 우러러보는 사람들의 숫자가 충분하지 않았다.

그들의 불안감으로 인해 그들은 재능이 있는 또 다른 사람들로부터 위협을 느끼게 되었다. 그래서 그런 사람들이 다른 사람들로부터 칭찬을 받을 때, 그것은 그들의 마음 속에 미친 질투심을 불러일으켰다.

사람에게 깊은 불안감을 주는 것이 이것이다. 그리고 이것이 바로 자기 본성이 죽임을 당해야 하는 이유이다.

세상에서 가장 재능 있는 사람들 중에 열등감을 지닌 자기중심 주의자들이 제법 있다. 불행하게도, 이것은 지금까지 살았던 사람들 중 가장 탁월한 영적 은사를 지닌 사람들의 경우에도 해당한다.

하지만 상황은 더욱 악화된다.

자신의 삶에서 심각한 문제에 직면했을 때 올바른 말과 행동을 하는 방법을 알면서도 그 문제를 진심으로 받아들이지 못하는 사람도 있을 수 있다.

그런 경우, 그들의 마음은 그들의 말을 배신한다. 그들의 말은 결코 표면을 벗어나지 못한다 그리고 그들이 가장 소중하게 여기는 것, 즉 그들 자신의 일은 결코 제단 위에 놓이지 않는다.

사람이 십자가 위에서 겉으로 죽는 시늉을 하면서, 나무 위에서는 그럴 듯하게 보일 수 있다. 하지만 여전히 팔팔 살아 있을 수 있다.

결국, 이기기보다는 지려는 당신의 본능을 의도적으로 갈고 닦으라. 다른 사람들 앞에서 겉으로 만이 아니라 내면으로도.

당신 자신의 마음 속의 전쟁이 중요하다.

우리가 생명으로 들어가는 것은 죽음을 통해서이다. 그리고 우리는 지는 것에 의해 주님이 승리하시는 것을 보게 된다.

십자가로 가는 것은 기독교 지도자들에게도 일회성 여행이 아니다. 당신은 죽을 기회를 셀 수 없이 많이 갖게 될 것이다.

내가 종종 말했듯이, 당신의 운명은 주님의 역사history이다. 당신과 나는 예수님이 지상의 생애 동안 겪으신 모든 일속죄는 제외을 겪게 될 것이다.

예수님의 경험에는 광야와 겟세마네와 가롯 유다가 있었다. 당신도 마찬가지일 것이다.

그분의 죽음과 부활에 대해서도 마찬가지인데, 우리가 그분을 계속 따른다면 우리는 이 두 가지 모두를 공유하게 될 것이다.빌3:10

십자가는 우리 구주의 생애에서 단 한 번의 사건이 아니었다. 그것은 복음서의 모든 페이지에 드러나 있다. 예수님은 끊임없이 자신의 목숨을 버리시고, 지는 쪽을 택하시고, 자신을 부인하셨다. 그리고 그분은 우리도 그렇게 하라고 가르치셨다.

오늘날 섬기는 지도자상servant leadership에 관한 말이 많이 회자된다. 그러나 섬기는 지도자들은 항상 그리스도의 몸 안에서 보기 드문 존재였다.

우리가 참된 종 노릇을 경험할 수 있는 것은 오직 주님의 내재하시는 생명을 붙잡고 그분의 십자가를 질 때 밖에 없다.

깨진broken 사람만이 다른 사람을 섬길 수 있다. 그러나 그리스도 안에 있는 형제나 자매가 깨지는 것을 보는 것은 끔찍한 경험이고, 나는 그것을 보는 것을 좋아하지 않는다.

십자가는 잘 팔리지 않는다. 깨진 그릇이 되기까지 겪어야 하는 고통과 굴욕은 상상을 초월한다. 나는 영적 깊이가 있는 사람들 중 자신이 꿈꿔왔던 것보다 더 수치를 당하고 더 낮아지지 않은 사람을 결코 본 적이 없다.

하지만 그것은 십자가의 역사이다.

종교적 야망, 교만, 시기, 이기심, 그리고 우리 육신을 특징짓는 그 밖의 추악한 것들을 태워 버리려면 예수 그리스도의 십자가가 필요하다.

깨지는 것brokenness에는 십자가가 요구되고, 하나님의 능력으로 특징지어지는 사역에는 깨지는 것이 요구된다. 나는 이 원리를 바꿀 수 없고, 당신도 마찬가지이다.

불과 피

예수 그리스도의 교회는 한 사람의 죽음 위에 세워진다. 영적으로, 감정적으로, 육체적으로 죽는 사람. 나는 이렇게 불로 테스트 받는 것을 말의 재갈 높이까지 피를 흘린 많은 하나님의 종의 삶에서 보았다.

당신의 사역에 조금이라도 품질quality이 있다면, 그것은 죽음에서 나올 것이다.

인생의 가장 낮은 지점에서 나의 조언을 바라는 한 사역자에게 나는 아래의 이메일을 보냈다:

> 당신은 믿을 수 없을 만큼 똑똑한 사람입니다. . . 절대로 다르게 생각하거나 자신을 과소평가하면 안 됩니다. 동시에, 당신과 같은 재능을 소유한 사람들은 다른 사람들을 이용하기 위해 자신의 영리함을 사용하지 않도록 조심해야 합니다. 당신을 그렇게 만드신 하나님 안에서 안식을 얻으십시오. 불안감은 다른 사람들의 삶에 재앙을 낳습니다. . . 언제나. 사람은 자신의 한계를 알고, 자신의 강점을 진지하게 받아들여야 하며, 그 두 가지 가운데 그리스도 안에서 만족해야 합니다. 다르게 말하면, 사람이 자신의 재능으로 만든 것을 그의 성품에 의해 속히 파괴할 수도 있다는 것입니다.

아이러니하게도, 이 사람은 십자가의 가르침으로 그의 머리를 가득 채웠다. 그는 심지어 그것에 대해 설교했다. 그러나 내가 이 책을 쓰는 동안 그는 주님을 떠났고 분노와 쓴 뿌리로 가득 차 있다.

결코 영적인 은사와 영적인 삶을 혼동하지 말라. 은사는 개인의 성격과 관계없이 작용하지만 영적인 삶은 인격의 성장을 요구한다. 사울 왕은 하나님의 영은사에 의해 예언했다.73 그러나 얼마 지나지 않아 그는 주의 거룩한 제사장들을 죽였다.무시무시한 성격의 결함 74

소금만큼의 가치가 있는 하나님 말씀의 사역자들은 인격과 영적인 삶이 은사보다 훨씬 더 중요하다는 것을 이해한다. 결과적으로, 그들은 십자가의 본능을 가졌다.

그러므로 당신의 전기의자와 채찍질 기둥을 취해서 고통받고 죽는 것을 선택하라. 이것이 하나님의 능력으로 가는 통로이다.

주님께서 자비를 베푸셔서 우리가 하나님 나라에 위험하게 만드는 모든 것을 우리에게서 뽑아 내시기를 바란다.

---

73) 삼상 19:23.
74) 삼상 22:17

사람을 너무 신뢰하지 말라

신뢰는 획득되어야 하고, 시간이 지남에 따라 입증되어야 한다.

> 귀인들을 의지하지 말며
>> 도울 힘이 없는 인생도 의지하지 말지니
> 그의 호흡이 끊어지면 흙으로 돌아가서
>> 그 날에 그의 생각이 소멸하리로다. 시 146:3-4

성급하게 사람을 신뢰하면 종종 재앙이 따른다. 당신은 등에서 칼을 꺼내는 데 많은 시간을 소비하게 될 것이다.

사랑과 신뢰는 같은 것이 아니다. 당신은 사람들을 신뢰하지 않고도 사랑할 수 있다.

이 세상에 살았던 사람들 중 유일하게 완전한 분은 모든 사람을 신뢰하지 않았다:

> 예수는 그의 몸을 그들에게 의탁하지 아니하셨으니 이는 친히 모든 사람
> 을 아심이요. 요 2:24

하지만 예수님은 취약한 상태로 계셨다. 그분은 그 사람의 성격과 그가

나중에 무엇을 할 것인지를 모두 아시고 가룟 유다를 그분의 첫 번째 제자들 중 하나로 선택하셨다.

당신이 누구를 신뢰하는지 조심하라. 분별력을 갖도록 배우라. 그리고 결코 서두르지 말라.

신뢰의 기반을 세우지 못한 채 다른 사람들과 동역하기 위해 성급하게 움직인다면 후회하게 될 수도 있다. 옛 러시아 속담에서 말했듯이, dovery-ai, no proveryai, 즉 신뢰하되 검증하라.

요약하자면, 당신의 인생에서 영적 파워를 고갈시키는 한 가지 방법은 잘못된 사람들을 신뢰하는 것이다.

충돌하고 계속 전진하기

젊은 사역자인 제이크Jake는 대형 교회의 담임 목사로서 새로운 역할을 시작하게 되어 매우 기뻤다. 이전 담임 목사인 빌Bill은 거의 10년 동안 제이크를 멘토링 해오다가 담임 목사에서 내려와서 제이크에게 바통을 넘겼다.

하지만 빌은 그 교회의 원로 목사로 남았다.

그러다가 추한 상황이 벌어졌다.

빌은 제이크에게 자주 전화를 걸어 그가 교회를 얼마나 제대로 운영하고 있는지 못하는지를 지적했다. 설상가상으로 빌은 종종 자기가 원하는 결과를 얻기 위해 제이크의 등 뒤에서 술책을 썼는데, 그것은 제이크의 신념과 판단에 어긋나는 결과를 낳았다.

필연적으로 빌과 제이크의 관계는 악화되었다. 빌이 제이크를 무시하며 끊임없는 월권을 행하자, 제이크는 담임 목사직에서 물러나 하나님과 성서의 진실성에 대해 심각한 의심을 갖기 시작했다.

무슨 일이 벌어졌는가? 제이크가 빌을 지나치게 신뢰한 것이다.

만약 1년 전에 제이크에게 빌을 지나치게 신뢰하는지 물었다면 그는 이렇게 대답했을 것이다: "절대 그렇지 않습니다. 나는 빌을 존경하지만 하나님을 신뢰합니다."

그러나 그 말은 사실이 아닌 것으로 드러났다.

또는 소규모 그룹의 그리스도인들 사이에서 수년 동안 사역했던 웨일런 Waylen의 예를 고려해 보라. 그 그룹은 웨일런을 존경했고 그로부터 엄청난 영적 도움을 받았다.

그러나 시간이 지나면서 그에 대한 그들의 존경심은 줄어들기 시작했다. 그 그룹은 다른 설교자들의 말을 듣기 시작했고 그들의 메시지에 매료되었다. 그 중 일부는 웨일런이 가르친 것과 모순되었다.

마침내 그 그룹은 웨일런에게 편지를 써서 그들이 다른 방향을 택했다고 했다. 그들은 그가 그들에게 사역하는 것을 더는 원하지 않았다.

그 뉴스는 웨일런을 절망으로 몰았다. 그는 하나님의 백성이 플로리다의 날씨만큼 변덕스럽다고 결론지었다.내가 플로리다에 살고 있는데, 실제로는 플로리다의 날씨가 변덕스러움 그 이상이다.

웨일런은 너무 상처를 받아 다시 사역하고자 하는 기름 부음을 잃었다. 그는 하나님의 일을 떠나버렸다.

마찬가지로, 헤아릴 수 없이 많은 기독교 지도자가 눈을 반짝이며 사역을 시작했으나 그들이 신뢰했던 교회 위원회의 힘에 의해 박살이 나고 말았다.

우리가 의지하는 사람들이 우리의 기대를 충족시키지 못할 때, 하나님에 대한 우리의 신뢰는 극심한 시험을 받는다. 그럴 때, 오직 그럴 때만 우리가 하나님을 위해 살고 있는지 아니면 다른 사람들을 위해 살고 있는지 알게 된다.

교훈: 다른 사람들이 아무리 재능이 있고, 친절하고, 겉보기에 성숙해 보이더라도 그 사람들을 너무 신뢰하지 말라. 여기에는 지금 이 순간 당신을 사랑하고 당신에게 고마워하는 사람들도 포함된다.

슬픈 사실은 많은 기독교인이 플로리다의 날씨만큼 변덕스럽다는 것이다. 그리고 만약 당신이 허용한다면, 그들은 당신의 마음을 아프게 할 것이다.

기도와 함께 금식을 실천하라

기도와 하나님의 능력 사이에는 긴밀한 관계가 존재한다.

기도가 매우 중요하다고 말하는 설교자들과 주석가들, 특히 기독교 사역자를 위한 기도의 중요성에 대하여 말하는 사람들에 의해 수많은 나무가 죽고 엄청난 잉크가 쏟아졌다. 그 책 중 적지 않은 책들이 20쪽을 채 넘기기도 전에 독자들을 수 톤의 죄책감에 빠뜨렸다.

그래서 나는 당신을 아끼고자 한다.

하나님의 능력을 공유하는 도구

기도는 하나님의 능력을 공유하는 도구이다. 주님은 그분이 창조한 세상에서 분리되어 계시고, 멀리 떨어져 계시고, 냉담하신 방관자가 아니다. 동시에, 그분은 일반적으로 요청 없이는 인간사에 개입하지 않으신다.

놀랍게도, 전능하신 하나님은 그분의 뜻을 이 땅에 이루는 일에 그분과 협력하도록 타락한 인간들을 초대하신다. 얼마나 놀랍고 믿을 수 없는 일인가!

우리는 하나님의 동역자들이요. 고전 3:9

제자들이 나가 두루 전파할새 주께서 함께 역사하사. 75 막 16:20

---

75) 나는 현대 학자들 사이의 합의가 마가복음 16장이 진짜가 아니라는 것을 알고 있다. 그것

그렇다면 기도는 하나님께서 자신의 능력을 세상에 나타내시는 장치라 할 수 있다. 기도를 통해 우리는 성령의 미사일이 지상에 내려오도록 그것을 장전한다.

그러나 기도에 금식을 더하면 새로운 차원의 힘을 얻게 된다.

음식을 멀리함으로써 우리는 육신을 부인하고 하나님의 영이 거하는 곳인 인간의 영을 강화한다.

예수님은 오랫동안 금식하신 후 곧 "성령의 능력으로" 갈릴리로 돌아오시며 사역을 시작하셨다.

> 마귀가 모든 시험을 다 한 후에 얼마 동안 떠나니라 예수께서 성령의 능력
> 으로 갈릴리에 돌아가시니 그 소문이 사방에 퍼졌고. 눅 4:13-14

과식은 영적 파워를 죽이고, 금식은 영적 파워를 증가시킨다.

나는 20대 초반의 경험을 통해 이것을 배웠다. 나는 가족의 결혼식에 참석하려고 준비하면서 주님이 그곳에서 나를 사용하기를 원하신다는 것을 느꼈다.

나는 기쁜 마음으로 그 기회를 기대했다.

하지만 나는 결혼식 날 저녁 식사에서 과식을 하고 말았다. 나는 배가 부풀어 오르고, 불편하고, 뭔가 가득 찬 느낌을 받았다.

나는 갑자기 내 영적 에너지가 사라졌다는 것을 깨닫게 되었다. 나는 하나님과 단절되었다고 느꼈고 영적 파워가 고갈된 느낌을 받았다.

안타깝게도 나는 사역할 기회를 잃었다. 나는 그 교훈을 결코 잊지 않을

이 사실일 수도 있지만, 우리는 신약성서의 원본을 갖고 있지 않기 때문에 절대적으로 단정할 수 없다. 이 장은 2세기부터 많은 교부에 의해 인용되었으며, 그 내용은 신약성서의 다른 부분에서도 확인되었다. 그래서 나는 그것을 인용하는데 아무런 문제가 없다.

것이다.

이런 이유로, 나는 사역에 임할 때마다 미리 식사를 거의 하지 않는다. 가끔은 전혀 먹지 않고, 나중에 먹기 위해 남겨둔다.

같은 이유로, 나는 중요한 사역을 앞두고 하루, 이틀, 심지어 삼일 전에 금식할 때도 있다.

나는 성서에 나오는 가장 일반적인 금식인 물만 마시는 금식을 언급하고 있다.

긍정적인 면으로, 나는 십대에 그리스도께로 회심한 직후 며칠 동안 금식했는데, 놀랍게도 하나님은 금식 후 다섯 번의 기도에 응답해 주셨다.

그것은 금식의 능력에 대한 초기의 교훈이었다.

우리의 믿음을 키우라

성서를 통틀어 우리는 예수님께서 믿음을 통해 신성한 능력을 드러내시는 것을 발견한다. 사람들이 하나님의 능력을 받으려면 믿음이 필요하고, 그것을 행사하는데 믿음이 필요하다.

제자들이 와서 왜 그들이 귀신을 쫓아낼 수 없었느냐고 묻자 예수님은 이렇게 대답하셨다:

> 예수님께서 그들에게 이르시되 너희가 믿지 아니하기 때문이로다 진실로 내가 너희에게 이르노니 너희에게 만일 겨자씨 한 알만 한 믿음이 있을진대 너희가 이 산에게 말하여 여기서 저 너머로 옮겨 가라 하면 그것이 옮겨 갈 것이요 또 너희에게 불가능한 것이 아무것도 없으리라 그럼에도 불구하고 이런 종류는 기도와 금식을 통하지 않고는 나가지 아니하느니라 하시니라. 마 17:20-21, NKJV

금식이라는 강력한 도구는 우리의 믿음을 키워준다. 왜 그런가? 금식은 본질적으로 겸손을 실천하는 것이기 때문이다. 우리는 육신을 죽게 만들어서 영이 더욱 강해지도록 한다.

누가복음에서 제자들은 주님께 이렇게 말했다: "우리에게 믿음을 더하소서"눅 17:5

예수님은 이렇게 대답하시지 않았다: "제군들, 그건 쉽다. 기도를 더 많이 하고, 성서를 더 읽고, 그것에 이름을 붙여 자기 것으로 주장하고, 그것을 믿는 대로 갖다 사용하라."

주님의 놀라운 대답을 들어보라:

> 주께서 이르시되 너희에게 겨자씨 한 알만한 믿음이 있었더라면 이 뽕나무더러 뿌리가 뽑혀 바다에 심기어라 하였을 것이요 그것이 너희에게 순종하였으리라 너희 중 누구에게 밭을 갈거나 양을 치거나 하는 종이 있어 밭에서 돌아오면 그더러 곧 와 앉아서 먹으라 말할 자가 있느냐 도리어 그더러 내 먹을 것을 준비하고 띠를 띠고 내가 먹고 마시는 동안에 수종들고 너는 그 후에 먹고 마시라 하지 않겠느냐 명한 대로 하였다고 종에게 감사하겠느냐 이와 같이 너희도 명령 받은 것을 다 행한 후에 이르기를 우리는 무익한 종이라 우리가 하여야 할 일을 한 것뿐이라 할지니라.눅 17:6-10

이 본문에서 예수님은 우리의 믿음을 키우는 방법은 자신을 낮추는 것이라고 말씀하시는 것 같다.76

우리 모두는 우주의 왕을 섬길 자격이 없다. 그러므로 우리가 자랑할 것

---

76) 금식은 또한 애도의 수단이기도 하다. 마 9:15과 약 4:8-10을 참조하라(후자의 본문은 금식을 구체적으로 언급하지 않지만 그 정신에 부합한다).

은 아무 것도 없다. 섬김은 단지 우리의 소명일 뿐이다.

오늘날의 유명인 문화celebrity culture에서는 많은 기독교 지도자가 이 비유의 원리를 뒤집는다. 그들은 자신이 하나님의 종이기 때문에 자격이 있다고 느낀다. 그러므로 그들은 자신을 무익한 종으로 여기기보다는 섬김을 받는 것을 더 좋아한다.

그러나 하나님의 능력에 이르는 길은 믿음을 통하는 것이고, 우리의 믿음을 키우는 길은 하나님의 전능하신 손 아래서 우리 자신을 낮추고 우리 자신이 무익한 종임을 깨닫는 것이다.

금식은 이 겸손한 상태로 들어가는 주된 문들 중 하나이며, 이것이 바로 하나님의 능력을 증가시키는 이유이다.

요약하자면, 영적 파워와 믿음 사이에는 강력한 연관성이 존재한다. 금식은 믿음을 키우는 반면, 과식은 믿음을 고갈시킨다.

또한 금식의 결과는 금식 중이 아니라 금식이 끝난 후에 나타나는 경우가 많음을 주목하라. 적어도 나의 경험으로는

마지막 관찰 한 가지: 금식을 하면 우리의 육신적 충동이 급격하게 감소한다. 여기에는 성욕을 진정시키는 것이 포함된다. 결과적으로, 금식은 몇 가지 다른 요소와 결합되어 중독을 끊는 데 매우 효과적이다.[77]

금식을 주제로 한, 내가 아는 최고의 책은 아서 왈리스Arthur Wallis의 *God's Chosen Fast*이다. 나는 사역에 몸담은 모든 사람이 이 책을 적어도 한 번은 읽어볼 것을 권한다.[78]

---

77) "How to Break an Addiction," frankviola.org/addictions에서 나는 이것을 설명한다.
78) 금식의 실천에 관해 더 많은 통찰력을 얻으려면 다음을 확인하라: episode #39 of the Insurgence podcast, "Fasting and the Kingdom of God."

법칙 22

계절을 분별하라

'말씀 대 성령' 논쟁은 '전도 대 공동체 건설' 싸움과 함께 열매가 없고 불필요하다.

각 논쟁은 잘못된 질문에 의한 전제를 깔고 있다.

그들은 묻는다. "무엇이 더 중요합니까, 기록된 하나님의 말씀성서입니까, 아니면 성령입니까?" 또는 "전도와 신앙공동체 건설 중 우리가 무엇에 더 집중해야 합니까?"

두 경우 모두 잘못된 질문이다.

올바른 질문은 "지금 우리는 어떤 계절에 있습니까?"이다.

하나님은 개인뿐만 아니라 지역 신자들의 공동체 모두를 위한 영적인 삶을 설명하시기 위해 실제 교훈으로써 그분의 창조 세계에 계절을 두셨다.

따라서 나는 수년에 걸쳐 계절을 분별하는 법을 배웠다.

전도를 위한 계절이 있고, 공동체를 구축하기 위한 계절이 있다.

파종할 계절이 있고 거두는 계절이 있다.

일하는 계절이 있고 쉬는 계절이 있다.

새 일을 시작하는 계절이 있고 일을 멈추는 계절이 있다.

당면한 질문은 항상 이것이다: "나는 어느 계절에 있는가? 나의 사역은 어느 계절에 있는가? 지금 나의 지역 공동체 안의 교제는 어느 계절에 있는가?"

나는 이 교훈을 두 가지 측면에서 터득했다.

첫째, 나는 많은 교회가 피상적인 관계와 피상적인 영적 성장을 결코 넘어서지 못하는 것을 보아왔다. 이 모든 것은 그들이 지속적으로 복음을 전해야 한다고 배웠기 때문이다.

이런 교회들에 속한 사람들은 교제 안에 있는 다른 사람들과의 관계에 깊이가 없는 것은 말할 것도 없고, 결국 소진burnout되고 말았다.

한편으로는 공동체 건설에만 초점을 맞춘 교회들은 도시나 마을에 아무런 영향도 주지 못하는 고립된 웅덩이로 변했다. 그들은 결국 "새로운 피"의 결핍으로 죽고 말았다.

둘째, 나는 많은 목회자, 성경 교사, 신학교 교수가 하나님과 그분의 일에 대한 흥분과 열정을 잃는 것을 보아왔다. 그들은 그저 똑같은 오래된 자료를 재활용하는 것만 되풀이했다.

말씀을 전하는 것이 고된 일, 즉 로봇처럼 기계적이고 생명 없는 일이 되었다.

그들은 계절이 바뀌었고 조정할 때가 왔다는 사실을 깨닫지 못했다.

내 사역에서 프로젝트나 일상과 관련하여 에너지, 흥분, 삶의 활력이 약해지기 시작한다고 느낄 때마다 나는 이제 방향을 바꾸고 다른 것을 선택해야 할 때라는 것을 알게 된다.

계절이 바뀌었으므로, 나는 열매를 맺기 위해 계절에 맞춰 움직여야 한다.

사계절 사람

계절을 분별한다는 것은 또한 모든 계절의 사람이 되는 것을 의미한다.

너는 말씀을 전파하라 때를 얻든지 못 얻든지 항상 힘쓰라 범사에 오래

참음과 가르침으로 경책하며 경계하며 권하라. 딤후 4:2

킹제임스 역은 이런 의미를 포함한다: "계절 안이든 계절 밖이든be instant in season, out of season 재빠르게 임하라."

계절 안이든 계절 밖이든 재빠르게 임하는 것은 당신이 처한 계절에 관계없이 하나님의 영이 인도하는 대로 섬길 준비가 항상 되어 있다는 것을 뜻한다.

당신은 얼굴에 모래가 날리고, 발이 화끈거리고, 입술이 뜨거운 태양 때문에 바싹 마른 채 개인적인 건조기dry spell에 처해 있을 수 있다. 성서는 월스트리트 저널Wall Street Journal 같은 신문처럼 읽히고, 땅은 단단하고, 하늘은 놋과 같고, 하나님은 휴가 중이신 것처럼 보인다.

계절 안이든 계절 밖이든 재빠르게 임하는 것은 당신이 지옥처럼 고통스러운 건조기와 위기 중에도 여전히 그리스도를 섬길 준비가 되어 있다는 것을 의미한다.

그렇다면, 진정한 사역은 어느 날은 "켜져" 있고 어느 날은 "쉬는" "공연show"이 아니다. 또한 "근무일"과 "휴일"이 할당되는 직업도 아니다.

아니다. 사역은 당신의 인생 전체를 아우르는 소명이다.

하나님의 말씀을 맡은 사역자로서, 당신은 언제나 "켜져" 있고, 언제나 성령을 따라 섬길 준비가 되어 있다.

이 장을 마치면서, 나는 당신이 기온을 재고 스스로에게 물어볼 것을 권한다. "나는 지금 어느 영적 계절에 있는가? 내 사역과 개인 생활에서 현재 무엇에 집중해야 하는가?"

그런데 당신이 각주를 찾고 있다면 솔로몬에게 물어보라:

날 때가 있고 죽을 때가 있으며

심을 때가 있고 심은 것을 뽑을 때가 있으며

죽일 때가 있고 치료할 때가 있으며

헐 때가 있고 세울 때가 있으며

울 때가 있고 웃을 때가 있으며

슬퍼할 때가 있고 춤출 때가 있으며

돌을 던져 버릴 때가 있고 돌을 거둘 때가 있으며

안을 때가 있고 안는 일을 멀리 할 때가 있으며

찾을 때가 있고 잃을 때가 있으며

지킬 때가 있고 버릴 때가 있으며

찢을 때가 있고 꿰맬 때가 있으며

잠잠할 때가 있고 말할 때가 있으며

사랑할 때가 있고 미워할 때가 있으며

전쟁할 때가 있고 평화할 때가 있느니라.

전 3:1-8

영적인 삶과 사역 모두에서 계절이 바뀔 때, 당신은 그것에 올라타거나 아니면 그 아래에서 압도당하게 된다.

법칙 23

쓴 뿌리를 제거하라

당신의 영적인 삶과 사역을 파괴하는 가장 확실한 방법 중 하나는 쓴 뿌리가 생기게 하는 것이다.

만일 당신이 쓴 뿌리가 마음에 자리잡도록 허용한다면, 그것에 대한 치료법은 없다.

> 너희는 하나님의 은혜에 이르지 못하는 자가 없도록 하고 또 쓴 뿌리가 나서 괴롭게 하여 많은 사람이 이로 말미암아 더럽게 되지 않게 하며. 히 12:15

쓴 뿌리는 당신의 배를 침몰시킬 뿐만 아니라 다른 사람들도 익사시킬 것이다.

태도는 전염성이 있고, 불행은 함께 있는 것을 좋아한다. 쓴 독을 마시면 당신은 서서히 죽는다. 하지만 쓴 뿌리가 있는 사람들이 온 땅에 독한 산을 뿜어내기 때문에 당신 또한 다른 사람을 죽일 것이다.

다른 신자들에 의해 입는 피해만큼 인간의 영에 해를 끼치는 것은 없다. 그 상처는 가장 치유하기 어렵다. 그것은 우리 영혼으로부터 생명을 훔친다.

그러나 당신이 이것을 인식하고 주님께서 당신에게 은혜를 베푸시도록 허락한다면 당신은 해방될 것이다.

양에게 물려 고통받다

"두세 사람이 내 이름으로 모인 곳에는 문제가 생길 것이다." 이 말이 복음서 어디엔가 있지 않은가?

모든 것을 제쳐 두고, 양에게 물린 것은 치료하기 어렵다. 하나님의 사람들에게서 오는 마찰은 가장 심각하여 우리의 영혼을 쇠약하게 만들고 피를 흘리게 한다.

하나님께서 당신을 사용하실 때 유독한 종교인, 적대자, 화염방사자들을 끌어들일 것을 기대하라.

당신이 섬겼던 일부 "기독교인들"의 파편에 맞아 당신이 폭파되기 전까지는 내가 말하려는 내용을 이해하지 못할 수도 있다.

우리가 전심을 다해 섬겼던 사람들로 인해 상처를 받으면 내면의 모든 것이 정지되어버린다.

성서는 그냥 공백으로 남았을 수도 있다.

우리 안에서는 아무런 움직임도 없다. 영적인 것은 아무 것도 남아있지 않다.

그럴 때 종종 도움이 될 수 있는 것이 하나 있다면 그것은 음악이다.

당신이 다른 것을 찾을 수도 있지만, 내면이 다 죽었다고 느낄 때 영혼을 채울 수 있는 뭔가를 찾아야 한다.

그리고 당신이 무엇을 찾든 그대로 유지하도록 하라.

이것을 알아야 한다: 아직 살아 계신 하나님이 계시고, 여전히 괜찮은 그리스도인들이 있다는 사실이다.

내가 나의 책 『주님은 베다니를 사랑했지』에서 쓴 말을 소개한다:

당신이 그리스도인이라면, 당신의 주님이 가셨던 발자취를 따라갈 것을 기대하라. 당신은 거부의 뜨거운 고통과 가슴 찢어질듯한 환멸을 알게 될 것이다.

그러나 당신이 어떻게 반응하는지가 당신이 깨졌는지 아니면 억울해하는지를 결정할 것이다.

만일 당신이 그런 일들을 육신의 눈으로 본다면, 마치 밑바닥에 도달하기 위해서는 올라가야 한다고 느끼면서 사팔뜨기 눈을 한 상태로 심한 우울증에 빠지게 될 것이다. 이런 것들은 원한을 일으키는 전형적인 감정이다.

언젠가 누군가 이렇게 말했다. 당신이 원한을 품는 게 아니라 원한이 당신을 품는 것이다. 원한을 품는 것은 스스로 고통을 자초하는 것이다. 결과적으로 억울해하는 것은 당신에게 상처를 준 사람들을 가두는 것이 아니라, 당신을 가두는 것이다.

다시 말해서, 우리에게는 우리에게 상처를 준 사람들을 용서할 능력이 없다. 하지만 우리는 '용서'라는 이름을 가진 분을 우리 안에 모시고 있다. 그리고 그분은 우리 및 다른 사람들을 풀어주시려고 우리를 통해서 용서하실 수 있고, 또 기꺼이 용서하시기를 원하신다.[79]

당신이 하나님 나라에 합당한 가치 있는 사역을 할 때, 질문은 "다른 사람들이 나에게 상처를 줄까?"가 아니다. 그 질문은 "언제 그들이 나에게 상처를 줄 것인가?"이다. 축제 퍼레이드에 비를 내려서 미안하다

좋은 소식은 이런 일이 발생할 때 해결책이 있다는 것이다.

---

79)프랭크 바이올라, 『주님은 베다니를 사랑했지』(대장간, 2021)

고통 대 쓴 뿌리

고통은 불가피하다. 그것은 일어날 것이다. 일반적으로 다른 기독교인의 손에 달려있다.

그러나 쓴 뿌리는 선택이다.

바늘로 찌르는 것과 딱지를 떼어 절대로 낫지 않게 하는 것의 차이이다.

마음 속에 쓴 뿌리가 자리 잡도록 허용하는 사람들 안에는 또 다른 일이 일어나고 있다. 뭔가 아주 심각한 일이다.

일반적으로 사람들은 그들이 비현실적인 기대나 이기적인 동기를 가졌을 때 마음이 상한다.

그들의 기대가 충족되지 않거나 그들의 이기적인 동기가 드러나지 않을 때, 쉽게 쓴 뿌리가 생긴다.

쓴 뿌리는 또한 전염된다.

만일 당신이 쓴 뿌리를 가지고 씨름하고 있거나 마음이 막 상하는 찰나에 있다면, 당신이 할 수 있는 최악의 행위는 쓴 뿌리가 깊어진 다른 사람들과 함께 어울리는 것이다.

그런 그룹들이 종종 "치유"의 모임으로 간주되지만, 그들은 끊임없이 상처를 찔러서 상처를 활짝 열어 두는 것이다.

사실 이 우주에 있는 어떤 것도 당신 안에 쓴 뿌리가 나게 할 수 없다. 우리들 중 어느 누구도 예수 그리스도께서 겪으신 것과 같은 불의를 당한 적이 없고, 그분이 다른 사람들에 의해 일방적으로 당하신 육체적 고통 또한 겪지 않았다.

따라서 누군가 쓴 뿌리를 가질 권리가 있다면 그것은 바로 그분이시다. 그러나 그분은 쓴 뿌리를 갖지 않으셨고, 앞으로도 결코 쓴 뿌리를 갖지 않으실 것이다.

여기에 해독제가 있다: 당신은 당신의 고통스러운 상황 속에서 사랑과 배려가 풍성하신 하나님의 손길을 기꺼이 볼 수 있어야 한다. 요셉은 이렇게 해서 형들에 대해 쓴 뿌리를 갖지 않았다.^{창 50:19-20} 그것은 또한 예수님께서 자신의 십자가 처형을 밀어붙이려는 사람들을 향해 쓴 뿌리를 갖지 않으셨던 해독제이기도 하다.^{히 12:2}

하나님의 섭리적인 손길 아래 고통과 괴로움을 기꺼이 받아들이는 것이 쓴 뿌리에 저항하는 열쇠이다.

그런데 만약 주권이 하나님에게 있지 않다고 당신이 믿는다면, 이것은 논리적으로 그분이 무력하고 당신의 시련이 그분을 놀라게 했다는 것을 의미한다. 그러므로 당신의 인생은 홀로 당신이 주관해야 한다. 즉, 세상은 무질서하고 무작위로 움직이며, 당신은 실제적 무신론자a practical atheist처럼 살아야만 한다. 우리의 고통과 하나님의 관계에 대한 신학적 논의는 나의 책 『내려놓으려면, 붙잡아야 하는 것들』의 부록 1 "누가 당신에게 시련을 갖다 주었는가?"를 참조하라.

지형을 바꾸기

우리가 느끼는 것과 행동하는 방식의 대부분은 우리가 생각하는 방식에 뿌리를 두고 있다. 그래서 그것은 실제로 우리의 사고 방식에 달려 있다.

당신이 당신의 마음을 아프게 한 고통스러운 상황에 대해 늘 생각한다면, 해결책은 반대편 언덕에 서서 당신의 관점을 바꾸는 것이다.

쓴 뿌리를 갖고 가혹해지는 것을 방지하는 한 가지 안전 장치는 공감을 표현하고 어떤 것도 개인적으로 받아들이기를 거부하는 것이다.[80]

---

[80] 자세한 것은 다음을 참조하라: 프랭크 바이올라, 『내려놓으려면, 붙잡아야 하는 것들』(대장간, 2023)의 71장.

사람이 다른 사람들을 학대할 때, 그들은 단지 그들 속에 있는 어두운 뭔가를 드러낼 뿐이다. 그들은 "나에게는 해결되지 않은 주요 문제가 있습니다"라고 적힌 커다란 팻말을 들고 있다.

비록 당신이 그들의 감정에 영향을 끼쳤을지라도, 그들이 어떻게 반응하는지는 당신이 아니라 그들에게 달려 있다.

이것은 판도를 바꾸는 것 통찰력이다.

당신이 채택해야 할 사고방식은 다음과 같은 것이다:

> 이씨Lee는 내면의 어떤 문제들을 다루고 있는 게 틀림없다. 아마 그는 자신을 미워할 것이다. 어쩌면 그가 원한을 품고 있을지도 모른다. 그가 어린 시절이나 청년기에 큰 고통과 학대를 경험했을 수도 있다. 그는 자신의 불안감, 고통, 자기 혐오에 의해 행동하고 있다. 이것은 나에 관한 것이 아니다. 그것은 그와 그의 문제들에 관한 것이다. 나는 그와 그의 행위를 주님께 맡겼다. 나는 내가 입은 상처를 하나님께 드렸다.

또한 다른 것도 있다. 우리는 다른 사람들이 우리에게 하는 일을 통제할 수 없고 그것에 대한 우리의 반응만 통제할 수 있다. 그리고 우리의 반응이 전부이다.

그것이 학대가 우리를 황폐화시키는지 아니면 발전시키는지 여부를 결정할 것이다.

학대로 인해 황폐해진 모든 그리스도인은 영적 지도자들을 포함해서 아래의 공통된 증상을 동일하게 공유한다:

• 그들에게 상처를 준 사람들을 향한 분노.

- 그룹 환경에서도 그 상처에 대해 끊임없이 이야기하는 경향독감처럼 쓴 뿌리를 퍼뜨림

- 다시는 그 누구도특히 동료 지도자 신뢰하기를 꺼림.

- 그런 일이 일어나도록 허락하신 하나님을 비난함.

반면에, 쓴 뿌리에 효과적으로 저항하는 사람들은 이런 것들을 공유한다:

- 그들은 자신의 고통을 인정하되 그 고통과 그에 따른 분노를 주님께로 가지고 간다.

- 그들은 그것에 대해 입을 다물고, 믿을 수 있는 사람 한두 명에게만 비밀리에 이야기하고 거기서 끝낸다. 그들은 그것을 하나님께 맡기고 앞을 향해 나아간다.

- 모든 그리스도인이 오류에 빠질 수 있지만 모두가 유해한 것은 아니라는 점을 인식한다. 모든 지도자가 파렴치한 것은 아니다. 그래서 그들은 다시 신뢰할 수 있다.

- 인간이 악한 것을 계획할 때마다 하나님의 의도는 선을 위한 것임을 이해한다. 하지만 그 방정식에는 하나님이 포함되어야 한다.

> 당신들은 나를 해하려 하였으나 하나님은 그것을 선으로 바꾸사 오늘과 같이 많은 백성의 생명을 구원하게 하시려 하셨나니.창 50:20

> 당신들이 나를 이 곳에 팔았다고 해서 근심하지 마소서 한탄하지 마소서 하나님이 생명을 구원하시려고 나를 당신들보다 먼저 보내셨나이다.창 45:5

우리가 알거니와 하나님을 사랑하는 자 곧 그의 뜻대로 부르심을 입은 자
들에게는 3모든 것이 합력하여 선을 이루느니라. 롬 8:28

다음은 내가 다른 곳에서 내준 적용 가능한 과제이다. 나는 당신이 그것
을 시도하기를 권한다. 쓴 뿌리는 마치 자기가 독을 마시고 상대방이 병에
걸리기를 기다리는 것과 같다는 것을 기억하라. 그것은 그들이 아니라 당신
을 아프게 한다. 만일 당신이 다른 사람들을 용서하는데 어려움이 있다면,
이것이 당신으로 하여금 그들을 놓아주고 용서하는데 도움을 주도록 하라.

- 당신에게 상처를 준 모든 사람의 이름을 종이에 적으라. 각 이름 아
  래에 5줄의 공백을 남기라.
- 각 이름 아래에 그들이 당신에게 무슨 짓을 했는지를 써넣으라.
- 다 마쳤으면 주님을 향해 종이를 들고, 큰 소리로 이 사람들을 그분
  의 손에 맡기고 그들이 당신에게 행한 일을 용서하겠다고 그분께
  말씀드리라.
- 그 종이 조각을 태우고, 그것이 재로 변하는 것을 지켜보는 동안 주
  님께서 해방시켜 주심을 감사하라.
- 만일 그들이 당신에게 행한 일이 마음속에 다시 떠오른다면, 그 사람
  들은 주님의 것이며 당신이 그들을 놓아주었다고 그분께 말씀드리
  라. 81
- 쓴 뿌리를 극복하기 위한 백신이 있다. 그러니 백신을 맞으라.

---

81) 프랭크 바이올라, 『주님은 베다니를 사랑했지』 (대장간, 2021), 48.

성령 안에서 섬기라

하나님을 섬기는 방법에는 두 가지가 있다. 하나는 육신의 에너지로 섬기는 것이고, 다른 하나는 성령의 능력으로 섬기는 것이다.

육신으로 하나님을 섬기는 것은 단순히 당신의 본성적인 능력, 즉 당신이 태어날 때 받은 것들인 타고난 재능, 지성, 재주, 카리스마 등에 의지하는 것을 의미한다.

성령으로 섬기는 것은 전혀 다르다. 바울의 말을 숙고해보라:

> 내가 그의 아들의 복음 안에서 내 심령으로 섬기는 하나님이 나의 증인이
> 되시거니와….롬 1:9

> 이제는 우리가 얽매였던 것에 대하여 죽었으므로 율법에서 벗어났으니
> 이러므로 우리가 영의 새로운 것으로 섬길 것이요 율법 조문의 묵은 것으
> 로 아니할지니라.롬 7:6

내가 쓴 많은 책은 우리 주님의 놀라운 삶과 사역의 비결이 그분이 자신의 타고난 능력으로 살지 않으셨다는 점을 강조한다. 오히려 그분은 성령에 의해 내재하시는 그분의 아버지의 생명에 의해 사셨다.

그러므로 예수께서 그들에게 이르시되 내가 진실로 진실로 너희에게 이르노니 아들이 아버지께서 하시는 일을 보지 않고는 아무 것도 스스로 할 수 없나니 아버지께서 행하시는 그것을 아들도 그와 같이 행하느니라. 요 5:19

살아 계신 아버지께서 나를 보내시매 내가 아버지로 말미암아 사는 것 같이 나를 먹는 그 사람도 나로 말미암아 살리라. 요 6:57

하나님의 일에 있어서, 주님은 우리의 타고난 독창성, 솜씨, 에너지, 재능에 의지하는 것을 금하셨다. 그 대신, 그분은 우리를 "성령 안에서" 섬기라고 부르신다. 이는 우리의 사역에 활력을 주는 힘으로서 그분의 내재하시는 생명에 전적으로 의지하는 것을 의미한다.

그것은 원천sources의 문제이다. 하지만 그 차이는 밤과 낮이다. 특히 당신의 사역이 여기서, 그리고 영원토록 미칠 영향에 있어서. 그런데 이것이 책 제목으로 괜찮지 않은가!82

윌리암 부스William Booth와 허드슨 테일러Hudson Taylor가 했다고 알려진 말을 인용한다: "하나님의 모든 위대한 일에는 세 단계가 있다. 먼저 그것은 불가능하고, 그 다음에는 어렵고, 그 다음에는 이루어진다."

이것은 성령 안에서 하나님을 섬기는 것이 무엇을 의미하는지에 대한 훌륭한 설명이다. 그것은 인간적으로는 불가능하다. 그러나 당신이 그 일이 성취된 다음 뒤돌아볼 때, 그 일이 어떻게 일어났는지 잘 알 수 없다. 그것은 당신이 당신 자신의 타고난 힘과 에너지에 의해 사는 것이 아니라, 그리

---

82) 물론 이것은 농담이다. 이 책을 참조하라: 프랭크 바이올라, 『영원에서 지상으로』 (대장간, 2009).

스도께서 당신을 통해 사시는 것이었다.

> 내가 그리스도와 함께 십자가에 못 박혔나니 그런즉 이제는 내가 사는 것
> 이 아니요 오직 내 안에 그리스도께서 사시는 것이라 이제 내가 육체 가
> 운데 사는 것은 나를 사랑하사 나를 위하여 자기 자신을 버리신 하나님의
> 아들을 믿는 믿음 안에서 사는 것이라. 갈 2:20

그리스도와 함께 문제를 처리하기

당신은 사역 전반에 걸쳐 극복할 수 없는 문제들에 직면하게 될 것이다. 그 중 일부는 예수님과 초기 사도들이 직면했던 문제들을 반영할 것이다. 그러나 그리스도와 함께 문제를 처리하는 것과 당신 자신의 이해력, 지혜, 영리함, 그리고 에너지를 가지고 문제를 처리하는 것 사이에는 엄청난 차이가 있다.

그리스도와 함께 문제를 다루는 하나님의 종은 자신의 능력을 능가하는 능력과 지혜를 끌어낸다.

예수님께서 펄펄 끓는 비판을 어떻게 다루셨는지를 생각해 본 적이 있는가? 그분이 어떻게 불가능한 상황에서 벗어나셨는지를 주목한 적이 있는가?

예수님은 아버지의 생명을 의지하여 그런 절망적인 딜레마에 직면하셨는데, 그것은 그분이 왜 인간의 이성과 논리를 초월하여 그토록 기발한 반응을 보이셨는지 그 이유를 설명해준다.

달리 말하면, 그분은 선악을 알게 하는 나무가 아니라 생명나무에 의해 사셨다.

T. 오스틱 스팍스는 그것을 이런 식으로 설명했다:

"내가 너를 택했을 때, 나는 스스로를 죄인으로 여기는 너를 택했을 뿐만 아니라, 본성적인 그대로의 너를 택했다. 즉, 너의 좋은 것과 나쁜 것, 네가 할 수 있는 것과 할 수 없는 것; 그렇다, 네가 가진 너의 모든 자원을 받아들였다. 나는 너를 일꾼, 설교자, 조직책organizer으로 삼았다! 나의 십자가는 네가 나를 위해서 스스로 아무것도 될 수 없고 또 무엇도 할 수 없다는 것을 의미한다. 그리고 만약 나로부터 나와야만 할 무엇이 있다면, 그것은 절대적인 의존과 믿음의 삶을 의미한다."

그러므로 이 시점에서 우리는 여기에 있는 동안 우리 주님의 삶의 근본 원리를 깨닫게 되었다. 그리고 그것은 그때부터 우리에게 모든 것의 법칙이 되었다. 그 원리는: "그분 자신에게서 나온 것은 아무것도 없고", "하나님에게서 나온 모든 것" 뿐이다.

"그러므로 예수께서 그들에게 이르시되 내가 진실로 진실로 너희에게 이르노니 아들이 아버지께서 하시는 일을 보지 않고는 아무것도 스스로 할 수 없나니 아버지께서 행하시는 그것을 아들도 그와 같이 행하느니라" 요 5:19

"예수께서 대답하여 이르시되 내 교훈은 내 것이 아니요 나를 보내신 이의 것이니라" 요 7:16.[83]

비록 이 원리가 오늘날 많은 목회자에게는 외국어로 들리겠지만, 내가 사역 101의 기본 "교과서"로 간주하는 고린도후서 4장의 내용처럼 분명하

---

83) T. Austin-Sparks, *An Explanation of the Nature and History of "This Ministry"* (Tulsa, OK: Emmanuel Church, 2004), 7-8.

다.

그리스도의 십자가의 역사는, 당신의 본성적인 삶에 적용될 때 본성에 의해 형성된 자신을 의존하려는 당신을 깨뜨리도록 설계되었다.

베드로의 말을 숙고해보라:

> 각각 은사를 받은 대로 하나님의 여러 가지 은혜를 맡은 선한 청지기 같이 서로 봉사하라 만일 누가 말하려면 하나님의 말씀을 하는 것 같이 하고 누가 봉사하려면 하나님이 공급하시는 힘으로 하는 것 같이 하라 이는 범사에 예수 그리스도로 말미암아 하나님이 영광을 받으시게 하려 함이니 그에게 영광과 권능이 세세에 무궁하도록 있느니라 아멘.벧전 4:10-11

베드로가 하나님이 공급하시는 능력으로 일하는 사역자에게 한 말임을 주목하라. New Living Translation은 이런 식으로 번역했다: "하나님이 공급하시는 모든 힘과 에너지로 하라."

이 말은 우리 자신의 생명과 능력보다 그리스도의 생명과 능력을 의지한다는 점을 분명히 나타낸다.

타고난 재능을 지닌 사람은 사역을 할 때 자신의 재능에 의지하고 싶은 유혹을 느낄 것이다. 그러나 그가 이렇게 할 때마다 사람들은 주님이나 그분의 능력이 아닌 그의 재능에 깊은 인상을 받을 것이다.

바울이 쓴 이 말을 주의 깊게 읽어 보라:

> 내가 너희 중에서 예수 그리스도와 그가 십자가에 못 박히신 것 외에는 아무 것도 알지 아니하기로 작정하였음이라 내가 너희 가운데 거할 때에 약하고 두려워하고 심히 떨었노라 내 말과 내 전도함이 설득력 있는 지혜의

말로 하지 아니하고 다만 성령의 나타나심과 능력으로 하여 너희 믿음이

사람의 지혜에 있지 아니하고 다만 하나님의 능력에 있게 하려 하였노라.

고전 2:2-5

바울은 자신이 타고난 말의 재능을 활용하려는 충동을 억제했다. 왜냐하면, 그렇게 하면 그의 말을 듣는 사람들이 인간의 지혜와 능력을 신뢰하게 될 것임을 그가 알았기 때문이다.

그 대신, 바울은 하나님의 능력이 나오게 하는 비결은 필사적으로 자신의 재능을 신뢰하기를 거부하고 하나님의 능력을 온전히 의지하는 것임을 이해했다.

육신의 에너지가 아닌 성령 안에서 섬기는 것은 영적 파워를 갖는 핵심 요소 중 하나이다.

그 중 큰 부분은 자신의 재능을 의심하고 "큰 두려움과 떨림으로" 하나님의 능력을 필사적으로 의지하는 것이다.

법칙 25

통상적인 지혜를 거부하라

예수 그리스도의 교회는 상상력과 창의성의 결핍으로 죽어가고 있다.

오늘날 전형적인 목사는 감히 일을 다른 식으로는 절대로 할 수 없는 제도 안에서 성장해왔다.

나는 제도권의 교리에 관해 말하는 것이 아니라 그들의 관습에 대해 말한다.

헤아릴 수 없이 많은 목사가 존 칼빈이 우리에게 전수해준 500년 묵은 개신교 예배 의식 외에는 생각하지 못하는 것 같다.[84]

주님은 모든 분야에서 기존의 통상적인 지혜를 기꺼이 거부할 종들을 찾고 계신다. 사역, 복음 전도, 교회, 교제, 기도, 제자도, 성서 읽기, 리더십, 책, 블로그, 팟캐스트, 광고 등의 분야에서.

내가 알아왔던 가장 영적으로 강력한 사람들은 통상적인 지혜의 결과를 너무나 잘 알았으므로 그것을 거부했다.

그들은 현상 유지에 저항했다. 그들은 계속해서 흙을 파고 잔디를 뒤집어 놓았다. 그들은 사과를 실은 수레를 뒤집어엎기에 두려워하지 않았다.

오늘날 기독교 진영은 탁월성과 창의성 측면에서 종종 세상보다 훨씬 뒤떨어져 있다. 우리 신앙의 창시자는 현존하는 가장 창조적인 분이시기 때문

---

84) 자세한 것은 다음을 참조하라: 프랭크 바이올라, 조지 바나, 『이교에 물든 기독교』(대장간, 2011), 제3장.

에 그렇게 되어서는 안 된다. 85

　내가 말하는 통상적인 지혜를 거부한다는 것이 무슨 뜻인지 더 잘 설명하기 위해 나는 세속 세계의 예를 자유롭게 사용하겠다.

　많은 음악 평론가가 레드 제플린Led Zeppelin을 역사상 가장 위대한 록 밴드Rock band로 평가했다. 그 밴드는 그리스도를 따르지 않았기 때문에 나는 그들의 생활 방식, 그들의 신앙, 또는 그들이 의존하는 에너지를 지지하지 않는다. 그러니 나에게 불쾌한 이메일을 보낼 필요가 없다!

　하지만 그들은 창의적인 천재들이었다. 이와 관련하여 우리는 그들에게서 세 가지 교훈을 얻을 수 있다.

1. 대중 문화에 팔리지 말라.

　레드 제플린은 대중 문화를 위해 자신들의 가치를 타협하지 않았다. 결과적으로, 그 밴드는 곡을 낱개로 발매하는 것을 거부했다. 적어도 영국에서는 누군가가 그들의 작업에 참여하고 싶다면 앨범을 구입해야만 한다고 그들은 생각했다.

　책과 마찬가지로 앨범은 작품 전체를 나타낸다. "전체를 택하거나 아니면 말거나"가 그들의 입장이었다.

　이와 관련하여 레드 제플린은 당대의 다른 모든 밴드의 방식과 따로 놀았다. 그들은 그들의 음악을 고수하며 거기에 충실했다. 그들은 언더그라운드 밴드가 되기를 원했기 때문에 인터뷰를 거의 하지 않았다. 「롤링 스톤」Rolling Stone, 당시 가요계의 목소리를 대변한 잡지은 그들을 가혹하게 대했다.

　요점: 만일 당신의 메시지, 책, 블로그, 음악 또는 기타 모든 종류의 작업

---

85) 신약성서는 말씀이 육신 되어 오신 예수님께서 보이는 우주의 모든 것을 창조하셨다고 분명히 말한다: 요 1:3, 골 1:15-16, 히 1:1-2.

이 큰 인기를 끌기를 원한다면 "대중적"이 되게 만들라.

하지만 당신이 메시지, 확신, 그리고 비전에 충실하고 싶다면 깊이를 찾으라. 기존의 체제 달래기를 거부하고 결과를 하나님께 맡기라.

아이러니하게도, 레드 제플린은 현대 음악에 심오하고 중대한 영향을 미쳤다. 그들의 음악은 비록 "대중적"이기를 거부했음에도 불구하고 록 세계의 판도를 바꾸어 놓았다.

당신 자신의 예술에 충실하면 많은 사람의 관심을 끌 수 있을지 모르지만, 일반적으로는 그렇지 않다. 당신의 소명은 당신 자신에게 충실하고 당신의 소명에 충성하는 것이다. 그것이 당신의 목표이다. 고전 4:2, 눅 16:10-12

2. 통상적인 지혜의 정체를 폭로하기를 두려워하지 말라.

레드 제플린은 그들의 네 번째 앨범에서 전무후무한 뭔가를 하기로 결정했다. 그들의 앨범에 제목을 달지 않은 것이다. 그리고 그들은 심지어 그 앨범에 그들의 밴드 이름도 싣지 않았다!

그들의 음반 회사는 이것을 "상업적 자살 행위"라고 했다. 하지만 레드 제플린 4집그들의 팬들이 이렇게 불렀다은 3천 2백만 장 이상이 팔려 나갔고, 음악 역사상 가장 위대한 앨범 중 하나로 환영 받았다.

요점: 통상적인 지혜에 어긋나는 것을 두려워하지 말라. 상상할 수 없는 일, 이전에 한 번도 본 적이 없는 일에 감히 도전하라. 충격적인 가치를 위해서가 아니라, 그렇게 하는 것이 당신의 마음 속에 있기 때문에 하라. 인간의 칭찬이 아닌 당신의 확신을 따르라.

3. 경쟁자들에게 대해 좋게 말하라.

1970년에, 레드 제플린은 인기 면에서 비틀즈Beatles를 능가했다. 언론이

이것에 대해 밴드 멤버들에게 질문했을 때, 그들은 "The Fab Four"에 대해 좋은 말만 했다.86

한 인터뷰의 끝에, 레드 제플린의 창설자이자 리드 기타리스트인 지미 페이지Jimmy Page는 다음과 같은 질문을 받았다: "비틀즈에 대해 어떻게 생각하십니까?"

그는 이렇게 대답했다: "저는 그들이 참 훌륭하다고 생각합니다. 그들은 환상적인 표현을 했습니다." 동료와 경쟁자들에 대해 이렇게 좋게 말하는 것은 정말 존경할 만한 일이다. 불행하게도, 오늘날 우리는 기독교 사역자들에게서 이런 모습을 거의 볼 수가 없다.

우리는 더 자주 정반대의 태도, 즉 비틀즈에 대해 엘비스 프레슬리Elvis Presley가 말했다고 알려진 주장을 본다.

비틀즈의 멤버인 링고 스타Ringo Starr에 따르면, 엘비스가 비틀즈를 개인적으로는 친절하게 대했지만, 로큰롤rock and roll의 "왕"인 그는 비틀즈의 엄청난 성공이 그를 위협했을 때 그들을 미국에서 추방시키려고 했다.

이것을 더욱 혼란스럽게 만드는 것은 비틀즈가 엘비스를 우상화하고 그를 먼 멘토로 여겼다는 데에 있다. 비극적이게도, 기독교 세계에서는 멘티가 멘토를 뛰어넘었을 때 멘토가 그 멘티를 내치는 경우가 드물지 않다.사울과 다윗의 경우를 생각해보라

요점: 항상 당신의 경쟁자와 적들에 대해 좋게 말하라. 이에 대해 예수님께서 마 5:44에서 말씀하셨고, 바울은 롬 12:14, 19-21에서 말했다. "축복하다"는 것은 "좋게 말하다"는 뜻이다.

당신은 희미한 칭찬으로 다른 신자들을 깎아내리지 않고, 뭔가 그들에

---

86)역자 주: The Fab Four는 The Fabulous Four(굉장히 멋진 넷))의 준말로서, 비틀즈의 멤버 네 명을 가리킨다

게 덕담을 해줄 것을 언제든지 찾을 수 있다.

나는 나에게 창을 던지는 누군가에 대해 공개적으로 좋은 말을 했을 때 일부 기독교인들로부터 비난을 받았다. 사람들은 내가 긍정적으로 반응하기보다는 반격에 나서기를 기대했다.

그들은 내가 무엇을 하는지, 왜 하는지 전혀 몰랐다. 그러나 높은 길을 택하는 것이 기독교 세계에서 결코 잃어버린 예술이 되어서는 안 된다.

벤자민 프랭클린Bejamin Franklin은 다음과 같이 멋지게 표현했다. "나는 어떤 사람에 대해서도 나쁜 말을 하지 않기로 결심한다. 사실이라 할지라도 그렇게 할 것이고, 오히려 어떤 수단을 써서라도 내가 들은 다른 사람들의 잘못에 대해 변명하고, 적절한 기회가 있을 때 내가 아는 모든 사람의 좋은 점을 전부 말하겠다."[87]

창의성에 있어서는 단 두 가지 선택밖에 없다. 톱니바퀴의 톱니 하나처럼 기계적으로 살든지, 아니면 당신보다 먼저 새로운 길을 개척한 사람들로부터 배우든지 하라.

당신이 결정하라.

---

87) Frank Viola, "3 Lessons Every Writer, Speaker, Blogger, and Musician Can Learn from Led Zeppelin," ChurchLeaders.com, March 5, 2012에서 발췌. 벤자민 프랭클린의 인용구의 출처: Robert Walsh, "Life of Benjamin Franklin." *Delaplaine's Repository of the Lives and Portraits of Distinguished Americans* (Philadelphia, 1815-1817), II, 52.

당신의 손을 깨끗하게 유지하라

세상과의 분리는 영적인 삶의 첫 번째 원리이다. 예수님께서 나병환자를 만지셨지만 그분의 손은 깨끗하게 유지하셨다.

그분은 "죄인의 친구"로 불렸지만 히브리서 기자는 그분에 대해 "죄인에게서 떠나 계시고"라고 말한다. 마 11:19, 히 7:26

우리 주님은 가장 형편없는 범죄자들과 친구가 되셨지만, 언제나 그분의 손을 깨끗하게 유지하셨다.

> 여호와의 산에 오를 자가 누구며 그의 거룩한 곳에 설 자가 누구인가 곧 손이 깨끗하며 마음이 청결하며 뜻을 허탄한 데에 두지 아니하며 거짓 맹세하지 아니하는 자로다. 시 24:3-4

> 바른 길로 행하는 자는 걸음이 평안하려니와 굽은 길로 행하는 자는 드러나리라. 잠 10:9

> 정직한 자의 성실은 자기를 인도하거니와 사악한 자의 패역은 자기를 망하게 하느니라. 잠 11:3

마찬가지로, 주님의 종들도 세상과 구별되어 있어야 한다. 고후 6:14-7:1을 동시에 그는 세상에 의해 노예가 된 사람들의 삶에 기꺼이 다가가야 한다.

모든 하나님의 종은 손을 깨끗하게 유지하면서 부정한 사람을 만지는 법을 터득해야 한다. 디모데를 향한 바울의 진지한 권고를 숙고해보라:

> 큰 집에는 금 그릇과 은 그릇뿐 아니라 나무 그릇과 질그릇도 있어 귀하게 쓰는 것도 있고 천하게 쓰는 것도 있나니 그러므로 누구든지 이런 것에서 자기를 깨끗하게 하면 귀히 쓰는 그릇이 되어 거룩하고 주인의 쓰심에 합당하며 모든 선한 일에 준비함이 되리라.딤후 2:20-21

기억하라. 우리의 손을 더럽히는 것은 단지 노골적인 죄만이 아니라는 사실을. 포도나무를 망치는 것은 작은 여우들이다.아 2:15

손을 깨끗하게 유지하는 것은 죄와 세속적인 것 외에 다른 영역에도 영향을 미친다. 그것은 또한 돈을 다루는 영역과도 관련이 있다.

더러운 이득

신약성서는 "더러운 이득"이라고 불리는 것에 관해 목소리를 크게 낸다. 그리고 그것에 대한 경고는 특히 가르치는 사람들을 향하고 있다.

> 불순종하고 헛된 말을 하며 속이는 자가 많은 중 할례파 가운데 특히 그러하니 그들의 입을 막을 것이라 이런 자들이 더러운 이득을 취하려고 마땅치 아니한 것을 가르쳐 가정들을 온통 무너뜨리는도다.딛 1:10-11

너희 중에 있는 하나님의 양 무리를 치되 억지로 하지 말고 하나님의 뜻을 따라 자원함으로 하며 더러운 이득을 위하여 하지 말고 기꺼이 하며.벧전 5:2

감독은 하나님의 청지기로서 책망할 것이 없고 제 고집대로 하지 아니하며 급히 분내지 아니하며 술을 즐기지 아니하며 구타하지 아니하며 더러운 이득을 탐하지 아니하며.딛 1:7

더러운 이득은 "부정직한" 이득, 또는 킹제임스 역이 "더러운 이익"이라고 부르는 것을 의미한다.

바울이 "아무의 은이나 금이나 의복을 탐하지" 아니했다고 말했을 때, 그는 양 떼를 사취하는 사람들과 구별된 자신을 의미했다.행 20:33

바울은 자신이 사역하는 대상의 소유를 탐내지 않았다.고후 12:14

그렇다면 하나님의 종들은 돈을 어떻게 다루어야 하는가?

당신에게 헌금과 기부금을 주는 사람들은 좀 복잡하다.

예를 들어, 부유한 기부자들은 그냥 기부하는 경우가 거의 없다. 그들의 선물에는 대개 조건이 붙어있다, 즉 기대하고 통제하려는 의도가 그것이다.

불신자들로부터 기부를 받는 것은 어떤가?

이는 그들이 주의 이름을 위하여 나가서 이방인에게 아무것도 받지 아니함이라.요삼 1:7

위의 본문에서, 요한은 예수님"이름"을 위해 복음을 전하고 다니는 순회 사역자들을 염두에 두고 있다. 이 일꾼들은 그들이 복음을 전하는 대상이방인들, 불신자들으로부터 재정적 도움을 받기를 거부했다

믿거나 말거나, 불신자들은 하나님의 일을 위해 기부할 때 자신이 어떻게 살더라도 하나님께서 받아주신다고 생각한다. 재정적인 기부는 그런 사람들에게 잘못된 영적 확신을 심어준다.

고려해야 할 질문들

시종일관 하나님의 능력에 의해 사역했던 프랭크 로박은 다음과 같은 통찰력 있는 말을 남겼다:

> 우리가 그분[예수님]을 우리 마음속의 안방으로 초대할 때조차도, 우리는 종종 마음의 지하 저장고에 있는 어떤 작은 숨겨진 방에 그분을 모셔 놓는다. 그곳은 우리가 그분과 세상으로부터 교활한 비밀을 숨기려고 노력하는 곳이다. … 이것이 바로 왜 우리가 그분의 인정을 받지 못한다고 느끼는지의 이유이고, 또 왜 우리에게 능력이 부족한지의 이유이다.[88]

많은 사역자가 길을 잃고 있는 분야를 다루는, 자기 탐구를 위한 몇 가지 질문을 숙고해보라.

각 질문에 정면으로 직면해서 답하기를 권한다.

• 당신이 주님을 향해 문을 닫아버린, 당신의 생각과 마음속에 있는 작은 숨겨진 방들은 무엇인가?

• 당신은 기부에 조건걸으로 표현이 되었든 암묵적이든을 거는 사람들의 기부

---

88) Frank Laubach, *You Are My Friends* (New York: Harper & Brothers, 1942), 34.

금을 받아 당신의 손을 더럽히겠는가?

- 당신은 값없이 복음을 전해야 할 대상에게서 돈을 받겠는가?마 10:8
- 당신은 당신과 당신의 교회와 사역에 기부된 돈을 오용하기를 거부 하겠는가?
- 당신은 재정적인 안정과 사역자의 정체성을 유지하는 것에 기초한 결정을 내리기를 거부하겠는가?

업튼 싱클레어는 "자신이 이해하지 못하는 뭔가에 자신의 월급을 의존하는 사람에게 그것을 이해시키는 것은 어렵다!"라고 올바르게 말했다.[89]

많은 사역자가 돈의 유혹이 너무 강해서 저항할 수 없다고 생각한다. 그러나 하나님께서 크게 쓰시는 종은 돈에 있어서도 손을 깨끗하게 유지한다.

그런 사람들은 어떤 면에서도 완벽하지 않다. 그들은 실수로부터 자유롭지 않다. 하지만 그들은 돈, 안전, 즐거움, 이름, 명성 또는 게임에 따라 결정을 내리지 않는다.

그들 안에 있는 것은 주님의 영광을 위한 것이지 다른 어떤 것도 아니다.

이 원리는 팁tip, 미국의 관습과 같은 사소한 영역에도 적용된다.

당신은 식당 웨이터나 웨이트리스에게 최소한의 팁을 주는가, 아니면 그런 사소한 행동이 당신이 하나님을 진정으로 믿는 바에 대해 많은 것을 말해준다는 것을 인식하면서 관대하게 팁을 주는가?

서신서들에는 우리가 세상 사람들 앞에서 행동하는 방식으로 주님의 이름을 욕되게 하지 말라는 권고가 넘쳐난다. 바울은 종종 믿지 않는 사람들에 향해 경건하게 처신하라고 하나님의 사람들에게 권고했다: "이는 하나

---

89) Upton Sinclair, *I. Candidate for Governor: And How I Got Licked* (Berkeley: University of California Press, 1934, 1994), 109.

님의 이름과 교훈으로 비방을 받지 않게 하려 함이라"딤전 6:1

아래의 본문들을 숙고해보라:

> 너희가 이방인 중에서 행실을 선하게 가져 너희를 악행한다고 비방하는
> 자들로 하여금 너희 선한 일을 보고 1오시는 날에 하나님께 영광을 돌리
> 게 하려 함이라.벧전 2:12

> 그러므로 감독은 책망할 것이 없으며. . . 또한 외인에게서도 선한 증거를
> 얻은 자라야 할지니 비방과 마귀의 올무에 빠질까 염려하라.딤전 3:2, 7

T. 오스틴 스팍스는 이 법칙을 다음과 같이 요약했다:

> 주님은 삶과 간증이 구별될 것, 실제적으로 삶과 간증이 구별될 것을 요
> 구하신다. 형제자매들이여, 이 세상에서, 그리고 우리의 관계와 교제 등에
> 서, 우리의 삶은, 여러분의 삶과 나의 삶은 우리가 속한 영역과 우리가 속
> 한 분에게 뚜렷하고 틀림없이 구별되어 있는가?[90]

이 영역에 실패했다고 걱정하지 말라. 당신은 혼자가 아니다. 회개하고
주님의 용서를 받은 다음 앞으로 나아가라.

하나님의 도움을 받아 우리의 손을 깨끗하게 유지하도록 하자.

---

90)T. Austin-Sparks가 1960년에 전한 메시지 "A Holy Nation"에서 발췌한 내용.

그리스도를 드러내라

나는 좋은 설교자는 사람들에게 "좋은 메시지다"라는 반응을 일으키는 반면, 훌륭한 설교자는 "와! 정말 그리스도시다!"라고 말하게 한다고 종종 말했다.

복음의 사역자로서 당신의 임무는 주 예수 그리스도를 드러내는 것이다. 그것은 당신의 모든 것이 그분을 향하고, 구원받은 사람과 구원받지 못한 사람 모두에게 신선한 방법으로 그분을 소개하여, 그것이 그들의 마음을 훔치고 그들의 영혼으로 그분을 경배하며 항복하게 하는 것이다.

당신의 임무는 그것it이 아니라 그분Him을 전하는 것이다. 나는 『영원에서 지상으로』에서 이렇게 표현했다:

> 그리스도인이 된 후 처음 8년 동안의 경험에서, 나는 많은 '기독교적인' 것들에 심취했었다. 이것이 내가 말하고자 하는 요지이다. 그것들은 그냥 "것들things"일 뿐이었다.
>
> 내가 관여했던 모든 교회들과 단체들은 그것it을 나에게 효과적으로 설교했다. 복음전도도 그것이고, 하나님의 능력도 그것이다. 종말론도 그것이고, 기독교 신학도 그것이고, 기독교 교리도 그것이고, 믿음도 그것이고, 변증학도 그것이다.
>
> 나는 나에게 그것이 필요치 않다는 대단한 발견을 하게 되었다. 나는 결

코 그것이 필요한 적이 없었다. 그리고 나는 결코 그것을 필요로 하지 않을 것이다. 아무리 선하고 진실한 것이라 해도, 기독교의 그것들은 결국 없어지고, 말라버리고, 진저리 나게 될 것이다.

나에게는 그것it이 필요치 않다. 나는 그분Him이 필요하다!

그리고 당신도 그분이 필요하다. 우리는 어떤 것들을 필요로 하지 않는다. 우리는 예수 그리스도가 필요하다.91

이런 이유로, 바울은 그의 서신 전체에서 끊임없이 그리스도를 언급한다. 예를 들면:

- 골로새서 1장 29절: 그리스도를 30번 언급
- 에베소서 1장 23절: 그리스도를 26번 언급
- 빌립보서 1장 30절: 그리스도를 20번 언급
- 로마서 1:1–9: 그리스도를 11번 언급
- 고린도전서 1:1–10: 그리스도를 13번 언급
- 고린도후서 1:1–5: 그리스도를 5번 언급
- 갈라디아서 1:1–4: 그리스도를 4번 언급

바울은 그의 주님께 사로잡혔다. 그는 또한 성령으로 충만한 사람이었고, 성령은 그리스도에 의해 점유되었다.

그런데 오늘날 설교자와 교사들의 말을 들어보면, 많은 사람이 전형적인 메시지에서 그리스도를 단지 한두 번만 언급한다. 더 큰 문제는 많은 사람이 그분을 전혀 언급하지 않는다는 것이다.

---

91)프랭크 바이올라, 『영원에서 지상으로』(대장간, 2009), 337-338.

기껏해야 그분은 마지못해 언급될 정도이고 그 이상은 없다.

이 사람들이 전하는 것과 가르치는 것은 **그것**it이지, **그분**Him이 아니다.

신자와 불신자 모두에게 그들의 마음을 놀라게 하고 경외심을 갖게 하는 예수님의 숭고한 계시가 필요하다.

그러므로 당신의 사명은 사람들에게 홍수처럼 그리스도를 넘치게 하여 당신의 말을 듣는 사람들이 하나님의 영광 가운데 휩쓸리도록 하는 것이다.

그들이 비틀거릴 때까지, 주님에 취하게 될 때까지 그분을 전하라. 그리스도에 의해 그들의 귀가 닳을 때까지 그분을 전하라. 더는 높일 수 없을 정도로 그분을 높이라. 그들을 주 예수님의 지식과 계시 속에 빠지게 하라. 그들이 그분의 영광을 내면으로 볼 수 있도록 그분을 드러내라. 그런 다음, 그분을 아는 방법을 그들에게 보게 하라.

마음을 사로잡는 분은 그리스도이시다. 오직 그리스도이시다. 이런 이유로, 당신은 그분을 드러낼 때 하나님의 사람들에게 더 헌신하거나 더 결단하라고 말할 필요가 없다. 그들이 이전에 결코 본 적도, 들어본 적도 없는 것처럼 당신이 예수님을 드러내서 그들이 그분을 신선하게 엿볼 수 있다면, 그들은 결단하고 헌신할 것이다.

하나님의 사람들이 메시지와 경험에서 그리스도로 흠뻑 젖을 때, 그들은 또한 자유를 얻을 좋은 기회를 갖게 된다. 갈라디아서는 우리가 규칙을 따르기 시작할 때 우리는 육신 안에 있는 것이라고 주장한다. 그리스도의 계시가 없다면, 우리는 항상 율법주의나 방탕주의로 되돌아갈 것이다.[92]

불행하게도, 내가 설명한 것처럼 그리스도를 전할 수 있는 사람이 오늘

---

92)『인써전스: 하나님 나라의 복음 되찾기』(대장간, 2019)에서, 나는 복음의 적 두 가지에 대해 자세히 설명했다.

날 너무 부족하다.

측량할 수 없는 풍성함

내 사역의에서 장애물의 제거하는 것이 큰 부분을 차지한다.

나는 이 이야기를 다른 곳에서 한 적이 있는데, 미켈란젤로를 흠모하는 사람이 그에게 지금은 이탈리아 피렌체에 있는 유명한 다비드 상을 어떻게 조각했는지 물었다.

미켈란젤로는 다음과 같이 대답했다: "나는 처음에 대리석 조각에 주의를 기울였습니다. 그것을 연구한 다음 다비드가 아닌 모든 것을 잘라냈습니다."

미켈란젤로의 대답은 신약의 사역을 적절하게 묘사한다. 우리는 한편으로는 그리스도를 선포하고 다른 한편으로는 그리스도가 아닌 모든 것을 제거한다.

> 내 어머니의 태로부터 나를 택정하시고 그의 은혜로 나를 부르신 이가 그의 아들을 이방에 전하기 위하여 그를 내 속에 나타내시기를 기뻐하셨을 때에 내가 곧 혈육과 의논하지 아니하고. 갈 1:15-16

베드로도 이와 비슷한 경험을 했다. 예수님이 살아 계신 하나님의 아들이시며 메시야이심을 공개적으로 시인한 후에, 예수님은 다음과 같이 대답하셨다:

> 바요나 시몬아 네가 복이 있도다 이를 네게 알게 한 이는 혈육이 아니요 하늘에 계신 내 아버지시니라. 마 16:17

'알게revealed' 라는 단어를 주목하라.

이 계시 또는 예수님께서 내면으로 보신 것이 바울로 하여금 그가 "측량할 수 없는 풍성함"을 전할 수 있게 했다. 그리고 영원부터 감추었던 비밀의 경륜 곧 하나님의 영원한 목적을 "드러내게" 했다.

> 모든 성도 중에 지극히 작은 자보다 더 작은 나에게 이 은혜를 주신 것은 측량할 수 없는 그리스도의 풍성함을 이방인에게 전하게 하시고 영원부터 만물을 창조하신 하나님 속에 감추어졌던 비밀의 경륜이 어떠한 것을 드러내게 하려 하심이라.엡 3:8-9

하나님의 영원한 목적의 중심 부분은 거대하고, 폭발적이며, 삶을 변화시키는 하나님 나라의 복음, 즉 우주를 그 기초부터 뒤흔드는 메시지이다.93

이것을 묻고 싶다: 당신의 사역은 측량할 수 없는 그리스도의 풍성함을 전하는 것으로 특징지어지고 있는가? 당신은 하나님의 영원한 목적의 비밀을 드러내는가? 당신은 하나님 나라의 복음을 펼치는가? 당신이 그리스도를 그들에게 전한 후에 사람들이 경외심을 느끼는가?

만약 당신이 "아니요"라고 대답한다면, 당신이 신약 성서의 사도적 메시지를 전하고 있는지 여부를 물어봐도 되겠는가?

좋은 소식은 우리가 이 문제를 해결할 수 있다는 것이다.

우리가 측량할 수 없는 그리스도의 풍성함을 생생하게 전하려면 먼저 우리 자신의 마음 속에서 예수님이 밝히 계시되는 경험해야 한다.

우리에게는 우리의 존재 안에서 불을 지르는 그리스도의 계시가 필요하

---

93)자세한 것은 Insurgence.org을 참조할 것.

다. 그리고 하나님의 사람들이 항복할 때까지 그리스도를 전하는 것 외에는 아무것도 하지 않도록 동기를 부여하는 그분의 계시가 필요하다. 바울의 기도를 들어보라:

> 우리 주 예수 그리스도의 하나님, 영광의 아버지께서 지혜와 계시의 영을 너희에게 주사 하나님을 알게 하시고.엡 1:17

죄인들과 성도들 모두에게 다른 무엇보다도 그리스도가 필요하다. 오직 그리스도만이 변화시키신다. 그러므로 우리는 전하고 가르치는 모든 것에서 그분을 선포해야 한다.

만약 당신이 이것을 파악한다면, 당신은 듣는 사람들을 놀라게 하는 방식으로 예수님의 영광을 드러내는, 입이 떡 벌어질 정도로 마음을 사로잡는 메시지를 전할 수 있는 위치에 있게 될 것이다.

당신이 그리스도의 계시를 받고 싶어 마음이 굶주려 있다면 그분을 보는 순간이 올 것이고, 당신은 결코 헤어나지 못할 것이다. 그리고 그 "시각"은 당신의 남은 생애 동안 당신을 이끌어줄 것이다.

당신은 또한 그리스도가 선포되고 있는지 아닌지를 평가할 수 있는 새로운 계측 장치를 갖게 될 것이다. 당신이 누군가의 메시지를 들을 때, 당신의 영은 "이것은 그리스도가 아니다", 혹은 "이것이 나의 주님이시다!"라고 말하게 될 것이다.

이 점에서, A. B. 심슨은 "영적인 향기 없이 메시지를 전하는 것은 향내나지 않는 장미와 같다. 우리는 오직 그리스도를 더 많이 얻음에 의해서만 향기를 얻을 수 있다"라고 올바르게 말했다.94

---

94) Albert Edward Thompson, *The Life of A. B. Simpson* (New York: The Christian Al-

"프랭크, 이 말은 듣기에는 좋은 것 같네요. 하지만 내가 그리스도를 능력있게 실제적으로 전할 수 있도록 어떻게 그분의 계시를 내 마음에 받을 수 있습니까?"

그리스도의 계시를 받는 것은 **물을 넣고 저어주고 전자레인지에 2분 동안 가열하는** 식으로 되는 것이 아니다. 내가 할 수 있는 최선은 당신에게 시작을 선사하는 것이다.

먼저, 당신의 마음에 예수 그리스도가 계시되도록 하나님 아버지께 구하라. 찾고 또 찾으라. 두드리고 계속 두드리라. 구하고 계속 구하라. 마침내 이전과는 전혀 다른 방식으로 그분을 붙잡을 때까지 포기하지 말라.

둘째, 성서를 읽을 때 적극적으로 그리스도를 찾으라. 아래의 본문들을 숙고해보라.

> 너희가 성경에서 영생을 얻는 줄 생각하고 성경을 연구하거니와 이 성경이 곧 내게 대하여 증언하는 것이니라. 요 5:39

> 모든 성경은 하나님의 감동으로 된 것으로 교훈과 책망과 바르게 함과 의로 교육하기에 유익하니 이는 하나님의 사람으로 온전하게 하며 모든 선한 일을 행할 능력을 갖추게 하려 함이라. 딤후 3:16-17

> 나는 세상의 빛이니 나를 따르는 자는 어둠에 다니지 아니하고 생명의 빛을 얻으리라. 요 8:12

> 주의 말씀을 열면 빛이 비치어 우둔한 사람들을 깨닫게 하나이다. 시

---

liance Publishing Company, 1920), 196.

119:130

하나님의 종은 성서의 본문에서 그리스도를 발견할 때에만 "모든 선한 일을 행할 능력을 갖추게" 된다. 하나님의 감동으로 된 모든 성경은 예수님을 가리킨다. 성서를 어느 곳에서든 잘라도 그리스도의 피가 나올 것이다.[95]

셋째, 하나님의 영이 당신을 채워 주시기를 구하라. 한두 번이 아니라, 말씀을 전하거나 가르치기 위해 일어설 때앖을 때마다 그렇게 하라.

바울은 소아시아의 교회들에게 다음과 같이 권면했다:

> 술 취하지 말라 이는 방탕한 것이니 오직 성령으로 충만함을 받으라.엡 5:18

우리 몸의 60%는 물로 구성되어 있다. 그러나 우리는 생존을 위해 매일 물을 마셔야 한다. 이런 이유로, 일부 전문가들은 하루에 2리터 정도의 물을 마시도록 권장한다.

성서 전체에서 물은 그리스도의 영을 상징한다.요 7:37-39, 4:4, 계 21:6, 고전 10:4, 12:13, 출 17:6

당신이 당신의 인생을 예수님께 맡긴 후에, 그리스도께서 성령에 의해 당신 안에 거하시려고 오셨다. 하지만 천연의 물과 마찬가지로 당신이 성령을 계속 마시지 않으면 영적으로 탈수 상태가 된다.

따라서 매일 하나님의 영을 마시고 그분께서 당신을 그분의 능력으로 당

---

95)*Jesus: A Theography*는 창세기부터 요한계시록까지 그리스도를 밝혀내고 예수님께서 제자들에게 주신 그리스도 중심의 해석을 설명한다.

신을 채우시도록 하라.

성령은 하나님의 인격적인 임재다. 성령의 주요 기능은 예수 그리스도를 드러내고, 확대하고, 영화롭게 하는 것이다.요 15:26, 16:14-15 우리의 삶에서 그분의 모든 인도는 그 목표를 향한 것이다.

그렇게 하면, 성령 충만한 사역자가 그리스도를 드러낼 것이다.

덧붙여 말하자면, 성령의 능력으로 충만해지는데 있어 요구되는 것들은 고백, 포기, 항복, 순종, 그리고 믿음이다.96

넷째, 사역할 때 그리스도를 드러내는 사람들을 주목해서 들어보라. 그들이 전하는 말을 듣고 또 들어보라.97

안타깝게도 오늘날 이 땅에 셀 수 없이 많은 설교자와 교사가 있지만, 그리스도의 드러내심을 개인적으로 경험하고 그분을 전파하는 사람은 극소수이다. 그래서 나는 이것을 당신의 목표로 삼도록 당신을 격려한다. 예수님께서 당신을 사로잡고 소유하게 하라.

바울은 자신의 사역 목표를 다음과 같이 밝혔다:

우리가 그를 전파하여 각 사람을 권하고 모든 지혜로 각 사람을 가르침은 각 사람을 그리스도 안에서 완전한 자로 세우려 함이니.골 1:28

더 많은 것이 있지만, 이 네 단계가 당신에게 확실한 시작을 제공할 것이다. 자주 인용되는 앙투안 드 생텍쥐페리Antoine de Saint-Exupery의 말이 예수 그리스도의 설교자로서의 당신의 임무를 요약해준다:

---

96)이 통찰력은 Oswald J. Smith에게서 빌려온 것이다.

97)나는 내가 애즈베리(Asbury)의 신학 교수와 대담한 *Insurgence podcast*의 episode #76 에서 이것에 관해 더 얘기했다. 그 episode의 제목은 "Kingdom Ministry: Past, Present, Future"이다. 무엇보다도, 내가 메시지를 통해 드러내는 예수 그리스도에 관해 얘기했다.

당신이 배를 만들고 싶다면, 사람들을 시켜서 목재를 모으고, 일감을 나누고, 명령을 내리게 하지 말라. 그 대신, 광활하고 끝없는 바다를 동경하도록 그들을 가르치라.[98]

예수 그리스도는 끝없는 바다이시다. 그분을 더 깊이 아는 방법을 발견하고 그분을 풍성하게 선포하여 당신의 청중이 지금과 영원히, 끝이 없는 세계에서 그분을 갈망하게 하라.[99]

---

[98] QuoteInvestigator.com은 이 인용구의 현대 버전들이 Antoine de Saint-Exupery, *Citadelle*, LXXV(Paris: Gallimard, 1948), 687에 있는 것을 각색한 것임을 암시한다. 하지만 확실한 근거는 찾을 수 없다.

[99] "어떻게"에 대해서는 또 다른 책이 필요하지만 정기적으로 메시지를 전하고 가르치는 사람들을 위해 고안된 The Insurgence Experience에서 내가 이것에 대해 자세히 설명한다. TheInsurgence.org/ixp를 참조하라.

갈등을 관리하라

자신을 기다리고 있는 것이 영광, 명성, 존귀, 그리고 축복이라고 생각하는, 이제 막 사역을 시작한 젊은이들을 만날 때 나는 몸서리친다.

나는 사과하지 않을 몇 가지 극단적인 용어를 사용하여 그 생각을 뒤집어 보겠다.

하나님의 일은 사형 선고이다. 그것은 당신을 파괴하도록 설계되었다.[100]

즉, 그것은 당신의 자기 본성ego을 깨뜨리고, 당신의 육신을 십자가에 못박고, 다른 사람들에게 감동을 주거나 그들을 통제하려는 당신의 "필요"오늘날 사역에 뛰어든 많은 사람의 공통된 특성를 없애기 위한 의도라는 뜻이다.

주님의 일에는 많은 즐거움이 있지만 그것은 소풍이라기보다는 포도주 만드는 틀에 더 가깝다. 다르게 말하면 그것은 직업상 위험하다.

당신이 어둠의 왕국에 흠집을 내고 있다면, 당신은 노골적이고 피를 흘려야 하는 갈등의 언저리에 있는 자신을 발견할 것이다. 당신은 갈퀴를 수반한 불이 켜진 횃불을 마주하게 될 것이다. 그리고 그 대부분은 믿지 않는 자들에게서 오지 않을 것이다. 그것은 기독교계에서 올 것이다.

이것이 당신을 놀라게 해서는 안 된다. 예수님과 바울을 비롯해서 교회

---

100) 이것이 당신에게 새로운 소식이라면, 다음 본문들을 주의 깊게 읽어 보기 바란다: 고후 1, 6, 11, 12장, 그리고 고전 4장.

사를 통해 하나님 나라의 표준을 세운 모든 사람도 똑같은 상황에 직면했었다.

당신의 주님처럼 당신도 친구들의 집에서 상처를 입을 것이다. [101]

하나님의 기름 부음이 당신의 삶에 임하고 그분께서 당신에게 영적인 시력을 주셨다면, 당신의 인생에 닥칠 공격은 인간의 이성을 무시할 것이다.

어떤 사람들은 격렬한 질투에 너무 자극을 받아 가능한 모든 방법으로 당신의 평판을 파괴하기 위해 초과 근무를 할 것이다. 그들이 이것을 운반하기 위해 쏟을 에너지는 너무나도 터무니없어서 어떤 상상도 초월할 것이다.

그러므로 갈등을 예상하고, 그것을 발판으로 삼아 주님께로 향하고 그분의 선하신 자비를 의지하라.

갈등이 닥칠 때 그분께 마음을 털어놓으라. 시편 27편으로 기도해 보라. 그리고 당신이 맡은 사역은 당신의 것이 아니라 하나님의 것임을 항상 기억하라. 그렇게 함으로써, 그분은 그분이 뜻하신 대로 당신과 함께 일하실 수 있다. 이것은 갈등, 반대, 그리고 공격이 당신의 문제가 아니라 오히려 그분의 문제라는 것을 의미한다.

당신은 당신 자신의 종이 아니라 그분의 종이라는 것을 기억하라. 고전 6:19-20

T. 오스틴 스팍스는 이 문제에 관해 너무도 잘 알고 다음과 같이 피력했다:

참된 영적 시력을 갖는 것은 작은 일이 아니다. 그것은 강력한 승리를 대표한다. 그냥 수동적으로 앉아서 그것이 도착하도록 입을 벌린다고 해서

---

101)슥 13:6.

그것이 당신에게 오지는 않을 것이다. 이 문제에 관해 연습을 해야 한다. 당신이 정말로 영적인 이해를 구하려고 할 때 당신은 이 세상의 신의 모든 힘에 맞서게 된다. 그것은 초자연적인 전투이다. 그러므로 참된 계시의 사역이 될 모든 사역은 갈등으로 둘러싸여 있을 것이다. 갈등은 전에도 일어날 것이고, 갈등은 그 당시에도 계속될 것이고, 갈등은 나중에 뒤따를 수도 있다. [102]

데이비드 윌커슨은 그것을 이렇게 표현했다:

하나님의 사람들이 만들어질 때 적군은 맹렬한 분노를 가지고 그들에게 다가올 것이다. 지금 당신은 고통의 쓴 잔을 맛보고 있을지도 모른다. 당신은 혼란의 어두운 밤, 고립의 무서운 시간을 견디고 있을지도 모른다. 그러나 나는 당신이 이 사람들[욥, 다윗, 베드로]이 암울한 순간에 했던 것처럼 행하고 믿음 안에서 굳건히 서기를 바란다. 그들이 했던 것처럼 말하라: "이 모든 세력이 나를 대적하여 내가 시험을 당할지라도, 나는 내가 믿는 자를 알고 또 내가 의탁한 것을 그 날까지 그가 능히 지키실 줄 아노라." [103]

하나님의 일에 부르심을 받고 그분의 부르심에 응하는 사람은 지상의 지옥에 자원한 사람이다. 그 사람은 갈등, 거부, 질투, 오해, 외로움, 자기 의심을 경험할 것이다.

---

102) T. Austin-Sparks, *Daily Open Windows* (Tulsa, OK: Emmanuel Church, 2012), 241.

103) David Wilkerson, "The Making of a Man of God," WorldChallenge.org (blog).

그러나 용기를 내라! 당신이 견디면 부활의 생명이 당신을 기다린다.

처벌받지 않는 선한 행실은 없다

나는 항상 마태복음 8장에 있는 귀신들린 두 사람에 관한 이야기가 매우 모순된다는 것을 발견했다. 귀신들린 사람들이 너무 사나워져서 사람들은 그들이 사는 지역을 지나가기도 두려워했다.

예수님께서 이방인의 땅에 들어가셔서 그들을 괴롭히는 귀신들에게서 두 사람을 은혜롭게 구출하셨다. 주님은 악한 영들에게 돼지 이천 마리에게로 들어가라고 명령하셨고, 그 돼지들은 나중에 호수로 뛰어들어 몰사했다. 104 돼지를 치던 사람들은 가까운 마을로 달려가서 무슨 일이 일어났는지를 사람들에게 알렸다.

그 결과, 온 동네 사람들이 와서 자기들을 가만히 내버려두시기를 예수님께 간청했다. 그들에게는 사람을 악과 고통에서 구출하는 것보다 돈사업을 사랑하는 것이 더 중요했다. 105

"어, 예수님, 그 두 친구에게서 귀신을 쫓아내주셔서 감사합니다. 사람들이 이제 두려움 없이 이 지역을 자유롭게 왕래할 수 있다는 것은 멋진 일입니다. 하지만… 어… 제발 우리를 내버려두고 떠나주세요. 더는 사업을 잃을 위험을 감수할 여유가 없습니다."

나는 인생에서 반대를 받지 않는 진짜 선한 것은 없다는 결론에 도달했다.

나로 말미암아 너희를 욕하고 박해하고 거짓으로 너희를 거슬러 모든 악

---

104) 막 5:13.
105)마 8:28-34.

한 말을 할 때에는 너희에게 복이 있나니 기뻐하고 즐거워하라 하늘에서 너희의 상이 큼이라 너희 전에 있던 선지자들도 이같이 박해하였느니라.
마 5:11-12

족장 요셉은 자신의 혈육에 의해 중상모략을 당하고, 납치되고, 노예로 팔려갔다. 나중에 그는 거짓 고발을 당하여 수년 동안 감옥에 갇혔다.

질투는 요셉을 구덩이에 빠뜨렸고, 중상모략은 그를 감옥에 가두었다.

그러나 그는 하나님께 대한 신뢰가 결코 흔들리지 않았기 때문에 결국에는 혐의가 풀렸다. 연기가 걷혔을 때 하나님은 여러 해 전에 약속하셨던 것처럼 요셉을 탁월한 인물로 높이셨다.

요셉은 마침내 자신의 오랜 고통의 근원인 형들을 만났을 때 그들에게 복수하지 않았다. 대신에 그는 그 모든 것 배후에 있는 하나님의 손길을 보았고 용서할 수 있었다.

우리 삶에 고통을 가져다 준 사람들을 원망하기는 쉽다. 하지만 그런 것들이 우리 삶에 들어오도록 허락하시는 깊고도 중요한 목적을 하나님께서 가지고 계시다면 어떤가?

그러므로 갈등이 아무리 격렬해지더라도 용기를 가지라. 부활이 반대편에 있다.

그러나 부활은 당신이 죽고, 목숨을 버리고, 지고, 내려놓을 것을 요구한다.

우리가 항상 예수의 죽음을 몸에 짊어짐은 예수의 생명이 또한 우리 몸에 나타나게 하려 함이라 우리 살아 있는 자가 항상 예수를 위하여 죽음에 넘겨짐은 예수의 생명이 또한 우리 죽을 육체에 나타나게 하려 함이라. 그

런즉 사망은 우리 안에서 역사하고 생명은 너희 안에서 역사하느니라.고
후 4:10-12

성서는 다툼갈등과 논쟁은 언제나 교만의 결과라고 말한다.

교만에서는 다툼만 일어날 뿐이라 권면을 듣는 자는 지혜가 있느니라.잠
13:10

다른 번역은 그것을 이렇게 표현했다:

교만은 갈등을 일으키고, 권면을 듣는 자들은 지혜롭다.잠 13:10, NLT

죽음은 사실상 언제나 우리의 교만을 십자가에 못박는 것을 포함한다.
하지만 죽는다는 것은 상황에 따라 다르게 반응한다는 것을 의미한다.
성서에는 갈등을 관리하는 세 가지 방법이 있다. 그것들 모두는 자신을
향해 죽는 것을 포함한다:

1. 내려놓고, 부당한 대우를 받고, 참으라.골 3:13, 엡 4:2, 고전 6:7, 마 5:39
2. 당신이 갈등을 겪고 있는 사람과 개인적으로 이야기하라. 자신을
   방어하지 말고 귀를 기울이라. 필요하다면 온유한 마음으로 그들
   을 바로잡으라.갈 6:1, 마 18:16
3. 갈등을 해결하는데 있어 당신에게 도움을 줄 중재자를 찾으라.고전
   6:1-6

갈등을 관리하는 이러한 방법은 모두 성서적이다. 하지만 오직 성령만이 특정 상황에 적절한 것이 무엇인지, 그리고 적절한 시기가 언제인지를 알려 줄 수 있다.

나는 수년에 걸쳐 중요한 교훈 하나를 배웠다. 의심스러울 때는 펀트punt 를 하라. 즉, 결정을 미루고, 연기하라. 잠깐 멈추고 상대팀에게 볼을 넘겨 주라.106

성령님은 배후에서 문제를 해결하실 때 때로는 결정을 지연시키도록 당신을 인도하실 수도 있다. 우리는 일을 서두르다가 종종 실수를 저지른다.

> 지식 없는 소원은 선하지 못하고 발이 급한 사람은 잘못 가느니라.잠 19:2

> 부지런한 자의 경영은 풍부함에 이를 것이나 조급한 자는 궁핍함에 이를 따름이니라.잠 21:5

또 다른 요점: 당신이 사역하는 대상들은 종종 끔찍한 경험을 하게 될 것이다. 당신이 비슷한 길을 걸어보지 않았다면 어떻게 그들을 위해 사역할 수 있겠는가?

하나님은 우리가 견디는 일이 무엇이든지 우리와 항상 함께 하시겠다고 약속하셨다. 창세기 37-50장에 나오는 요셉의 이야기를 읽으면, 그가 직면한 모든 공포 속에서도 하나님께서 끊임없이 그와 함께 계셨다는 것을 발견하게 될 것이다.

우리가 주님을 우리 앞에 모시고 그분께 충성하는 한, 그분은 특별한 방

---

106) 역자 주: Punt는 미식 축구에서 공격이 여의치 않을 때 볼을 상대팀 쪽으로 멀리 차는 것을 뜻한다

법으로 우리와 함께하실 것이다. 그리고 그 샘물에서 우리는 고통받는 다른 사람들을 도울 수 있다.

이런 이유로, 당신의 가장 큰 사역과 섬김과 가치는 종종 당신의 가장 큰 고통에서 나올 것이다. 나는 바울이 이것에 동의할 것이라고 생각한다.

찬송하리로다 그는 우리 주 예수 그리스도의 하나님이시요 자비의 아버지시요 모든 위로의 하나님이시며 우리의 모든 환난 중에서 우리를 위로하사 우리로 하여금 하나님께 받는 위로로써 모든 환난 중에 있는 자들을 능히 위로하게 하시는 이시로다 그리스도의 고난이 우리에게 넘친 것 같이 우리가 받는 위로도 그리스도로 말미암아 넘치는도다 우리가 환난 당하는 것도 너희가 위로와 구원을 받게 하려는 것이요 우리가 위로를 받는 것도 너희가 위로를 받게 하려는 것이니 이 위로가 너희 속에 역사하여 우리가 받는 것 같은 고난을 너희도 견디게 하느니라 너희를 위한 우리의 소망이 견고함은 너희가 고난에 참여하는 자가 된 것 같이 위로에도 그러할 줄을 앎이라. 고후 1:3-7

법칙 29

타협하지 말라

타협하는 것은 영적 파워를 잃는 것이다.

타협은 기름칠한 언덕이다. 초기에 당신이 조금이라도 그것에 양보했다면, 나중에 당신의 인생에서 완전히 타락한 자신을 발견하더라도 놀라지 말라.

나는 초창기에 놀라운 사역을 하다가 나중에 타협으로 인해 타락하게 된 사람들과 함께 지낸 적이 있다.

타협의 위험은 하루아침에 발생하지 않는다. 그것은 작은 것들부터 시작된다. 여기에서 약간의 관용을, 저기에서 "사소한" 죄에 대해 '예'라고 말하고, 경계심을 늦추는 등이 그것이다.

결국 당신은 하나님의 기름 부음을 잃는다. 즉, 경험하기에 참담한 일이고 목격하기에는 비극이다. 불행히도 나는 재능 있는 영적 지도자의 붕괴를 맨 앞자리에 앉아서 보았다. 나는 그것은 결코 잊지 못할 것이다

이가봇은 타협이 자신의 삶에 스며들도록 허용하는 사람들의 최종 목적지이다. 그리고 타협은 하나님의 능력을 잃는 가장 빠른 방법 중 하나이다.

타협의 해독제는 무엇인가?

프랭크 로박이 이에 대해 가장 적절하게 표현했다: "영적 파워의 대가는 하나님께 절대적이고 무조건적으로 항복하는 것이다." 107

---

107)Frank C. Laubach, *You Are My Friends* (Harper and Brothers, 1942), 126.

비슷한 맥락에서 워치만 니는 이렇게 말했다: "하나님은 경쟁을 용납하시지 않는다. 우리 모두는 제단 위에 있어야 한다. 이것이 영적인 파워를 얻는 그리스도인의 길이다. . . 제단이 없으면 하늘에서 내려오는 불도 없을 것이다." 108

그 비결은 하나님께 계속해서 '예' 라고 말하고, 세상과 육신에 향해서는 계속해서 '아니요' 라고 말하는 것이다.

심지어 그것이 당신을 죽일 때에도.

영적 파워를 얻는 유일한 방법은, 당신이 학대, 불의, 비난, 공격을 얼마나 자주 받는지, 또는 그것들이 얼마나 심한지에 관계없이 자신을 십자가 위에 정면으로 두는 것이다. 우리 중 누구도 우리가 할 수 있는 안간 힘을 다 써도 이것을 해낼 수 없다.

그것은 우리가 정기적으로 예수 그리스도의 생명을 붙잡을 것을 요구한다.

항복과 하나님의 능력은 풀레 치즈Pule cheese, 나귀와 염소의 젖을 섞어 만든 세르비아산 비싼 치즈와 고급 와인, 경찰관과 도넛, 예술가 행세를 하는 사람과 납 중독처럼 함께한다.

그것들은 분리될 수 없다.

마음을 지키라

당신의 삶을 파괴하기 위해서는 단지 몇 분만 방심하면 된다. 결과적으로, 사역에 있어서 당신의 가장 큰 자산은 당신의 마음heart이다. 이것이 바로 성서가 왜 마음을 경계하여 지키라고 우리에게 권면하는지의 이유이다.

---

108) Watchman Nee, *The Joyful Heart* (Fort Washington, PA: CLC Publications, 1977), 175.

모든 지킬 만한 것 중에 더욱 네 마음을 지키라 생명의 근원이 이에서 남

이니라.잠 4:23

ESV 버전은 이렇게 번역했다: "모든 경계함으로 너의 마음을 지키라. 왜냐하면, 생명의 샘물이 거기서 흐르기 때문이다."

당신의 마음이 끊임없이 공격받기 때문에 당신이 그것을 지켜야 한다.

당신의 마음은 불경건한 생각, 유해한 사고 패턴, 어리석은 유혹을 받아들이기 위해 정기적으로 공격을 받는다.

당신의 감정은 쓴 뿌리, 원한, 분노, 우울함이 뿌리를 내리도록 유혹할 것이다.

당신의 양심은 언제나 침묵을 지키고 심지어는 메마르게 될 위험에 처해 있다.

건전하지 못한 마음은 당신의 사역뿐만 아니라 가족, 친구, 직장, 건강 등 삶의 당신의 모든 것을 위협한다.

타락의 미끄러운 비탈

아래에 소개하는 이야기는 너무 많이 반복되어 거의 예측 가능하다.

대런Darren은 유창하게 말하고, 설득력 있게 글을 쓰고, 인상적으로 노래를 부르는 매우 재능 있는 설교자였다. 즉, 그는 옛 설교자들이 자주 사용했던 말인 "삼중 위협"의 소유자였다.

대런은 사역자로서 초창기에는 자신의 신념을 결코 타협하지 않겠다고 다짐했다. 그는 항상 진실을 말하겠다고 했다. 그는 술을 마시지도, 여자와 시시덕거리지도 않았다. 그는 또한 R 등급 영화도 보지 않았다.

시간이 지남에 따라 대런의 영혼은 절망에 압도되었다. 조금씩 그는 경

계심을 낮추기 시작했다. 웨이트리스들과 어울리기 시작했고, 필요할 때는 "사소한 선의의 거짓말"을 했다. 그는 심지어 노골적인 섹스 장면이 담긴 영화를 보기 시작했다.

머지않아 대런의 영혼은 너무나 타락하여 허구와 진실을 구분할 수 없게 되었다. 그의 거짓말은 만연해졌고, 심지어 병적이기까지 했다. 그는 거짓된 이야기로 자신을 속였다. 놀랍게도 그의 끊임없는 유혹은 본격적인 제안으로 바뀌었다.

이 모든 일은 그와 가까운 사람들 가운데 엄청난 대학살을 초래했다. 결국 대런은 영적 파워를 잃었다. 말씀을 전할 때마다 그는 한때 가졌던 기름 부음 없이 말을 했다.

대런의 삶이 우리에게 주는 간단한 교훈: 절대로 타협하지 말라. 그것은 거의 남지 않을 정도로 영적인 섬유질을 아주 많이 깎아버릴 때까지 더 큰 타협으로 이어질 뿐이다.

훈련시키고 권한을 주며, 통제하지 말라

사역자로서 당신의 임무는, 어떤 역할이든 결국 그 임무에서 벗어나게끔 해야 하는 것이다. 당신은 당신이 주님과 함께 누릴 영적 경험으로 다른 사람들을 데려와야 하는데, 오늘날 너무 많은 사역자가 그것을 거꾸로 한다. 그들은 끝도 없이 자기 일을 고수한다.

그들의 "청중"은 그들의 사역을 지원하고 계속 유지시키기 위해 존재한다.

어떤 사역자들은 하나님의 사람들의 사생활을 세세하게 관리하고, 투표를 어떻게 할지, 무엇을 입을지, 누구와 데이트할지, 돈을 어떻게 쓸지, 자녀를 어떻게 어디에서 교육할지, 건강은 어떻게 관리할지 등을 말함으로써 하나님의 사람들을 지배한다.

그들은 감독자가 아닌 군주로 활동한다.

그들과 같은 권위주의 지도자들은 하나님의 사람들의 일거수일투족을 감시하고 그들을 통제의 담요로 질식시킨다

이것을 바울의 리더십과 대조해보라:

> 우리가 너희 믿음을 주관하려는 것이 아니요 오직 너희 기쁨을 돕는 자가 되려 함이니 이는 너희가 믿음에 섰음이라. 고후 1:24

CRV 버전은 위의 본문을 이렇게 표현했다:

우리는 너희가 무엇을 믿어야 할지를 말해주는 상사가 아니다. 우리는 너희를 기쁘게 하려고 너희와 함께 일하고 있다. 왜냐하면, 너희의 믿음이 강하기 때문이다.

그것을 베드로는 이렇게 표현했다:

너희 중에 있는 하나님의 양 무리를 치되… 맡은 자들에게 주장하는 자세를 하지 말고 양 무리의 본이 되라. 벧전 5:2-3

ESV 버전은 이것을 이렇게 번역했다:

너희 가운데 있는 하나님의 양 떼를 치라… 맡은 자들에게 군림하지 말고 오직 양 무리의 본이 되라.

진정한 하나님의 종은 다른 사람의 섬김을 받으려고 하지 않고, 다른 사람을 통제하고 싶어하지도 않는다. 다른 사람들을 통제하려는 욕망은, 비록 그것이 그들을 위한다 할지라도, 육신적인 것이다.

결과적으로, 주님은 우리 안에 있는 그 충동을 깨뜨려야 한다.

바울은 우리에게 모든 사역의 최종 단계를 제시한다.

이는 성도를 온전하게 하여 봉사의 일을 하게 하며 그리스도의 몸을 세우려 하심이라 우리가 다 하나님의 아들을 믿는 것과 아는 일에 하나가 되어 온전한 사람을 이루어 그리스도의 장성한 분량이 충만한 데까지 이르리니. 엡 4:12-13

하나님은 우리가 섬기는 믿음의 공동체가 그리스도의 충만함을 얻을 수 있도록 그리스도의 몸을 온전하게 만드시기 위해 당신과 나에게 은사를 주셨다.

하나님의 사람들을 통제하지 않고도 그들을 어떻게 준비시키고 또 그들에게 능력을 부여할 수 있는지를 찾는 것이 우리의 모험이다.

절대로 이 도구를 들지 말라

기독교 지도자들이 하나님의 사람들을 통제하기 위해 휘두르는 가장 일반적인 도구 중 하나는 죄책감이다.

그 어떤 설교자도 뭔가 죄책감이라고 불리는 것으로 가득 찬 바늘이나 주사기를 소유할 자격을 갖고 있지 않다. 죄책감은 우주에서 가장 강력한 동기를 부여하는 것들 중 하나이다. 그러나 하나님의 종은 결코 그것을 들어서는 안 된다.

나는 그것을 『예수 선언Jesus Manifesto』에서 아래와 같이 표현했는데, 이것 이상 다르게 표현할 길은 찾을 수 없을 것 같다.

> 슬프게도, 오늘날 우리 중 많은 사람이 율법, 규율, 종교적 의무, 그리고 모든 종교적 도구의 어머니 격인 죄책감을 이용해 문제와 오류투성이의 가르침에 맞서 싸우고 있다. 어떤 설교자들은 그들이 하나님의 백성들에게 심어놓은 모든 죄책감guilt trip [109]을 처리하기 위해 여행 가이드가 필요하다. 그러나 그리스도인들에게 죄책감을 느끼게 하는 것과 그들에게 그리스도를 드러내는 것 사이에는 큰 차이가 있다. 그리스도께서 권능으로

---

[109] 역자 주: 저자가 죄책감의 영어 표현인 guilt trip의 'trip(여행)'을 사용하여 풍자한 말이다.

제시될 때, 하나님의 영은 의심할 바 없이 새로운 성품에 어긋나게 행하는 사람들을 깨우칠 것이다. 그러나 성령의 깨우침과 인간이 유발한 죄책감과 죄의식은 전혀 별개의 것이다.

바울은 죄책감, 두려움, 강압적인 조작과 같은 거래의 어떤 수법도 사용하기를 거부했다. 그 대신, 그는 골로새 교회의 교인들에게 놀랍도록 우아한 그리스도의 비전, 즉 높여지고, 영광스럽고, 높이 들린 모습을 보여주었다. 만일 그가 그리스도를 실제와 생명과 능력으로 제시할 수 있다면 그것이 거짓 가르침을 산산조각 낼 것이라고 그는 생각했다. 골로새 교회의 모든 문제는 뒷전으로 사라질 것이라고 생각한 것이다. 참이든 거짓이든 세상의 어떤 방해 공작도 예수 그리스도의 얼굴에 있는 하나님 영광의 광채를 견딜 수 없다.

도박에 비유하자면, 바울은 그리스도에게 모든 것을 걸고 그분이 골로새 교회 교인들의 마음을 얻기에 충분하다고 믿었다. 결과적으로, 그는 믿는 자들의 눈에 안약을 발라 그들이 주님의 압도적인 위대함을 볼 수 있도록 했다. 골로새 교인들이 알고 있던 그리스도는 너무 작았다. 그렇기 때문에 그들은 애초에 종교적인 것들을 포함하여 다른 것들을 좇는 것에 취약했다.

어디서 많이 듣던 말 아닌가?

바울의 목표는 그들의 눈앞에 있는 모든 방해 요소를 제거하고 그리스도 외에는 아무것도 남기지 않는 것이었다. 그는 감히 모든 규율, 규정, 율법 및 종교가 제공하는 다른 모든 것을 인격 곧 주 예수님으로 대체했다. 바울에 관한 한, 하나님은 규율의 통치자, 규정의 규제자, 성직의 교황, 원리의 교장 선생 같은 존재를 보내시지 않았다. 그분은 신성한 충만의 바로 그 자체인 존재를 보내셨다. 그래서 그는 골로새 교인들이 그리스도의 영광을 살짝 엿볼 수 있을 것이라고 생각했다. 그분이면 충분할 것이라고 생각했다. 성령이 그들의 마음을 일깨워서 몸의 머리와의 살아 있는 관계를 회복시켜 주실 것이라고 생각한 것이다.

그래서 바울은 그의 비장의 카드인 주 예수 그리스도를 던졌다. 그는 모든 사람의 마음을 압도하는 예수님의 파노라마적 비전을 제시했다.110

죄책감을 이용해 하나님의 백성에게 동기를 부여하는 것은 독보다도 더 나쁜 치료법을 제공한다. 그것은 예수님께서 해방시켜주신 하나님의 사람들에게 뭔가를 덧붙이는 것이다!

불을 뿜는 모세의 역할을 연기하는 것은 은혜와 진리가 충만하시고, 한결같은 자비와 놀라운 은혜로 포로들을 해방시키시는 예수 그리스도와 상반된다.

> 우리가 다 그의 충만한 데서 받으니 은혜 위에 은혜러라 율법은 모세로 말미암아 주어진 것이요 은혜와 진리는 예수 그리스도로 말미암아 온 것이라. 요 1:16-17

죄책감과 유사하게, 많은 사역자가 하나님의 사람들을 통제하기 위해 택하는 또 다른 도구는 두려움이다.

적지 않은 목회자들이 "선을 넘은" 사람들을 겁주기 위해 피해를 입은 사람들에 대한 유령 이야기를 들려준다. 보통 이런 식으로 얘기한다.

---

110) Leonard Sweet and Frank Viola, *Jesus Manifesto* (Nashville: Thomas Nelson, 2010), 25-26

여러분이 우리 교회에 머물지 않으면 마귀의 밥이 될 것입니다. … 여러분이 xyz를 수행하지 않으면 하나님의 뜻을 벗어나 보호를 받을 수 없기 때문에 끔찍한 일이 일어날 것입니다. 우리 모임을 떠난 사람들에게 비극이 닥친 몇 가지 이야기를 들려드리겠습니다.

사람들을 선 안으로 몰아넣기 위해 두려움을 사용하는 것은 혐오스러운 일이다. 하나님의 종들은 구원받은 자들에게 결코 공포의 전조가 되어서는 안 된다. 두려움은 하나님의 원수의 도구이므로 예수 그리스도의 효과적인 사역자는 결코 그 영역에 들어가지 않는다.111

두려움은 노예생활을 가져온다.히 2:14-15, 롬 8:15 우리는 두려움 없이 자유롭게 하나님을 섬길 수 있는 새 언약 아래 살고 있다.눅 1:74

죄책감과 율법주의를 위한 최고의 약은 바울이 갈라디아인들에게 보낸 신랄한 편지이다. 그것은 모든 형태의 율법주의에 반대하는 훌륭한 논문이다.

모든 기독교 지도자는 이 편지에 대한 깊은 이해로 무장해야 하고, 하나님의 사람들을 자유롭게 하기 위해 그것을 어떻게 사용할지 알아야 한다.112

결코 하나님의 백성을 통제하지 말라. 그 대신, 훈련을 시키고 권한을 부여하라.

---

111) 잃어버린 영혼들에게 영원한 심판의 실재를 설교하는 것은 또 다른 이야기이다. "우리는 주의 두려우심을 알므로 사람들을 권면하려니와"(고후 5:11) "바울이 의와 절제와 장차 오는 심판을 강론하니 벨릭스가 두려워하여 대답하되 지금은 가라 내가 틈이 있으면 너를 부르리라 하고"(행 24:25) "또 어떤 자를 불에서 끌어내어 구원하라 또 어떤 자를 그 육체로 더럽힌 옷까지도 미워하되 두려움으로 긍휼히 여기라"(유 23).

112) 많은 지도자가 이 영역에서 나의 *Spiritual Graffti: Galatians in 3D Master Class*를 통해 도움을 받았다. Frankviola.ort/galatians를 참조하라.

법칙 31

종교적인 가면을 벗으라

나는 십대 시절부터 많은 사역자에게서 두 가지 다른 얼굴을 보아왔다. 첫째, 사역자가 무대에 올라 종교적인 공연을 할 때의 "켜진on" 표정이 있다. 둘째, 친구들과 가족에게만 보이는 정상적인 얼굴인 "꺼진off" 표정이 있다.

이렇게 두 얼굴로 나뉘는 것은 때때로 너무 극심해서 일부 사역자들이 말하고 기도하는 방식, 심지어 목소리의 음색에까지 영향을 미친다.

가르치고/설교하고, 기도하고, 말하는 일반적인 방법이 있고, 종교적인 "가르침/설교"의 목소리, 스테인드 글라스 창문 형태의 기도, 그리고 "영적으로" 말하는 방식이 있다.

나는 목사가 개회 기도를 드리는 졸업식에 많이 참석했다. 우리는 이 기도를 다음과 같이 묘사할 수 있다. 우리는 이런 기도를 깊은 종교적인 목소리에서 단순한 속삭임으로 바뀌는 "고딕 대성당식 개회 기도"로 묘사할 수 있다. 그 기도는 "간절히 바라옵나이다", "원하옵나이다", 그리고 킹 제임스 스타일의 "Thee"와 "Thou"와 같은 종교적 전문 용어로 뒤덮이는 경향이 있다.

나는 이런 목사 중 어느 누구도 저녁 식사를 하면서 이렇게 말하는 사람은 없다고 확신한다.

그냥 상상해 보라: "여보, 나에게 소금을 건네주기를 당신께 간절히 바

라옵나이다, 후추도 건네주기를 당신께 원하옵나이다. 나는 당신께 감사드리옵나이다."

정말 이렇게 말한다고?

이런 류의 기도는 순전한 가식이다. 설정된 무대와 리허설에서 벌어지는, 알다시피, 예수님도 뭔가 비슷한 얘기를 하셨다.[113]

당신이 아는 사람이 이렇게 기도하는 것을 보고 불쾌감을 느낀 적이 있다면 당신은 아마도 "이 사람은 누구일까?"라고 생각했을 것이다.

이 문제를 예방하고 해결하려면 자신이 누구인지, 자신에게 정상적인 것이 무엇인지 알아보기를 권한다.

그런 다음, 당신이 "켜져" 있든 "꺼져" 있든, 그렇게 말하고, 그렇게 설교하고, 그렇게 기도하고, 그렇게 가르치라.

나는 다른 곳에서 현대 사역자들이 종종 그리스 드라마에 나오는 연기자 thespian와 같은 역할을 하도록 배운다는 점을 지적한 바 있다. 놀랍게도 이 "역할"은 우리의 신학적인 훈련을 통해 더욱 강화된다. 하지만 결국 그것은 감정적으로 무너진다.[114]

당신은 단지 얼마 동안만 가장할 수 있다. 그리고 하나님은 우리의 가식에 결코 감동하시지 않는다.

많은 젊은 지도자가 사울의 갑옷을 입으려고 노력했지만 헛수고였다.[115] 맞지 않으면 입지 말라. 여기에는 당신으로 하여금 모방하고자 하는 유혹을 받게 하는 설교자와 교사들도 포함된다.

---

113) 마 6:5-8
114) 프랭크 바이올라, 조지 바나, 『이교에 물든 기독교』(대장간, 2011), 제 5 장.
115) 이 비유는 삼상 17:38-40에서 빌려온 것이다. 여기서 교훈은 당신이 아닌 누군가가 되려고 노력하지 말라는 것이다.

칭찬과 과장

사역자들이 허세를 부리도록 유혹받는 또 다른 분야는 과장이다.

많은 설교자와 전도자가 구원으로의 부름에 응답하는 사람, 치유받은 사람, 컨퍼런스나 예배에 참석하는 사람의 수를 부풀리는 것은 흔한 일이다.

숫자를 부풀리려는 경향은 현재 여러 교파와 운동의 식수the drinking water 안에 있다.

다시 말하지만, 그 뿌리는 가식이다.

누군가가 당신의 사역을 칭찬할 때 종교적 가식 또한 그 추악한 모습을 드러낼 수 있다.

어떤 사역들은 "아, 아닙니다, 저를 칭찬하지 마세요! 그건 제가 아니었습니다. 하나님이셨습니다"또는 그런 취지의 말 라고 대답한다.

미안하지만, 단순한 "감사합니다"라는 말이 훨씬 더 적절할 뿐만 아니라 더 인간적이다.

만일 그것이 진심이라면, 자유롭게 "주님을 찬양합니다"라고 덧붙이라. 하지만 칭찬을 받고 경건하게 변할 필요는 없다.

불행하게도, 하나님에 의해 쓰임받는 것에는 어느 정도의 "영광"이 따른다. 그리고 그 영광으로 인해 일부 지도자들은 그들의 사역에서 낭떠러지로 내몰렸다.

그러므로 쏟아지는 칭찬과 근거 없는 비판을 같은 방식으로 다루는 법을 터득하라. 그것을 비료로 삼고 무시하라. 왜냐하면, 둘 다 포즈를 취하는 것들이니까.

네가 승리와 재앙을 맞이할 수 있다면

그리고 이 두 명의 사기꾼을 똑같이 대한다면…

너는 남자가 될 것이다, 내 아들아. 116

여기서 도움이 되는 것은 사람들이 당신의 사역에 의해 감동을 받을 때마다 그것이 하나님의 선물이었다는 사실을 인식하고 계속 연락을 취하는 것이다. 물론, 모든 사역에는 당신의 수고도 포함된다. 그러나 당신에게 건강과 에너지와 건전한 정신을 주시는 하나님의 은혜가 없이는 당신은 어떤 일도 할 수 없을 것이다.

그러므로 신약의 사역은 하나님의 능력에 힘입는 것과 당신의 수고와의 조합이다.

이를 위하여 나도 내 속에서 능력으로 역사하시는 이의 역사를 따라 힘을 다하여 수고하노라. 골 1:29

어떤 붓도 스스로 박수를 칠 수 없지만 화가의 손에서 섬길 수 있는 기회에 감사하는 것은 옳고 합당하다.

동시에, 그것이 "모두 하나님께서 하셨다"라고 두루뭉술 선언하고 어떤 칭찬도 거부하는 것은 거짓된 겸손과 과도한 종교성을 보여주는 것이다.

그러므로 땅에 발을 딛고 영광을 지키려는 충동을 억제하라. 영광을 지키는 것은 하나님의 기름 부음을 잃는 길이다. 그냥 사울왕에게 물어보라

나의 도전: 두 얼굴과 결별하라. 가식은 심지어 잠재의식 수준에서도 영적 파워를 고갈시킨다.

종교적 가면을 버리고 당신이 누구인지, 평소에 어떻게 말하고 행동하는

---

116) Rudyard Kipling, "If." Public domain.

지 알아보라. 이것이 하나님의 능력이 당신의 삶과 섬김에서 활동적인 실재가 되도록 길을 열어줄 것이다.

빛이 밝아질 때 대부분의 사람들은 빛나거나 녹는다.

정상적인 삶을 유지하는 것이 당신의 임무이다.

지속적으로 배우라

나는 그리스도의 풍성함으로 사역할 준비를 갖추는데 있어서 공식적인 신학 교육이 그다지 가치가 없다고 믿는 그런 희귀한 생물 중 하나이다. [117]

내가 수많은 컨퍼런스에서 말씀을 전했는데, 참석자 중 일부가 나에게 말하기를 자신들이 분노하고 있다고 했다.

그 이유는? 그들이 신학대학원 교육에 터무니없는 돈을 썼는데, 컨퍼런스에서 들은 내용은 낯설었지만 그들의 인생을 변화시켰기 때문이다. 그들에게는 분노가 일어났다.

나의 사역 대상들 중 많은 사람이 신학대학원 교육을 받았다. 그리고 남녀 각 개인에 이르기까지 사실상 그들 모두는 자신들이 배운 신학 교육이 하나님의 더 깊은 것들에 대해 별로 가르쳐주지 못했다는 것을 인정했다.

물론 예외는 있다. 디트리히 본회퍼가 그중 하나이다 하지만 나는 30년 이상 관찰해온 내용을 솔직하게 나누고 있다.

위의 주장은 어떤 사람들에게 내가 교육과 배움을 반대한다고 믿게 만들 수도 있다. 그렇지 않다. 나는 사람이 평생 동안 배워야 함을 확고하게 옹호하는 사람이다. 그리고 나는 스스로 그것을 실천한다.

따라서 내가 "지속적으로 배우라"라고 말할 때 그것은 숙제를 계속하라

---

117) 『이교에 물든 기독교』(대장간, 2011) 제 10장에서, 나는 우리의 성서 대학과 신학대학원의 기원과 그 교육 기관들이 생산하는 일반적인 열매에 관해 설명한다.

는 뜻이다. 교회사에 관해 배울 수 있는 모든 것을 배우라. 당신을 받쳐주고 있는 하나님 사람들의 전기를 읽어 보라. 우리 앞에 있는 살아있는 사람들과 먼저 세상을 떠난 사람들의 전기를 계속 읽고, 계속 공부하고, 계속 배우라.

하지만 당신의 배움을 학자들과 신학자들에게 맡기지는 말라. 다음과 같은 사람들의 저작을 읽어보라: A. W. 토저, 캠벨 몰간, 마틴 로이드 존스, 찰즈 스펄전, D. L. 무디. 그들은 모두 공식적인 신학 교육을 받지 않았다.

게다가, 가장 영향력 있는 예수 그리스도의 사역자 두 사람도 전혀 신학대학원을 다닌 적이 없다. T. 오스틴 스팍스와 워치만 니가 그들이다.[118]

더 나아가서, 당신은 학자들과 신학자들이 제공할 수 있는 것을 배우기 위해 신학대학원이나 성서학교에 다닐 필요가 없다. 그리고 당신은 그런 학문적 범주에는 맞지 않지만 "성서와 하나님의 능력을 아는" 사람들로부터 엄청난 방법으로 배울 수 있다.

예수님께서 제사장이나 랍비 밑에서 훈련받지 않으셨다는 것을 기억하라. 그분은 생산직 노동자이자, 낮은 사회적 계층이자, 평범한 장인이자, 일용직 근로자였다.

열두 제자 중 어느 누구도 정규 신학 교육을 받지 못했다. 그리고 비록 바울이 공식적인 "종교적" 훈련을 받았지만 그것은 그가 주님을 아는 데는 도움이 되지 않았다. 빌 3:3-14을 보라

나는 "신학대학원에 가지 말라"고 말하는 것이 아니다. 만일 하나님께서 정말로 당신을 그곳으로 인도하신다면 가라. 나의 요점은 그것이 사역에

---

118) T. 오스틴 스팍스와 일부(전부가 아님) 윗치만 니의 저작은 대단하다. Frankviola.org/top100의 지금까지 나온 최고의 기독교 서적 100권 목록에서 내가 추천하는 오스틴 스팍스와 윗치만 니의 책들을 볼 수 있다.

필수적인 것이 아니고, 당신의 영적 발전을 저해할 수 있다는 것이다. 119

효과적인 지도자는 독자이다

내가 아는 나이든 한 기독교 지도자는 하나님의 일에 부르심을 받은 젊은이들을 인터뷰하곤 했다. 그는 그들에게 언제나 이렇게 질문한다: "당신의 서재는 얼마나 큽니까?"

이것은 아주 좋은 질문이다. 왜 그런가? 효과적인 리더는 독자이기 때문이다.

당신이 책을 읽지 않는다면또는 최소한 오디오북을 듣지 않는다면 당신은 주님의 집에서 일할 자격이 없다.

인간의 영과 혼의 문제를 다루기 위해서, 당신은 인간의 행위와 영적인 영역에 관련된 거의 모든 것을 알아야 한다.

그리스도의 몸은 이천년 동안 우리와 함께했다. 그 기간 동안 주님은 그분의 나라에 대한 독특한 통찰력을 가진 남녀를 일으키셨다. 그리고 우리는 그들의 저작들을 통해 그런 통찰력을 얻을 수 있다.

바울은 인생의 말기에 그의 겉옷, 가죽종이, 책, 이 세 가지만을 부탁했다.딤후 4:13 이 사람은 대부분의 사람보다 주님을 더 잘 알았다. 그는 신약성서의 많은 부분을 썼고, 하나님은 당대에 그를 사용하여 그분의 영원한 목적을 계시하셨다. 그는 또 셋째 하늘을 방문했고, 하나님의 집을 세웠다.

그럼에도 불구하고, 그는 인생의 말기에 그 책들을 부탁했다.

책을 읽는다고 지도자가 될 수는 없지만, 좋은 지도자라면 독서를 게을리할 수 없다. 달라스 윌라드의 말을 숙고해보라:

---

119) 『이교에 물든 기독교』의 제 10장("기독교 교육")을 참조할 것.

나는 사역 초기에 성서와 위대한 영적 저자들에 몰두하여 엄청난 시간을 보냈다. 주님은 내가 어떤 일을 준비하거나 시험을 치르는 일 없이 온종일 성서에 파묻힐 수 있게 해 주셨다. 나는 말 그대 영적으로 위대한 저자들의 책을 닳고 닳도록 읽었다. 초점은 이것이 그리스도 안에서 만족을 찾는 나의 영적 여정의 기초가 되었다는 것이다.[120]

사적인 한 마디

만일 당신이 독서를 좋아하지 않는다면 용기를 내라. 나는 20대가 될 때까지 책을 읽는 것을 싫어했다. 지금도 나는 그 과정을 즐기지는 않지만 나는 책을 읽는 속도가 느리다, 혜택이 많아서 좋다.

나는 20대 초반에 도서를 모으기 시작했다. 에라스무스Erasmus가 한 말이 나에 대해 잘 묘사해준다: "나는 돈이 조금 생기면 책을 사고, 돈이 남으면 음식과 옷을 산다."[121]

그러나 나의 초기 구매는 실패작이었을 수도 있다.

나는 할인된 책들, 설명이 그럴듯하게 되어 있는 책들, 그리고 친구가 추천한 책들을 샀다.

오늘날에는 그 책들 중 상당수가 더는 내 서재에서 보이지 않는다. 나는 그 책들의 페이지를 넘겨본 후에 그것들이 아무 소용없음을 깨달았다.

돌이켜보면, 내가 구입할 가치가 있는 책들에 대해 신중한 안내를 받았더라면 좋았을 것이다. 그랬다면 시간과 돈 모두를 절약할 수 있었을 것이다.

---

120)Dallas Willard, "The Secret to Ministry Satisfaction," ChurchLeaders.com, August 12, 2018l.

121)Fred Shapiro, *The New York Book of Quotations* (New Haven, Ct: Yale University Press, 2021), 259.

내가 글을 쓰고 강연을 시작한 이후로 사람들은 이렇게 묻곤 했다: "당신이 쓴 책 외에 어떤 책을 추천하시나요?"

내 블로그에는 지금까지 나온 기독교 서적 중 최고라고 생각되는 책 100권의 목록이 정리되어 있다.

부족하지만하지만 정확히 나의 견해로는, 이 책들은 예외적인 책, 즉 판도를 바꾸는 책이다.

내가 서재에 도서를 모으기 시작했을 때 이 목록이 있었더라면 좋았을 것이다. 하지만 오늘 나는 주님의 일에 부르심을 받은 모든 사람이 이 책들을 읽기 시작하기를 권한다.[122]

요약하자면, 지속적으로 배우라. 학생이기를 멈추는 순간 선생이기를 멈추기 때문이다.

---

122)Frankviola.org/top100에서 이 목록을 볼 수 있다.

동역을 수용하라

하나님은 그분의 우주 안에 동역co-working을 세우셨다. 우리는 예수님의 제자들로부터 바울이 훈련한 사람들에 이르기까지 신약 성서 전체에서 그 것을 본다.123

예수님을 따르는 우리는 동역의 원리를 벗어날 수 없다.

옳든 그르든, 나는 오늘날 이 땅에서 하나님 나라가 전진하는데 있어 가장 큰 장애물은 수많은 하나님의 종이 함께 일하기를 꺼리는 것이라고 믿는다. 비록 이것이 모든 경우에 해당되는 것은 아니지만, 나는 그것이 미국 대부분의 기독교 지도자들에게 사실이라고 말하고 싶다.

나는 다른 곳에서 동역의 엄청난 유익을 설명했다.124 이 장에서, 나는 수많은 사역자가 다른 사역자들과 함께 사역하기를 거부하는 두 가지 이유를 감히 폭로하고자 한다. 그 이유는 질투심과 다양성에 대한 두려움 때문이다.

이 두 가지 이유를 구체적으로 알아보자.

---

123) 『유기적 교회 세우기』에서, 나는 예수님이 갈릴리에서 열두 명을 훈련하신 것과 바울이 에베소에서 사역자들을 훈련한 것을 비교했다.

124) 나의 글 "My Vision for a Ministry Dream Team" at InsurgenceBook.com/Dream-Team.pdf를 참조할 것.

이유 1: 질투심

음악 전문가들에 따르면, 역사상 가장 위대한 가수 4인은 마이클 잭슨, 가스 브룩스, 비틀즈, 레드 제플린이다.특별한 순서로 나열한 것이 아니다

당신이 이 네 그룹 또는 가수들의 전성기 때 공연을 한 음악가였다고 가정해 보라. 당신에겐 괜찮은 추종자들이 있지만 그들과 같을 수는 없다.

자기 본성ego을 철저히 십자가에 못 박지 않았다면, 당신은 잭슨, 브룩스, 비틀즈, 또는 제플린을 위한 공연을 열지 않았을 것이다

왜 그럴까? 왜냐하면, 당신은 무대 위에 서지도 못할 것이 당연하기 때문이다. 당신은 명함도 내밀지 못할 게 뻔하므로 아예 그만둘 것이다.

오늘날 기독교 컨퍼런스에서 이런 일이 일어나지 않는다고 조금도 생각하지 말라. 이것이 바로 왜 대부분의 가장 재능 있고 영향력 있는 많은 설교자가 특정 컨퍼런스에 초대되지 않는지의 이유이다.

그 이유는 질투심 때문이다. 그들에게 강단을 내주고 싶지 않은 그런 마음.

물론 그들은 질투심이라고 인정하지 않고, 그런 시기심을 가리기 위해 다른 변명을 둘러댄다. 하지만 불안감, 경쟁 의식, 그리고 비교 의식이 도사리고 있다.

따라서 사역자들이 홀로 사역하거나 자기보다 재능이 없는 사람들과 함께 사역하는 것이 훨씬 더 안전하다.

그렇다면 이것을 상상해보라: 만일 바나바가 질투심 때문에 바울을 초청하여 안디옥에서 함께 사역하기를 거부했다면 어떻게 되었겠는가? 또는 만일 열두 사도가 모두 질투심 때문에 다른 사도와 함께 사역하는 것을 거부했다면 어떻게 되었겠는가?

하나님 나라는 별론 전진하지 못했을 것이다.

이유 2: 다양성에 대한 두려움

워치만 니의 가장 탁월한 책들 중 하나인 『하나님이 쓰시는 사람들*What Shall This Man Do?*』은 베드로, 바울, 그리고 요한의 독특한 사역에 관한 예리한 고찰이다.

워치만 니는 그 책에서 예수님께서 그들을 부르셨을 때 그들이 각각 무엇을 하고 있었는지가 그들의 미래 사역을 예시한다고 주장했다.

예수님이 베드로를 부르셨을 때, 그는 바다에 그물을 내리고 있었다. 베드로는 고기를 잡고 있었다.

흥미롭게도, 베드로의 독특한 사역은 복음 전도였다. 그는 유대인들과 이방인들 모두에게 하나님 나라의 문을 열었다. 예수님은 그를 사람을 낚는 어부로 삼으셨다.

예수님이 바울을 부르셨을 때, 그는 천막을 만드는 일을 했다. 건축하는 일을 했다고 볼 수 있다.

따라서, 바울의 독특한 사역은 하나님의 집을 세우는 것이었다.

이 비유를 적용한다면, 베드로는 고기를 가져왔고, 바울은 그것들을 모아 집으로 건축했다.

예수님이 요한을 부르셨을 때, 그는 그물을 깁고 있었다. 그는 원상복구시키는 사람이었다.

결과적으로, 요한의 독특한 사역은 하나님의 집이 붕괴되기 시작할 때 그 집을 회복시키는 것이었다.

각 사람이 사도였기 때문에 이 세 사람 모두 하나님 나라의 복음을 전해서 하나님 나라 공동체를 세웠지만 각각 독특한 사역을 했다.

베드로는 그물을 내리고, 바울은 집을 세우고, 요한은 그물을 수리했다.

이제 이것을 적용해보자.

오늘날 어떤 운동들은 전적으로 베드로들로 구성된다. 그들은 잃어버린 영혼들에게 다가가는 것 외에는 아무 것도 강조하지 않는다. 그 운동에 참여하는 각 사람은 하나의 베드로이다. 그 운동에 속한 일부가 바울이나 요한이라고 잘못 불릴 수 있음에도 불구하고

비극적인 것은 그들이 다양성에 대한 두려움 때문에 바울이나 요한을 자신들의 운동에 초대하지 않는다는 사실이다.

그들의 생각에 요한은 너무 급진적이고, 바울은 공동체 건설에 너무 집중하고 있다.

베드로들은 바울들의 강력한 메시지 사역 때문에 종종 그들을 시기한다. 바울들은 메시지를 전하는 곳마다 사람들의 마음을 사로잡는 경향이 있다.

실제 바울들은 하나님의 집을 세우고 성도들이 머리이신 그리스도의 아래에서 역할을 감당하도록 준비시키는 경험을 가지고 있다. 그래서 그 가치는 엄청나다.

실제 요한들은 그리스도의 몸에 있는 근본적인 문제를 식별하고 해결책을 제시할 수 있는 예언적인 목소리이다. 그들은 배를 뒤흔드는 사람이자 잔디를 뒤엎는 사람들이다. 그래서 바울들과 요한들은 베드로들을 위협하는 경향이 있다.

경우에 따라서, 하나님은 바울과 요한의 사역을 합친 사람을 일으키신다. 이 희귀한 존재들은 적지 않은 소동을 일으키기도 한다.

제법 많은 기독교 운동이 믿을 수 없을 만큼 이성적이고 지적이다. 따라서 그들과 협력하도록 초대받은 사람들도 똑같이 이성적이고, 추상적이며, 지적이다.

더 깊은 수준에서 사역하는 열정적인 사람들은 감성적인 사람들과 함께

제외된다.

왜 그런가? 다양성에 대한 두려움 때문이다.

오늘날 하나님 나라가 전진하려면 베드로들과 바울들과 요한들이 함께 사역해야 한다. 그러나 그러기 위해서는 비싼 대가가 요구된다. 그것은 예수 그리스도의 십자가가 자기 본성에 큰 타격을 가하고, 자기 본성의 불안감을 없애고, 그것에서 나오는 질투심과 두려움을 죽음으로 보내야 할 것을 요구한다.

당신에게는 동료들이 필요하다

나는 엄청난 은사를 가진 사람들이 동료 두기를 거부했기 때문에 그들이 이루어놓은 사역의 상당 부분을 잃는 것을 지켜보았다.

한편으로, 그들은 놀라운 은사를 활용하여 열심히, 그리고 오랫동안 애를 썼다. 그러나 다른 한 편으로, 그들은 자신의 사역을 망쳤다. 왜냐하면, 그들의 삶에 대해 이야기 해줄 수 있는 동료들이 부족했기 때문이다.

이들 중 어떤 사람들은 여러 해 동안 십자가를 진 후에 타락해서 사울들 Sauls로 변했다.

이들 중 몇몇은 아직 살아 있다. 나는 매일 그들을 위해 기도한다. 그들의 마음을 관통하여 그들이 회개하고, 하나님께서 그들의 마음을 관통하셔서 그들이 그들의 미친 질투심에 의해 희생자가 된 사람들과 화해하도록 그분께 간구한다.

당신은 당신의 삶에서 이 비극을 피할 수 있다. 해독제는 당신의 인생에 동료를 갖기 위해 의도적이 되는 것이다.

지금 당장.

이 "동료들"은 당신처럼 은사를 받은 사람이 아닐 수도 있고, 당신 수준의 영적 통찰력을 갖지 않을 수도 있다. 하지만 당신이 그들을 향해 마음을 열고 그들로 하여금 당신의 삶에 대해 말해주도록 허용한다면, 그들은 당신의 동료가 될 것이다.

이 장의 요점으로 돌아가보자: 두려움과 질투심을 내려놓고 당신의 컨퍼런스나 교회에 강력한 메시지의 소유자들을 초청하라. 당신보다 낫고 당신을 능가하는 그들을 향한 당신의 두려움을 내려놓으라. 그리고 당신이 고수하는 모든 신학적인 이론에 동의하지 않는다고 해서 그들을 제외시키지 말라.

감사하게도, 하나님은 내 인생의 다양한 시점에서 동역자들을 허락하셨다. 그들은 전쟁에도 나와 함께 나갈 수 있는 사람들이고, 나 또한 그들에게 그런 존재이다. 나는 그들 중 몇몇을 위해 곧장 지옥으로 달려갔으며, 그들도 나를 위해 똑같이 했다.

그러므로 기꺼이 다른 사람들과 협력하고, 당신의 인생에 동료가 있는지를 확인하라.

연못이 아닌 수로가 되라

이 법칙이 법칙 13과 모순되는 것처럼 보일 수 있지만 그렇지 않다.

법칙 13운하가 되지 말고 저수지가 되라은 사역의 시기timing와 관련이 있고, 이 법칙연못이 아닌 수로가 되라은 사역의 속성nature과 관련이 있다.

프랭크 로박은 이 원리를 다음과 같이 잘 정리했다:

사실, 우리 영혼의 성the castle of our soul 안에는 두 개의 도개교가 있는데, 그 안에 있는 사람이 둘 다를 통제한다. 하나는 하나님을 향해 열려 있고, 다른 하나는 동료 인간들을 향해 열려 있다. 우리가 도개교를 둘 다 열면 우리는 하나님의 고속도로가 된다. 125

다른 비유를 사용하여 로박은 다음과 같이 설명했다:

파이프는 하나님을 향해 열려 있어야 하며 사람을 향해서도 열려 있어야 한다. 그러면 물살이 흐르고 바퀴가 돌아가며, 우리는 하나님의 능력으로 사역하게 된다.… 종착역이 아닌 다리가 되라! 양동이가 되지 말고 파이프

---

1 2 5) Frank Laubach, *Channels of Spiritual Power* (Westwood, NJ): Fleming H. Revell, 1954), 54.

가 되라! 그것이 하나님의 능력을 받는 비결이다. **126**

로박에 따르면, 만일 우리와 하나님 사이에 어떤 장애물이 있으면 생명수가 우리에게서 다른 사람들에게 흘러나가지 않을 것이다. 마찬가지로, 만일 우리와 다른 사람 사이에 어떤 장애물이 있으면 물이 들어오고 나갈수 없다.

해결책은 연못이 아닌 수로가 되는 것이다. 이것은 우리가 하나님을 향하든 사람을 향하든 그 양쪽 끝이 막히지 않도록 주의 깊게 수로를 열어 둘것을 요구한다. 우리가 수로가 되는 것을 방해하는 것은 무엇인가? 일반적으로 수로를 막는 것 몇 가지를 소개한다:

- 용서하지 않음원한을 품는 것
- 교만당신이 다른 사람들보다 더 낫다고 생각함
- 헛된 영광허영심과 다른 사람들로부터 칭송을 받으려는 욕망
- 지나치게 민감함과민반응
- 질투심
- 비판적이고, 약점을 잡으려는 마음
- 이기심
- 두려움불안
- 분노
- 영적 무관심
- 세상을 추구함127

---

126)Laubach, *Channels of Spiritual Power*. 55-56.
127)프랭크 로박의 *Channels of Spiritual Power*, chapters 5-7은 수로를 막는 것들과 그것

이 요소들은 모두 당신의 영적 삶을 죽일 수 있다.

하나님의 생명수는 강력하고 힘이 있지만 우리와 다른 사람들 모두를 위해 사명을 가져야 한다.

하나님은 때때로 귀가 멀었거나 우리를 영적으로 축복하기를 꺼려하시는 것처럼 보인다. 왜냐하면, 그것은 우리가 다른 사람을 섬기려는 시각을 가지고 바깥을 바라보는데 실패했기 때문이다. 이 점에서, 로박은 다음과 같이 피력했다:

> 당신이 정말 가지고 있는 것을 다른 사람에게 주기 전까지는 다시 위대한 영적 경험을 할 수 없다. … 왜냐하면, 양동이에는 성령을 담을 수 없기 때문이다. 양쪽 끝이 열린 파이프라인만이 성령을 담을 수 있다.… 생명수는 오직 우리를 통해 흘러야 우리에게로 흘러올 것이다. 당신이 주기 전까지는 그것을 간직할 수 없다. [128]

워치만 니도 같은 생각으로 이렇게 말했다:

> 만일 믿는 자 안에 있는 생명의 샘이 막혀 흐르기를 멈춘다면 그것은 입구에 문제가 있어서가 아니라 배출구가 막혔기 때문이다. 생명수는 흘러나가야 할 길이 있어야 한다. 그것이 어딘가로는 가야 한다. 다른 사람들이 그것을 즐겨야 하는 것이다. 대답은 간단하다: 먼저 배출구를 비우면 다시 끊임없이 흐를 것이다. [129]

들을 뚫는 방법에 대해 훌륭한 설명을 포함하고 있다.

[128] Frank Laubach, *Channels of Spiritual Power*, 71-72.

[129] Watchman Nee, *The Joyful Heart* (Fort Washington, PA: CLC Publications, 1977), 76.

배출구를 뚫기

수로가 되는데는 두 가지 열쇠가 있다. 첫째, 하나님께서 당신을 입구이자 배출구로 부르셨다는 것을 인식하라. 둘째, 막힌 곳이 어디인지를 인식하라.

위에 열거한 막힌 곳의 목록을 살펴보라.

이 요소들 중 당신의 삶에서 정기적으로 나타나는 것이 있는가?

그렇다면 그것들을 하나님 앞으로 가져가서 처리하라. 금식하고, 기도하고, 다른 사람에게 조언을 구함에 의해 당신이 회개하고 그것들을 내려놓을 수 있게 하라.

생명수가 들어오고 나갈 수 있도록 막힌 곳을 뚫기 위해 무엇이든 하라.

우리 주님께서 말씀하신 아래의 본문을 숙고해보라:

> 누구든지 목마르거든 내게로 와서 마시라 나를 믿는 자는 성경에 이름과 같이 그 배에서 생수의 강이 흘러나오리라. 요 7:37-38

순서를 주목하라. 첫째, 그리스도께로 와서 마시라. 둘째, 당신의 심령에서 생수가 흘러나와 다른 사람들을 새롭게 하게 하라.

하나님의 생수 마시기를 배우고 경험하라. 그런 다음 그것을 적절한 때에 주라. 그렇게 할 때에만 하나님의 생명과 능력이 당신 안에 그리고 당신을 통해 흐를 수 있는 공간을 더 많이 갖게 될 것이다.

당신의 부르심에 충실하라

영적 파워를 갖는 핵심 요소 중 하나는 하나님께 지속적으로 충성하는 것이다. 아래의 두 본문을 자세히 살펴보라.

> 사람이 마땅히 우리를 그리스도의 일꾼이요 하나님의 비밀을 맡은 자로 여길지어다 그리고 맡은 자들에게 구할 것은 충성이니라.고전 4:1-2
> 지극히 작은 것에 충성된 자는 큰 것에도 충성되고 지극히 작은 것에 불의한 자는 큰 것에도 불의하니라 너희가 만일 불의한 재물에도 충성하지 아니하면 누가 참된 것으로 너희에게 맡기겠느냐 너희가 만일 남의 것에 충성하지 아니하면 누가 너희의 것을 너희에게 주겠느냐.눅 16:10-12

하나님은 충성스러운 사람들에게 상을 베푸신다. 당신이 더욱 충성할수록 그분은 그분의 능력으로 당신을 더욱 신뢰하실 것이다.

우리의 주요 임무는 세상을 바꾸는 것이 아니다. 심지어 사람을 바꾸는 것도 아니다.

아니다. 우리의 주요 임무는 끝까지 충성하는 것이다.

인내의 필요성

충성스러움의 큰 부분은 회복력이다. 즉, 견뎌내는 능력을 지녔다는 것이다. 인생은 하나님께서 소중히 여기시는 사역에 온갖 종류의 장애물을 던질 것이다.

주님께서 오랫동안 쓰시는 종은 끝까지 견딜 수 있는 영적인 강인함을 갖추어야 한다.

> 대저 의인은 일곱 번 넘어질지라도 다시 일어나려니와. 잠 24:16

상을 받는 사람은 테이프를 끊는 사람이다. 당신의 사역이 끝난 뒤에도 당신이 여전히 서 있다면, 즉 "모든 것 행한 후에 서 있다면", 당신은 견뎌낸 것이다. 130

> 나는 선한 싸움을 싸우고 나의 달려갈 길을 마치고 믿음을 지켰으니. 딤후 4:7

> 네가 가진 것을 굳게 잡아 아무도 네 면류관을 빼앗지 못하게 하라. 계 3:11

다른 곳에서, 나는 사도적 사역에 관해 다음과 같이 썼다:

바울이 말하는 사도의 자격 요건 목록의 맨 위에 영적 능력을 특징짓는 참음perseverance이 있다.

'참음'이라고 번역된 그리스 단어다른 번역엔 '인내' [patience]라고 되어 있음는 hupomone이다. 그것은 곤경에 처했을 때 견뎌내는 능력을 뜻한다. 그것은 주저앉지 않고 한계점을 통과하는 것이다. 그것은 큰 환란과 고통이 닥쳐

---

130) 엡 6:13.

도 자신의 목적에서 벗어나지 않는 사람의 특징이다. 131

　　워치만 니는 다음과 같이 상세히 기술했다:

　　　　참으로 사도적 부르심이 있는 곳에는 사도의 사인sign이 결코 부족하지
　　　　않을 것이다.… 인내는 영적 파워의 가장 큰 증거이며, 사도의 사인들 중
　　　　하나이다. 사도적 부르심의 실재를 시험하는 것은 지속적인 압박 속에서
　　　　도 확고히 견디는 능력이다.

　　사도는 막을 수 없는 생물이다. 그들은 스테이플러로 찍히고, 불구가 되
고, 무릎을 꿇리고, 짓밟히고, 굴려질 수 있지만, 일어날 것이고, 그들의 옷
에서 여전히 연기가 난 채로 계속해서 앞으로 나아갈 것이다.
　　진정한 사도를 막는 유일한 방법은 그를 죽이는 것뿐이다!
　　바울이 에베소 장로들에게 한 말은, 끝까지 견뎌내고 하나님께서 그를
부르셔서 달리게 하신 경주를 마치려는 그의 굽힐줄 모르는 야망을 담고 있
다. 그의 말은 우리에게 그의 놀라운 인내에 대한 통찰력을 제공한다.

　　　　오직 성령이 각 성에서 내게 증언하여 결박과 환난이 나를 기다린다
　　　　하시나 내가 달려갈 길과 주 예수께 받은 사명 곧 하나님의 은혜의 복
　　　　음을 증언하는 일을 마치려 함에는 나의 생명조차 조금도 귀한 것으
　　　　로 여기지 아니하노라. 행 20:23-24

　　이 말은 지속적인 열매를 맺게 될 모든 사역에 적용된다.
_____

131) 프랭크 바이올라, 『유기적 교회 세우기』(대장간, 2010), 170.

경주는 빠른 자나 강한 자에게 유리한 것이 아니다. 진짜 중요한 것은 견뎌내는 것이다.

꾸준함이 결정적이다.

> 그러므로 내 사랑하는 형제들아 견실하며 흔들리지 말고 항상 주의 일에 더욱 힘쓰는 자들이 되라 이는 너희 수고가 주 안에서 헛되지 않은 줄 앎이라.고전 15:58

주님께서 당신을 높이시도록 하라

충성은 또한 높임을 받는 것과도 연결된다.

하나님의 부르심을 받은 사람에게 가해질 수 있는 가장 해로운 일 중 하나는 그들을 너무 일찍 높이는 것이다.

하나님은 그분의 달력에 "시간의 끝"을 갖고 계시므로, 결코 그 과정을 서두르지 말라. 야망을 가진 사람들은 이로 인해 어려움을 겪고 결국 나중에 후회하고 말 지름길을 택하게 된다.

바울은 디모데에게 너무 빨리 아무나 안수하지 말라고 경고했다.딤전 5:22 예수님은 우리가 다른 사람을 섬기는데 충성하면 하나님께서 우리의 것을 우리에게 맡기실 것이라고 말씀하셨다.눅 16:10-12

다윗은 하나님께서 그에게 왕관을 씌우시기 전에 베들레헴에서 목동으로 충성스럽게 섬겼다.

이 이슈를 다룬 아래의 본문들을 숙고해보라:

> 그러므로 하나님의 능하신 손 아래에서 겸손하라 때가 되면 너희를 높이시리라.벧전 5:6

너희 뿔을 높이 들지 말며 교만한 목으로 말하지 말지어다 무릇 높이는 일이 동쪽에서나 서쪽에서 말미암지 아니하며 남쪽에서도 말미암지 아니하고 오직 재판장이신 하나님이 이를 낮추시고 저를 높이시느니라. 시 75:5-7 누구든지 자기를 높이는 자는 낮아지고 누구든지 자기를 낮추는 자는 높아지리라. 마 23:12

만일 당신이 젊다면, 준비하고 경험할 시간을 가지라. 자신을 낮추고 일상적인 일과 영적인 일 둘 다를 충성스럽게 감당하라. 그리고 주님께서 당신을 다음 단계로 높이시도록 하라.

만약 당신이 지름길을 택하거나 다른 사람들이 당신을 성급하게 높이도록 허용한다면, 당신은 당신 자신과 주님의 사람들에게 엄청난 손해를 끼칠 것이다.

나는 자주 질문을 받는다. 물론 사실이 아니다 사람들은 나에게 거의 아무것도 묻지 않지만, 그랬다고 가정하자: 당신이 세상을 떠난 후의 세대에 대해서 대책이 있나요? 당신은 당신이 기여한 것과 이룩한 것을 어떻게 보존합니까?

나의 멘토 중 하나는 워치만 니와 함께 사역했었는데, 사람들이 종종 그에게 이런 질문을 했다. 여기에 그의 대답을 소개한다:

우리는 오직 우리 세대 안에서 우리의 사역에 일어나는 것에 대해서만 책임을 집니다. 우리는 우리의 사역이 우리가 떠난 후에도 지속될 수 있도록 잘 세우기 위해 노력해야 하지만, 우리가 남겨둔 것을 돌보는 것은 궁극적으로 주님의 책임입니다. 우리는 우리의 다음 세대에 대해 책임을 지지 않습니다. 우리는 오직 우리 자신에 대해서만 책임이 있습니다.

당신은 어떨지 모르지만, 나는 이 대답에서 해방감을 느낀다.

당신과 나는 우리 세대 이후가 아닌 우리 세대 안에서 하나님의 일에 책임을 진다.

져야 할 책임

성서에 따르면, 충성은 삶의 초자연적이고 영적인 것들과 자연적이고 육적인 것 둘 다와 관련이 있다.

그 둘은 연결되어 있다.

예수님께서 권면하셨듯이, 작은 일에 충성하고 다른 사람들에게 속한 일에 충성하라. 그리하면 더 큰 일에도 충성이 입증될 것이다.

"잘 하였도다. 착하고 충성된 종아"라는 말을 듣는 것을 당신의 목표들 중 하나가 되게 하라.^{마 25:23}

당신이 고개를 끄덕이고 내가 방금 말한 모든 것에 동의할 수도 있지만, 신랄한 비난, 절망의 타는 듯한 고통, 그리고 당신이 사역에 투자한 모든 시간_{수많은 준비를 포함하여}이 엄청난 낭비였다는 끔찍한 느낌을 당신이 직면했을 때 어려움이 생겨난다.

당신이 충성하지 않도록 유혹을 받는 것이 바로 그런 때이다. 그러나 그런 일이 발생할 때마다 이 장_{법칙 35}을 다시 읽는 것이 현명할 것이다.

결국, 충성이 주님의 일에서 매우 중요하다. 그리스도의 사역자로서 당신은 져야 할 책임을 위임받았다. 바울이 디모데에게 권면한 것처럼 나도 여러분에게 권면하고자 한다: "네게 부탁한 것을 지키라."^{딤전 6:20}

하나님께서 우리에게 맡기신 것을 충성을 다하여 지키도록 하자. 이것이 영적 파워를 얻는 또 다른 길이다.

당신의 은사 밖으로 넘어가지 말라

신약 성서에 의하면, 하나님께서 그분의 일을 수행하도록 그리스도의 몸에 은사를 받은 사람들을 주셨다. 이 은사들 곧 은사를 받은 지체들은 사도들, 선지자들, 복음 전하는 자들, 목자들/교사들이다.엡 4:11-12 132

하나님은 또한 다른 은혜의 선물로서 은사들을 주셨다: 위로하는 자, 구제하는 자, 긍휼을 베푸는 자, 가르치는 자 같은 은사들.롬 12:3-8

덧붙여서, 또 다른 성령의 나타내심이 있다: 지식의 말씀, 지혜의 말씀, 믿음, 예언, 병 고치는 은사 같은 것들.고전 12:7-11

여기에 문제가 있다:

나는 병 고치는 은사를 받은 사람이 가르치려는 것을 지켜보았다. 그리고 그것은 재앙이었다.

나는 교사들이 예언의 은사를 받은 사람의 역할을 하려는 것도 지켜보았다. 그리고 그것은 실패로 돌아갔다.

목자들이 사도적 사역을 수행하려는 것도 지켜보았다. 그리고 그것은 엄청난 실패 그 자체였다.

각각의 경우, 사람들은 마치 자신의 체급이 아닌 다른 체급으로 복싱을 하려 했고, 그 결과는 참담했다.

---

132) 자세한 것은 다음을 참조하라: "Rethinking the Five-Fold Ministry" at frankviola.org/rethinking-the-five-fold-ministry.

요점: 당신의 부르심 안에 거하고 당신의 은사 밖으로 넘어가지 말라.

건강하지 못한 집착

주님을 따르기 시작한 이후로, 나는 그리스도인들이 자신의 영적 은사를 확인하는데 초조해하는 것을 보아왔는데, 이것은 사람들이 성격 테스트에 열중하는 것과 비슷한 집착이다.

"당신의 에니어그램 숫자는 몇 번입니까?"

"나는 MBTI의 ISFJ 유형에 속하는데, 당신은 어디에 속합니까?"

"당신의 DISC 성격 유형은 무엇입니까?"

"당신의 StrengthsFinder 점수는 어떻게 나왔나요?"

몇몇 저자들은 개인의 영적 은사를 결정하기 위해 유사한 테스트를 만들기도 했다.

하지만 여기에 변함없는 진실이 있다. 이 중요한 원리를 따르기 위해 당신의 은사에 이름을 붙이거나 그것을 식별할 필요조차 없다. 사실, 당신은 당신의 은사를 "찾을" 필요조차 없다. 당신은 기능을 발휘함으로 그것을 "소환"한다.

> 그러므로 내가 나의 안수함으로 네 속에 있는 하나님의 은사를 다시
> 불일듯 하게 하기 위하여 너로 생각하게 하노니. 딤후 1:6

나는 처음으로 야구공을 잡고 던졌을 때 그 기능이 자연스럽게 느껴졌다. 나는 나의 투구 재능을 미리 "찾거나" 또는 "확인할" 필요가 없었다. 나는 단지 자연스럽게 되는 대로 했다: 공을 던지고, 나중에 리틀 리그에서 투수를 했고, 그 다음에는 고등학교로 진학했다.

마찬가지로, 나는 오래 전 나의 은사에 대해 단 한 번도 생각해 본 적이 없었을 때 가르치고 말씀을 전했다. 결국 나의 역할을 지켜본 다른 사람들은 나의 은사에 대해 논평을 했다.

그리스도의 몸은 당신이 어떤 은사를 가지고 있는지 알고 있다. 특히 당신을 가장 잘 알고 당신이 기능을 발휘하는 것을 보는 신자들은 더욱 그렇다.

당신은 은사를 알아내기 위해서 인간이 고안한 테스트를 필요로 하지 않는다.

다른 사람의 기초 위에 세우는 것

관련된 말: 결코 다른 사람의 터 위에 건축하려고 하지 말라. 롬 15:20 바울은 자신이 영적으로 책임져야 할 범위를 넘어서기을 거부했다. 그는 또한 다른 사람의 사역에 결코 접근하지 않았다. 고전 10:12-18을 참조하라

이것이 비록 큰 주제이긴 하지만. 나는 여기서 이에 대해 몇 가지 실질적인 것들을 짚고 넘어가겠다.

누군가가 당신을 그가 설립한 모임에서 말씀을 전하도록 초청할 때, 주님의 인도가 있다면 그 초청을 받아들이라. 그러나 당신이 거기 있는 동안 혼란이나 분열을 일으키지 않도록 주의하라.

아볼로와 베드로는 고린도를 방문했을 때 이러 실수를 범했다. 그들은 바울의 터 위에 "제대로 건축"하지 않았다. 결과적으로 분열이 일어났다. 고전 1-3장을 참조하라

자신이 개척하지 않은 모임에서 말씀을 전하도록 초청받았을 때 어떻게 제대로 건축할 수 있는가? 나는 내 자신이 실천하는 것을 나누겠다.

다른 사람이 세운 교회에서 말씀을 전해달라는 요청을 받을 때마다 나는

혼란을 초래하지 않기 위해 최선을 다했다.

때때로 나는 이렇게 시작한다: "만일 제가 교회를 개척한 사람이 여러분에게 가르친 것에 어긋나는 말을 한다면, 그것은 제가 잘못된 것입니다. 혼동이 없기를 바랍니다."

나는 또한 특별히 요청받지 않는 이상 실질적인 지침을 제시하지 않도록 주의했다. 내가 어떤 방향을 제시해야 한다고 생각되면 먼저 허락을 구할 것이다.

내가 다른 사람의 사역 위에 건축하도록 초청받았을 때, 나의 역할은 단순히 이미 이룩해놓은 사역을 강화하고 장려하는 것일 뿐 그 이상은 아니다.

믿는 자들의 몸을 나누는 것은 하나님의 눈에는 심각한 죄이다. 그것은 교리적으로 잘못된 것보다 훨씬 더 나쁘다. 당신이 신학적으로는 옳다 할지라도 믿는 자들의 그룹에 분열을 일으킨다면 당신이 잘못된 것이다. [133]

이 모든 것의 요점은 당신 자신의 차선lane을 유지하라는 것이다. 다른 사람의 악기 연주하기를 거부하라.

당신은 거기에서 하나님의 능력과 축복을 발견하게 될 것이다.

---

133) 여기서는 이 원칙을 구체적으로 설명할 시간이나 공간이 없지만, 내가 『영원에서 지상으로』에서 이것을 자세히 다루었다. 그 책의 세 번째 부분은 그리스도께서 그분의 몸을 어떻게 보시는지를 보여준다.

신속히 사과하라

사과하는 것은 겸손의 표시이다. 아이러니하게도, 기독교인들은 사과하는 사람들로 알려져 있지 않다. 그리고 이것은 유감스럽게도 기독교 지도자들에게도 해당된다.

수년에 걸쳐 나는 신속히 사과하는 법을 터득했다.

나는 내가 잘못했다는 것을 알았을 때 사과했다. 또한 내 잘못이 아니라고 생각했을 때 사과한 적도 있다. 이런 경우에는 상대방과 그 사람의 감정을 위해 사과했다. 나는 옳은 것보다는 관계를 더 중요하게 여긴다.134

사과하는 것은 동시에 여러 가지 일을 한다. 그것은 양심을 깨끗하게 하고, 관계를 회복시키며, 그리스도의 낮아지심을 드러낸다. 불행하게도, 당신은 자신이 사과한 것을 뒤집어놓를 정도로 잘못 사과할 수 있다.

여기에 당신이 사과할 때 피해야 할 세 가지를 소개한다:

1. 서로 비난할 일이 있더라도 결코 상대방을 비난하지 말라. 올바른 사과는 상대방의 "몫"을 전적으로 하나님께 맡기는 것이다.
2. 결코 당신의 행동을 정당화하거나 합리화하지 말라. 요청을 받으면 설명을 할 수는 있지만, 설명은 변명이 아니라는 점을 확실히 하라. 자기합리화는 육신의 정보 왜곡 전문가the flesh`s spin doctor이다.

---

134) 법칙 1(절대로 하나님의 사람들에게 상처를 입히지 말라)를 기억하라.

3. 결코 "당신이 [불쾌감을 주었고, 열을 냈고, 화를 냈고, 멍청이라서]
   미안해요" 또는 그런 취지의 말은 절대 하지 말라. 그것은 사과가
   아니라 비난을 전가하는 은밀한 방법이다.

진정한 사과는 항상 자신이 전적으로 책임을 지는 것이다. 상대방이 일
부 책임이 있더라도 사과할 때 절대로 그 문제를 꺼내지 말라.

요한복음 21:22에서 예수님이 베드로에게 말씀하신 것을 마음에 새기
라: "내가 [그 사람]에게 하는 것이 너와 무슨 상관이냐? 너는 네 자신이 할
일을 하고 나를 따르라." 예수님의 말씀을 내가 풀어쓰기 한 것이다

두 가지 사과 이야기

여러 해 전, 나의 한 친구가 자신이 본 것 중에서 최고의 사과라고 생각하
는 것을 나에게 얘기해주었다. 그것의 출처는 유명인이었다. 기독교 지도자가
아닌 그것은 다음과 같다.

> 저의 행동은 잘못되었고 변명의 여지가 없습니다. 전부 저의 책임입
> 니다.… 저는 당신의 존경과 신뢰를 되찾기 위해 날마다 노력할 것입
> 니다. 135

이와는 대조적으로, 여기에 많은 사람이 진심이 없다고 느꼈던 한 정치
인의 사과가 있다. 이것은 사과하기 싫은 "사과"에 해당한다:

---

135) Mario Barali, quoted in Jason Hanna, "Mario Batali Includes Recipe with Apology
for 'Past Behavior'" *CNN Entertainment*, December 18, 2017.

누구라도 그렇게[불편하게] 느끼셨다면 정말 죄송합니다. 136

그것은 "기분 상하게 해서 미안합니다"라는 말의 또 다른 표현일 뿐이다. 그 말은 책임을 지겠다는 어떤 냄새도 풍기지 않는다.

더 나은 사과는 다음과 같아야 한다:

> 저는 선을 넘었습니다. 그건 제 잘못입니다. 제가 틀렸습니다. 그리고 제가 초래한 고통에 대해 정말 죄송합니다. 저는 다시는 그런 실수를 하지 않기 위해 열심히 노력하고 있습니다."

또는 그런 취지의 말을 해야 한다.

예수 그리스도의 사역자로서, 당신이 하나님의 사람들 안에서 보기를 원하는 본이 되어야 할 책임이 당신에게 있다.

물로, 당신은 완전하지 않다. 비록 아주 불완전한 그리스도인들 중에 당신에게 완전을 요구하는 사람들이 있지만, 그 누구도 마찬가지이고, 그 누구도 당신을 완전한 사람으로 기대해서는 안된다.

그러나 정당한 사유가 있을 때마다 지체 없이 진심으로 사과하겠다는 의지를 가지고 본이 되려고 노력하라. 때때로 사과가 보장되지 않는 경우도 있다. 특히 이미 사과한 경우에는 더욱 그렇다. 그러나 그것은 살펴봐야할 또 다른 주제이다.

겸손하게 행동하고 신속히 사과하라. 이것이 영적 파워를 얻는 또 다른 열쇠이다.

---

136) Mario Cuomo, quoted in Michael Scherer and Josh Dawsey, "New York Gov. Andrew M. Cuomo Says He Will Not Resign, Offers New Apology for His Behavior with Women," *Washington Post*, March 3, 2021.

법칙 38

당신의 어휘 사용에 주의하라

당신은 제목에서 내가 욕설에 대해 얘기한다고 추측할 것이다. 글쎄, 물론 부분적으로는 그렇다. 하지만 나는 그 이상의 어떤 것에 대해 얘기하고자 한다.

욕설하는 그리스도인들

당신이 그것에 대해 추측했으므로 욕설에 대해 간단히 논의하는 것부터 시작하겠다. 나는 사람들에게 주목받지 않을 때 거침없이 욕설을 하는 사역자들을 알고 있다. 그리고 내가 이해할 수 없는 어떤 이유로 그들의 양심은 흔들리지 않는 것 같다.

분명히 말하겠다. 당신은 영적 손실을 겪지 않으면서 욕설에 가담할 수 없다. 신약 성서의 여러 본문은 한 개의 편지에 나오는 두 구절을 포함하여 이 문제에 대한 하나님의 생각을 분명하게 보여준다.

> 무릇 더러운 말은 너희 입 밖에도 내지 말고 오직 덕을 세우는 데 소용되는 대로 선한 말을 하여 듣는 자들에게 은혜를 끼치게 하라.엡 4:29

> 누추함과 어리석은 말이나 희롱의 말이 마땅치 아니하니 오히려 감사하는 말을 하라.엡 5:4

당신이 나를 비난하고 싶은 유혹을 느끼기 전에 심호흡을 하고 이 글을 쓴 사람은 내가 아니라 바울이라는 점을 기억하라.

나는 어떤 사람들이 빌립보서 3:8을 사용하여 욕설을 합리화하려고 노력한다는 것을 알고 있다. 그들은 헬라어 단어인 **스쿠발론**skubalon이 오늘날 sh__과 동일하다고 말하지만 이것은 논쟁의 여지가 아주 많다. 137

스쿠발론은 훨씬 더 넓은 범위의 의미를 가지고 있다. 『고대 그리스어 성서 사전』*Bible Dictionary of Ancient Greek*에 따르면, 이 단어는 "쓸모없는" 또는 "폐기해야 할 바람직하지 않은 물질"을 의미한다. 찌꺼기, 쓰레기, 배설물, 거름, 폐물, 음식 찌꺼기, 부스러기 등이 모두 동의어이다. 그리고 욕설과 관계된 단어는 하나도 없다.

다른 사람들은 바울이 그의 편지에서 거의 모든 것을 허용한다고 주장했다: "모든 것이 내게 가하나 다 유익한 것이 아니요"고전6:12

그러나 대부분의 학자들은 "모든 것이 내게 가하나"라는 이 문구가 고린도인들이 자신들의 육신적인 삶을 정당화하기 위해 인용한 슬로건이라는 데에 동의한다. 바울은 그 내용을 인용한 다음 다음과 같이 대답했다: "다 유익한 것이 아니요."

욕설은 단순히 저속한 개념이나 이미지를 전달하기 위해 남용되는 단어이다.

욕설이 무엇인지 알고 싶다면 대답은 간단하다. 공영 라디오나 TV에서 말할 수 없는 경우해고되거나 질책당하는 사람 없이, 그리고 교사가 교실에서 반발 없이 그 말을 사용할 수 없는 경우, 어린 자녀가 이런 말 사용하는 것을 당신이 원하지 않는 경우, 그것은 욕설이다.

---

137)역자 주: 저자가 의도적으로 영어의 네 글자로 된 속어의 앞에 있는 두 글자만 사용했다. 입에 담기 힘든 너무 심한 욕설이기 때문이다. 뒤의 두 글자는 it이다.

욕설을 버리는 것은 그리스도인의 삶에서 기초적인 문제이다. 주님은 종종 그분의 자녀들이 언어를 깨끗이 하도록 하심으로써 시작하신다.[138]

당신을 흠모하는 사람들이 당신의 장점보다 당신의 약점과 비정상적인 것을 더 많이 모방한다는 것은 잘 알려지지 않은 사실이다.

그리고 그들은 그들의 천박한 행동을 정당화하기 위한 핑계로 당신을 이용할 것이다.

그러므로 당신이 영향을 준 모든 사람들이 조나 힐이나 새뮤얼 I. 잭슨처럼 입이 더러운 것을 보고 싶지 않다면, 그 문제에 대해 주님 앞에서 처리하는 것이 현명할 것이다.[139]

만일 당신이 말을 통제할 수 없다면 더 큰 문제에 봉착하게 된다. 야고보는 믿는 자에게 있는 혀 통제력의 결핍을 지도자들에게 직접적으로 적용한다. 당신이 당신의 혀를 통제할 수 없다면, 당신 자신의 다른 많은 부분도 통제할 수 없다고 그는 말한다.약3:1-12

하지만 이 법칙에는 욕설을 피하는 것보다 훨씬 더 중요한 것이 있다.

경계해야 할 문구들

많은 사역자가 메시지를 전할 때 "그가 내게로 올라와서He came up to me" 또는 "그녀가 내게로 올라와서She came up to me" 같은 문구를 사용한다.[140]

좋든 싫든, 이 문구는 당신이 다른 사람들보다 위에 있다는 느낌을 전달한다. 나는 당신이 의식적으로 그렇게 한다고 생각하지는 않지만, 그것은

---

138) 이 주제에 관하여 더 자세한 것은 다음을 참조할 것: episode #10 of the Insurgence podcast, "Profanity, Swearing, Cursing, and the Kingdom of God."

139) 역자 주: Jonah Hill과 Samuel I. Jackson은 헐리웃 영화에서 욕설을 가장 많이 사용하기로 둘째 가라면 서러워할 배우들이다.

140) 역자 주: 한국 사람은 이런 미국식 표현을 하지 않는다.

오만함을 드러낸다.

"내가 어젯밤에 이 위대한 설교를 했는데, 그 불쌍하고 비참한 평신도 중 한 명이 질문을 하러 내게로 올라와야 했습니다."

그렇다. 평민들은 항상 당신에게로 올라와야 한다.

흐음.

그런데 왜 사람들이 꼭 당신에게로 올라와야 하는가?

그렇다, 물론 나도 안다. 목사들이 보통 내가 말하는 것을 의미하지는 않지만, 이것이 전달되는 이미지이다.

"내 사람들my people"이라는 문구는 어떤가?

"나는 내 사람들이 더 긴 설교를 원하지 않는다고 생각합니다. 그들은 내가 매주 일요일에 전하는 20분짜리 설교를 즐깁니다."

"엊그제 나는 내 사람들에게 헌금을 좀 올려서 내라고 말했습니다."

미안하지만, "당신의 사람들"이라고?

나는 그들이 주님의 사람들이라고 생각했는데.

동기가 무엇이든 그 말에는 독재의 냄새가 난다. 그런 말은 또한 성서적이지도 않고 건전하지도 않은, 소유권이 자신에게 있다는 뉘앙스를 풍긴다.

당신의 어휘에서 제거할 또 다른 문구는 "내가 정직하다면" 또는 "솔직하게 말해서"이다.

그 말은 당신이 항상 정직하지는 않다는 것을 암시한다. 당신이 부정직한 적이 없다면, 당신의 말에 이와 같은 뉘앙스를 풍길 필요는 없다. 그건 "야, 지금은 솔직하게 말할 건데, 항상 그런 건 아니니까 잘 들어봐"라고 말하는 것과 같다.

당신의 언어 어휘집에서 제거해야할 또 다른 문구는 한 유명한 목사의 예에서 찾을 수 있다. 그가 이렇게 말한 것을 들은 적이 있다: "우리는 때때로 평신도들에게 [이런저런] 것을 허용해야 합니다!"

미안하지만, 누가 당신을 주와 왕으로 삼았는가? 오직 예수 그리스도만이 하나님 사람들의 행동을 "허용"하고 "금지"할 권리를 갖고 계신다.

또한 laypeople, layperson, laymen, laity 모두 '평신도[들]'라는 뜻라는 단어는 하나님의 사람들을 언급할 때 당신의 어휘에서 영원히 삭제되어야 한다. 칼바르트의 신학에 대해 당신이 어떻게 생각하든, 그가 "'평신도'라는 용어는 종교 용어 중 최악의 단어 중 하나이며 기독교의 대화에서 추방되어야 한다"고 말한 것은 정곡을 찌른 것이다. [141]

존경받는 학자 제임스 D. G. 던은 이에 동의하면서 대부분의 이단보다 성직자–평신도의 전통이 신약 성서의 권위를 약화시키는데 더 많은 역할을 했다고 말했다. [142]

또한, 내가 다른 곳에서 언급한 기독교의 문제가 있다. [143] 한 가지 간단한 예를 들어보겠다.

받아들이고 싶지 않은 모든 요청에 대한 그리스도인의 보편적인 대답은 "그것에 대해 기도해봅시다"이다. 그것은 일반적으로 "안돼!"를 의미하는 암호이다.

나는 당신에게 기회와 요청을 놓고 기도하지 말라는 뜻이 아니다. 하지만 대부분의 경우 당신이 당신의 영적 본능을 따르면 빨리 답을 얻게 될 것

---

141) Karl Barth, *Theologische Fragen und Antworten* (1957) 183-184 quoted in R. J. Erler and R. Marquard, eds., A Karl Barth Reader, trans. G. W. Bromiley (Grand Rapids: Eerdmans, 1986), 8-9.

142) Jame D. G. Dunn, *New Testament Theology in Dialogue* (Philadelphia: Westminster Press, 1987), 126-129. 나는 나의 책 이교에 물든 기독교에서 성직자–평신도 개념과 용어가 비성서적임을 역사적으로 고찰했다.

143) *Revise Us Again: Living from a Revised Christian Script* (Colorado Springs: David C. Cook, 2010)의 2-3장을 보라.

이다.

하나 더. 부정적인 말은 긍정적인 말보다 20배 더 강력하다. 모든 긍정적인 말이 몇 가지 부정적인 말의 무게에 눌려 하루 만에 녹아버릴 수 있다. 나는 특히 다른 사람에게 또는 다른 사람에 대해 부정적인 말을 하는 것에 대해 말하고 있다.

다소 사람 바울이 개척한 수많은 교회가 부정적인 말로 인해 손상을 입었다. 그가 갈라디아 교회들에게 쓴 내용을 숙고해보라:

만일 서로 물고 먹으면 피차 멸망할까 조심하라. 갈 5:15

입은 인체의 일부로서 무는 기능도 한다. 그러므로 바울은 말로 서로 멸망시키지 말라고 경고하고 있다.

죽고 사는 것이 혀의 힘에 달렸나니 혀를 쓰기 좋아하는 자는 혀의 열
매를 먹으리라. 잠 18:21

요점: 우리의 어휘는 우리를 순식간에 노출시킨다. 그리고 당신의 혀로 자신의 무덤을 파는 것도 가능하다. 당신이 지도자라면 사람들이 듣고 관찰한다.

그러므로 당신의 어휘를 조심하라.

자신을 방어하지 말라

너무나도 많은 사역자가 자신을 방어하는데 급급하다. 왜냐하면, 그들이 사역을 자신의 정체성으로 삼았기 때문이다.

그들은 이런 정체성 외에는 자신이 누구인지 알지 못한다: "목사", "교사", "사역자", "교회 개척자", "선지자", "성직자", "사도", "감독주교", 또는 "대주교."

누가 그들을 비판하거나 비난할 때마다 그들은 개인적으로 위협을 느끼고 즉시 방어적인 태도를 취한다.

예수님은 우리에게 우리 자신을 방어하지 않는 것의 의미를 보여주셨다. 그분은 거짓 고소에 직면하셨을 때 일관되게 침묵을 지키셨다. [144]

우리는 바울이 신약 성서에서 한번 자신을 방어했음을 안다. 하지만 그것은 그가 개척한 공동체에게 한 것이다. 그리고 그는 그렇게 하면서 자신이 어리석은 자로 말한다고 고백했다. 고후 11:17

그러나 바울의 일반적인 일처리 방식modus operandi은 그의 주님의 그것과 동일했다. 그는 자신을 방어하지 않았다.

워치만 니는 결코 자신을 방어하지 않는 것으로 널리 알려져 있었다. 그 이유를 묻자 그는 이렇게 대답했다:

---

144) 다음 성경 구절들을 보라: 마 26:63, 27:12, 14, 막 14:61, 15:5, 눅 23:9, 요 19:9, 사 53:7, 행 8:32.

"사람들이 우리를 믿으면 설명할 필요가 없고, 사람들이 우리를 믿지 않으면 설명이라는 것이 소용없습니다."[145]

당신이 자신을 방어할 때, 당신은 당신의 육신을 드러낼 뿐만 아니라 하나님께서 당신을 방어하실 기회를 뺏는다.

게다가, 당신은 작아 보인다. 방어적인 태도는 토라지는 것과 마찬가지로 사람을 위축시킨다.

성숙한 하나님의 종들은 다른 사람들이 진흙탕 길을 갈 때 높은 길로 다닌다. 그들은 어린양의 영을 받아들인다.

몇 년 전, 한 친구가 나에게 귀중한 통찰력을 주었다. 누가 당신에게 진흙을 뿌렸을 때 당신이 그것을 닦아내려고 한다면 결국 당신의 몸에 진흙을 문지르게 될 것이다. 하지만 그대로 놔두면 햇빛에 그것이 굳어져 결국 떨어져 나가게 된다.

사실인즉, 예수님이 우리보다 우리를 훨씬 더 잘 방어하신다는 것이다.

안타깝게도 나와 다른 사람들이 방어하려는 충동에 반대하는 말을 하면, 어떤 사람들은 즉각 우리가 묵묵히 신체적 학대를 견뎌야 함을 제안하는 것이라고 생각한다. 그렇지 않다. 범죄가 저질러지면 당국에 신고하라. 그것은 방어하는 것도 아니고, 복수하는 것도 아니다.

인신 공격에 대한 반응

몇 년 전, 한 유명한 목사가 공개적으로 공격을 당했다. 이에 대해 그는 자신을 방어하고 그를 비방하는 사람들을 공격하는 동영상을 만들었다.

그것을 보았을 때 한 가지 생각이 반복적으로 내 머리를 스쳤다: **특히 하**

---

145) Bob Laurent, Watchman Nee: *Man of Suffering* (Uhrichsville, OH: Barbour, 1998), quoted in chapter 1, "Family Background."

나님의 종들 가운데 이런 행동이 용인되는 이유는 무엇일까? 그 사람은^{다른} ^{누구도} 자신의 반응을 심각한 실수로 보지 않는가?

예수님은 결코 자신을 방어하지 않는다는 그분의 입장을 분명히 하셨다. 그분은 그것을 그분의 나라 헌장의 일부로 삼으셨다.

> 또 눈은 눈으로, 이는 이로 갚으라 하였다는 것을 너희가 들었으나 나는 너희에게 이르노니 악한 자를 대적하지 말라 누구든지 네 오른편 뺨을 치거든 왼편도 돌려 대며 또 너를 고발하여 속옷을 가지고자 하는 자에게 겉옷까지도 가지게 하며 또 누구든지 너로 억지로 오 리를 가게 하거든 그 사람과 십 리를 동행하고 네게 구하는 자에게 주며 네게 꾸고자 하는 자에게 거절하지 말라. ^{마 5:38-42}

우리 주님은 거짓 고소를 당하셨고, 거짓말의 피해자이셨고, 핍박받으셨고, 학대받으셨지만, 결코 똑같이 반응하시지 않았다.

놀랍게도, 베드로는 방어하지 않고 복수하기를 거부하는 예수님의 모범을 따르라고 우리에게 권면한다:

> 죄가 있어 매를 맞고 참으면 무슨 칭찬이 있으리요 그러나 선을 행함으로 고난을 받고 참으면 이는 하나님 앞에 아름다우니라 이를 위하여 너희가 부르심을 받았으니 그리스도도 너희를 위하여 고난을 받으사 너희에게 본을 끼쳐 그 자취를 따라오게 하려 하셨느니라
>
> 그는 죄를 범하지 아니하시고
>
> 그 입에 거짓도 없으시며
>
> 욕을 당하시되 맞대어 욕하지 아니하시고 고난을 당하시되 위협하지 아

니하시고 오직 공의로 심판하시는 이에게 부탁하시며. 벧전 2:20-23

신약 성서는 선지자 이사야의 말을 인용하여 화염방사기 한 가운데 서 계셨던 그분의 행동을 언급한다.

그가 도살자에게로 가는 양과 같이 끌려갔고 털 깎는 자 앞에 있는 어 린 양이 조용함과 같이 그의 입을 열지 아니하였도다. 행 8:32

주님께서 그 두려움을 없애시는 것이 얼마나 고통스러웠을지 상상해 보라. 그분은 그분을 부당하게 다루는 타락하고 부패한 인간들 앞에 서 계셨다. 그분께서 그들 가운데 서서 그들의 언어 폭력과 신성 모독과 거짓 고소를 듣고 계시는 장면을 지켜보라.

그런데 그분은 한 마디도 말씀하시지 않았다.

신성한 생명의 행동은 비난 앞에서 침묵을 지키는 것이다.

당신이 공격을 받을 때 당신 안의 모든 것이 대답을 하려고 할 것이다. 그러나 그것은 당신의 육신이다. 그리고 대부분의 경우, 아무 말이라도 한다는 것은 목에 올가미를 거는 것과 같다.

다른 사람들을 방어해주는 것은 다른 이야기이다. 그러나 공격을 받을 때 우리 자신을 방어하는 것은 그리스도의 십자가를 후려치는 것이다.

십자가는 폭력과 반격을 통해 문제를 해결하는 중독된 세상을 향한 충격 요법이다.

시대를 초월한 A. W. 토저의 다음과 같은 글을 숙고해보라:

하나님 나라에서 뭔가를 잃는 가장 확실한 방법은 그것을 보호하려고 노력하는 것이고, 그것을 지키는 가장 좋은 방법은 그것을 내려놓는 것이다. 항복함으로써 지키고 방어함으로써 잃는 법칙은, 유명하지만 거의 이해되지 않는 우리 주님의 선언에 계시되어 있다: "누구든지 나를 따라오려거든 자기를 부인하고 자기 십자가를 지고 나를 따를 것이니라.마 16:24" **146**

당신을 향한 평판을 주님께 맡기라

하나님의 종으로서 공격할 수 없는 평판을 얻는 것은 불가능하다. 그것은 당신이 하나님의 일의 쟁기를 잡을 때 문앞에다 가장 먼저 남겨두어야 할 것 중 하나이다.

많은 사람이 자신의 명예를 보존하고 보호하기 위해 살인을 할 것이지만, 예수님은 우리에게 생명을 "잃으라"고 반복해서 말씀하셨다.

어쩌면 상실잃어버림의 가장 위대한 형태는 우리의 평판을 하나님의 손에 기꺼이 맡기는 것일지도 모른다. 특히 다른 사람들이 그것을 파괴하려고 모든 대사 칼로리를 소모할 때 더욱 그렇다.

당신의 주님을 당신과 나, 그리고 하나님을 위해 수고하는 모든 사람을 위한 최고의 모범으로 삼으라. 예수님께서 지상에 계셨을 때 그분을 향해 제기된 허위 진술과 거짓 고소의 긴 목록을 깊이 생각해 보라. 사람들은 그분을 다음과 같이 비난했다:

- 사생아요 8:41
- 미혹하는 자요 7:12

---

146) A. W. Tozer, *Born After Midnight* (Camp Hill, PA: WingSpread Publishers, 2008), 117.

- 미친 자요 10:20

- 귀신 들린 자마 9:34, 요 7:20

- 바알세불[사탄]마 10:25

- 신성 모독자마 9:3, 26:65, 막 2:7, 눅 5:21

- 율법을 어기는 자["비성서적인 자"]막 2:24, 눅 13:14

- 거짓 선지자눅 7:39

- 먹기를 탐하는 자마 11:19

- 포도주를 즐기는 자마 11:19

그분의 반대자들은 또한 그분이 예루살렘 성전을 파괴하겠다는 말씀을 하셨다고 비난했다.막 14:58

잘 봐줘서, 예수님의 말씀을 추종자들이 오해한 것이고요 21:22-23, 최악의 경우에는 그 말씀이 그분을 비방하는 사람들에 의해 의도적으로 왜곡된 것이다.마 26:60-61

게다가, 예수님은 제자들 중 한 사람에게 배반당하셨고, 가장 가까운 제자들 중 한 사람으로부터 부인당하셨으며, 가장 암울한 시간에 그들 모두에게 버림을 받으셨다.기특하게도, 그분의 여자 제자들은 결코 그분을 떠나지 않았다.

흥미롭게도, 예수님은 제자들에게 다음과 같은 놀랄만한 말씀을 하셨다.

> 내가 너희에게 종이 주인보다 더 크지 못하다 한 말을 기억하라 사람들이
> 나를 박해하였은즉 너희도 박해할 것이요 내 말을 지켰은즉 너희 말도 지
> 킬 것이라.요 15:20
>
> 제자가 그 선생 같고 종이 그 상전 같으면 족하도다 집 주인을 바알세불

이라 하였거든 하물며 그 집 사람들이랴.^{마 10:25}

이 말씀은 다소 사람 바울이라 불리는 제자에게 성취되었다. 바울의 동시대 사람들은 그에 대해 지속적으로 중상모략을 퍼뜨렸다.

이 반대자들은 바울을 다음과 같이 비난했다:

- 사람을 기쁘게 하는 자, 겁쟁이^{갈 1:10, 살전 2:4}
- 거짓 사도^{갈 1:11-2:10, 고후 11:16-12:12}
- 아첨하는 자^{살전 2:5}
- 탐하는 자^{살전 2:5, 9}
- 사람에게서 영광을 구하는 자^{살전 2:6}
- 하나님의 백성에게서 탈취하는 자^{고후 2:17, 11:7-9}
- 속이는 자, 교활하게 조작하는 자^{고후 6:8, 12:16}
- 통제하는 자^{고후 10:1-2, 9-11}
- 신성 모독자^{행 24:6}
- 이단의 우두머리^{행 24:5}
- 범죄자^{행 16:20-21, 24:5, 딤후 2:9}

사람들은 바울을 모욕하고^{고후 12:10}, 나쁜 평판을 주며^{고후 6:8}, 그의 명성을 무너뜨리려고 했다. 아울러, 그의 선함이 악하다고 비방을 받았다.^{고전 10:30, 롬 14:16}

다윗 왕도 수 세기 전에 비슷한 방법으로 곤욕을 치렀다. 다윗이 곤경에 처했을 때 시므이라는 사람이 그를 향해 저주를 퍼붓기 시작했다.

무자비한 거짓 비난 앞에서, 다윗의 사람 중 하나가 그에게 이렇게 말했

다: "이 죽은 개가 어찌 내 주 왕을 저주하리이까 청하건대 내가 건너가서 그의 머리를 베게 하소서."삼하 16:9

닷윗은 어떻게 했는가? 그는 가능한 한 가장 높은 길을 택했다. 그는 이렇게 대답했다.

> 그가 저주하게 버려두라 혹시 여호와께서 나의 원통함을 감찰하시리
> 니 오늘 그 저주 때문에 여호와께서 선으로 내게 갚아 주시리라.삼하
> 16:11-12

다음을 주목하라:

1. **다윗은 하나님의 주권을 인정했다.** 그는 주님이 배후에서 시므이가 그를 저주하도록 허락하신 것을 알았다.
2. **다윗은 자신을 방어하기를 거부했다.** 그 대신, 그는 그 문제를 전적으로 하나님의 손에 맡겼다.

다윗의 길을 따라 당신의 평판을 하나님께 드리라. 그런 다음 그것을 그분의 능력의 손에 맡기라.

하나님이 변호하실 때

경건하고 독신이었던 헨리 수소Henry Suso는 4세기에 독일에서 살았다. 그는 주님이 그를 깨뜨리셔서 그리스도처럼 겸손하게 해달라고 정기적으로 기도했다.

어느 날, 수소는 누군가가 그의 집 문을 두드리는 소리를 들었다. 그가

문을 열었을 때 낯선 여자가 아기를 품에 안고 있는 것을 보았다.

이야기에 따르면, 그 여자가 "여기에 당신이 지은 죄의 열매가 있소"라고 소리를 지르며, 그 아기를 수소의 팔에 안기고는 사라졌다.

충격을 받고 당황했지만, 수소는 아기를 받은 후 무릎을 꿇고 이렇게 기도했다: "주님, 당신은 제가 결백하다는 것을 아십니다. 제가 지금 어떻게 해야 할까요?"

주님께서 대답하셨다: "내가 했던 것처럼 하라. 다른 사람들의 죄로 고난을 받으라."

수소의 평판은 끔찍스럽게 실추되었다. 하지만 그는 결코 자신을 방어하지 않았다. 그 대신, 그는 그 아이를 자신의 아이로 키웠다. 그는 무엇이 사실이고 거짓인지를 알았고, 오해, 가혹한 비판, 정죄, 그리고 거짓 고소를 주님께 맡겼다.

여러 해가 지난 후, 아기를 수소에게 주고 갔던 여자가 그의 집에 돌아와서 그의 이웃 모든 사람에게 그녀가 거짓말을 했다고 고백했다. 그 아이는 수소의 아이가 아니었던 것이다.

수소는 그를 깨뜨리시고 그의 영혼 안에 그리스도의 겸손을 주시도록 기도한 것에 하나님께서 응답하셨다고 믿었다.

믿지 않는 자가 수소의 위기를 초래했지만, 하나님의 말씀을 맡은 사역자로서 당신이 마주할 주된 공격은 동료 사역자들에게서 올 것이다. 교회사를 읽으면 얼마나 많은 사람이 기독교 지도자들의 손에 의해 피를 흘렸는지, 당신은 놀라게 될 것이다.

눈가림 당하고 매복 당함

오래 전에 나는 한 기독교 사역자가 다섯 명의 무리에 의해 눈가림 당하고 매복 공격을 받는 것을 목격했다. 그것은 전면적인 공격이었다. 한 시간 넘게, 그 사람들은 그에게 비난을 퍼부었는데, 그 모든 비난은 노골적인 거 짓이거나 지나치게 과장된 것이었다.

그들은 천천히 침을 뱉어 그 사역자를 언어로 구웠고, 리본으로 자르고, 머리 가죽을 벗기고, 산채로 가죽을 벗기고, 갈가리 찢어 놓았다. 그런 다 음, 이에 덧붙여서 그들은 그의 목을 베고 그를 KO시켰다. 그 후 그들은 그 를 꾸짖고, 혹평하고, 질책하고, 규탄하고, 멸시하고, 부끄럽게 하고, 조소 하고, 빗발치는 비판으로 모욕했다.

이 모든 것이 벌어지는 동안, 그 사역자는 한 마디도 하지 않았다. 그는 침묵을 지켰다.

그것이 끝나자 방은 조용해졌다. 그 사역자는 마침내 입을 열어 한 마디 를 했다. 그는 그들에게 자신을 위해 기도해 달라고 요청했다.

그것은 잊지 못할 순간이었다.

그 모임이 있은 지 몇 주가 지나지 않아서, 말로 린치를 주도하고 밧줄을 가져온 사람이 뇌졸중으로 쓰러졌다. 그리고 다른 몇몇 사람들의 삶도 무 너지기 시작했다.

교훈: 공격을 받을 때 절대로 당신 자신을 방어하지 말라. 주님께서 당신 을 방어하시도록 하라. 그분은 언제나 그 일을 더 잘 하신다.

만일 당신이 영적인 영향을 미치고 있다면, 어떤 사람들은 당신을 향해 칼을 빼들고 당신의 명성을 공격할 것이다. 당신이 어떻게 반응하느냐에 따 라 당신의 영적 평판이 고스란히 드러날 것이다.

"명성이 없는" 분빌 2:7처럼 되겠다고 결심하라. 그리고 그분의 말씀을 기 억하라.

모든 사람이 너희를 칭찬하면 화가 있도다 그들의 조상들이 거짓 선
지자들에게 이와 같이 하였느니라. 눅 6:26

이 점에서 나는, 적이 없는 지도자는 그 누구도 개인적으로 신뢰하지 않
는다.

마지막으로, 당신 자신을 방어하는 것과 질문에 답하는 것 사이에는 커
다란 차이가 있다. 예를 들어, 만약 진실한 누군가가 당신에게 와서 "당신
이 골목에서 귀여운 강아지를 걷어찼다고 들었는데 그게 사실인가요?"라
고 물을 때 당신이 대답한다면 그것은 당신이 자신을 방어하는 것이 아니
다.

왜 그런가? 당신이 구체적으로 요청받았기 때문이다.

그러나 독을 토해내는 자들과 얼굴을 맞대는 것은 주님의 방식이 아니
다. 그렇게 한다면 당신은 영적 파워를 잃게 될 것이다.

법칙 40

심령이 가난한 상태를 유지하라

심령이 가난한 사람들은 하나님의 능력을 포함한 그리스도의 풍성함을 받는다.

라오디게아 교회를 향한 예수님의 정신을 차리게 하는 말씀은 그 반대로 심령이 부유한 사람들을 향한 준엄한 질책을 담고 있다:

> 네가 말하기를 나는 부자라 부요하여 부족한 것이 없다 하나 네 곤고한 것과 가련한 것과 가난한 것과 눈 먼 것과 벌거벗은 것을 알지 못하는도다 내가 너를 권하노니 내게서 불로 연단한 금을 사서 부요하게 하고 흰 옷을 사서 입어 벌거벗은 수치를 보이지 않게 하고 안약을 사서 눈에 발라 보게 하라.계 3:17-18

바리새인들은 심령이 부요했다. 서기관들과 사두개인들도 마찬가지였다. 이것이 왜 하나님께서 그들 바로 앞에서 다니셨을 때 이 세 그룹 모두가 살아계신 하나님을 알아보지 못했는지의 이유이다.

> 예루살렘에 사는 자들과 그들 관리들이 예수와 및 안식일마다 외우는 바 선지자들의 말을 알지 못하므로 예수를 정죄하여 선지자들의 말을 응하게 하였도다.행 13:27

이 본문은 성서를 읽고 외울지라도 하나님께서 하시는 말씀을 놓치는 것이 가능하다는 것을 보여준다. 147

주님의 진실한 종은 다른 사람들 앞에서는 자신 있는 것처럼 보이지만 속으로는 두려움에 떨고 있다.

그는 자신의 은사, 타고난 카리스마, 또는 재능을 신뢰하지 않으므로 영적인 일을 처리할 때 부족함을 느낀다.

주님의 종은 사람들 앞에서는 담대해 보이지만, 속으로는 자신의 능력을 확신하지 않는다. 그는 주님을 정면으로 신뢰한다.

완전한 의존

예수님은 하나님 나라의 삶에 관한 유명한 메시지에서 이렇게 말씀하셨다:

> 심령이 가난한 자는 복이 있나니 천국이 그들의 것임이요. 마 5:3

*The Amplified Bible*은 이 구절을 이런 식으로 번역한다:

> 심령이 가난한 자[영적 교만이 없는 자, 자기를 중요하지 않게 여기는 자]는 복이 있나니[영적으로 번성하고, 행복하고, 칭송받음] 천국이 저희 것임이요[지금부터 영원까지].

나는 특히 *God s Word Translation*이 다음과 같이 표현하는 방식을 좋아한다:

---

147)예루살렘의 지도자들은 성서의 전문가였다.

자신이 영적으로 무력하다는 것을 인식하는 사람은 복이 있다.

천국이 그들의 것이다.

심령이 가난하다는 것은 무력하고 의존적인 어린 아이의 마음을 갖는 것이다. 이 태도가 하나님께 얼마나 중요한지에 대해 성서의 증언은 일치한다.

예수께서 그 어린 아이들을 불러 가까이 하시고 이르시되 어린 아이들이 내게 오는 것을 용납하고 금하지 말라 하나님의 나라가 이런 자의 것이니라. 눅 18:16

이르시되 진실로 너희에게 이르노니 너희가 돌이켜 어린 아이들과 같이 되지 아니하면 결단코 천국에 들어가지 못하리라. 마 18:3

그 때에 예수께서 대답하여 이르시되 천지의 주재이신 아버지여 이것을 지혜롭고 슬기 있는 자들에게는 숨기시고 어린 아이들에게는 나타내심을 감사하나이다. 마 11:25

그러나 하나님께서 세상의 미련한 것들을 택하사 지혜 있는 자들을 부끄럽게 하려 하시고 세상의 약한 것들을 택하사 강한 것들을 부끄럽게 하려 하시며 하나님께서 세상의 천한 것들과 멸시 받는 것들과 없는 것들을 택하사 있는 것들을 폐하려 하시나니 이는 아무 육체도 하나님 앞에서 자랑하지 못하게 하려 하심이라. 고전 1:27-29

나의 생각도 예수님께서 "심령이 가난한"이라는 표현을 아마 이사야에서 빌려오셨을 것이라는 케네스 베일리의 생각 쪽으로 기운다. **148**

> 나 여호와가 말하노라 내 손이 이 모든 것을 지었으므로 그들이 생겼
> 느니라 무릇 마음이 가난하고 심령에 통회하며 내 말을 듣고 떠는 자
> 그 사람은 내가 돌보려니와. 사 66:2 **149**

심령이 가난하다는 것은 열린 마음을 갖고 호기심이 많은 학생처럼 자신을 낮추고, 다른 사람에게서 배울 수 있을 만큼 겸손한 것을 의미한다.

예수님은 심령이 가난한 자의 모습을 구체화하셨다. 비록 그분이 모든 영적 은사를 소유하셨음에도 불구하고, 바울은 그분이 "자기를 비우셨다" 또는 "자기를 아무것도 아닌 것으로 만드셨다"고 우리에게 말한다.

> 너희 안에 이 마음을 품으라 곧 그리스도 예수의 마음이니 그는 근본
> 하나님의 본체시나 하나님과 동등됨을 취할 것으로 여기지 아니하시
> 고 오히려 자기를 비워 종의 형체를 가지사 사람들과 같이 되셨고 사
> 람의 모양으로 나타나사 자기를 낮추시고 죽기까지 복종하셨으니 곧
> 십자가에 죽으심이라. 빌 2:5-8

심령이 가난하다는 것은 당신의 인생에 하나님과 그것을 채우실 그분의 능력을 위한 공간을 마련하는 것을 의미한다. 사실, 우리가 다른 모든 것을

---

148) Kenneth Bailey, *Jesus Through Middle Eastern Eyes* (Downers Grove, IL: IVP Academic, 2008), 69.

149) ASV와 ERV 또한 이 구절에서 사람의 영을 가리키는 '가난하다'라는 단어를 사용했다.

비우고 그 자세를 유지할 때까지 우리는 그리스도의 충만함을 알 수 없다.

심령이 가난하여 그리스도인의 삶을 시작했지만 교만이 당신의 마음을 사로잡게 될 가능성도 있다.

> 지식은 교만하게 하며.고전 8:1

> 네가 스스로 지혜롭게 여기는 자를 보느냐 그보다 미련한 자에게 오히려
> 희망이 있느니라.잠 26:12

절실한 사람들의 공동체

심령이 가난하다는 것은 어린아이와 같은 무력함을 의미하지만, 그것은 또한 하나님을 향한 절실한 자세를 포함한다.

당신이 주님을 깊이 알고, 그분의 길을 이해하고, 그분과 같이 되고자 하는 절실함의 정도에 따라 그분께서 당신의 마음의 갈망에 응답하실 것이다.

눈멀고, 순수하고, 꾸밈없는 절실함이 우리의 기본이 되어야 한다.

시련과 환난의 목적 중 하나는 우리가 하나님을 향해 절실함을 갖도록 하는 것이다. 위기의 도가니에 빠지는 것은 우리의 심령을 가난하게 만드는 길이다.

올바르게 이해될 때, 진정한 에클레시아 곧 하나님 나라의 공동체는 절실한 사람들의 가족 관계이다.

다음은 내가 나의 책 *Jesus Speaks*에 저술한 내용이다:

> 예수님께서 천국그리스도께서 다스리시는 보이지 않는 하늘 영역은 심령이 가난
> 한 자의 것이라고 말씀하실 때, 그분은 땅에 표준을 세우셨다. 예수님의

음성을 듣는 것은 이 다른 영역의 한 부분이다.

그러므로 심령이 가난하다는 것은 어린아이와 같은 겸손과 주님을 향해 가난에 찌든 절실함을 의미한다. 150

예수님은 심령이 가난한 것이 무엇인지를 우리에게 확실히 보여 주셨다.

예수님은 이 땅에 계시는 동안 매일 아버지를 향한 끊임없는 절실함과 궁핍 속에서 사셨다. 그분은 "내가 아무 것도 스스로 할 수 없노라" 요 5:30 라고 말씀하심으로 이것을 나타내셨다.

나중에, 그분은 당신과 나에게 이렇게 말씀하셨다: "나를 떠나서는 너희가 아무 것도 할 수 없음이라." 요 15:5

당신은 주님께서 말씀하시고, 계속 말씀하시는 것을 듣기를 원하는가? 당신은 삶과 사역을 위한 하나님의 능력을 원하는가?

심령이 가난하게 되라. 그리고 가난한 심령을 계속 유지하라.

주님께서 당신에게 아무리 많이 보여주실지라도, 그리고 당신을 통해 아무리 많은 일을 하실지라도, 당신이 그분을 향해 절실함을 유지하는 것이 필수적이다. 무력하고 궁핍하게.

왜 그런가? 당신에게서 주님에 대한 절실함이 사라지는 날이 곧 당신의 심령이 부요하게 되는 날이기 때문이다.

그리고 이것은 당신으로 하여금 그리스도의 음성에 귀를 기울이지 않게 할 뿐 아니라 그분의 능력을 잃게 할 것이다. 151

심령의 가난함은 하나님의 능력을 받는 관문이다. 심령의 부요함은 하

---

150) Leonard Sweet and Frank Viola, *Jesus Speaks: Learning to Recognize and Respond to the Lord's Voice* (Nashville: Thomas Nelson, 2016), 99.

151) Sweet and Viola, *Jesus Speaks*, 99-100.

나님을 위한 공간을 남기지 않기 때문에 그분의 기름 부음을 상실하게 한다.

심령이 가난한 상태를 유지하라. 왜냐하면, 하나님 나라의 부요함, 능력, 그리고 영광이 영적으로 무력한 사람들에게 속하기 때문이다.

성공에 대해 다시 생각하라

나는 당신에게 성공에 대한 비전을 과도하게 제시하는 것 대신에 당신이 성공에 대한 정의를 다시 생각해 볼 수 있도록 돕고 싶다.

하나님의 사전에 따른 성공은 이 세상에서의 성공과 크게 다르다.

불행하게도, 오늘날 미국 기독교의 대부분은 성공을 정의하고 측정하는 데 있어서 세상의 표준을 채택했다.

그리고 많은 영적 지도자 역시 그 길을 택했다.

성공의 추구는 종종 더 많은 수입, 더 많은 설교의 기회, 더 많은 재물, 더 큰 숫자 등을 희망하면서 신학 교육에 막대한 돈을 지출하게 만드는 충동이다.

그러나 성공에 대한 하나님의 견해는 전혀 다르다. 다음을 숙고해보라:

> 형제들아 너희를 부르심을 보라 육체를 따라 지혜로운 자가 많지 아니하며 능한 자가 많지 아니하며 문벌 좋은 자가 많지 아니하도다 그러나 하나님께서 세상의 미련한 것들을 택하사 지혜 있는 자들을 부끄럽게 하려 하시고 세상의 약한 것들을 택하사 강한 것들을 부끄럽게 하려 하시며 하나님께서 세상의 천한 것들과 멸시 받는 것들과 없는 것들을 택하사 있는 것들을 폐하려 하시나니 이는 아무 육체도 하나님 앞에서 자랑하지 못하게 하려 하심이라 너희는 하나님으로부터

나서 그리스도 예수 안에 있고 예수는 하나님으로부터 나와서 우리에
게 지혜와 의로움과 거룩함과 구원함이 되셨으니 기록된 바 자랑하
는 자는 주 안에서 자랑하라 함과 같게 하려 함이라. 고전 1:26-31

주님의 성공 척도는 예배 출석Attendance, 건물Building, 현금Cash 152 같은 외
적인 표시가 아니라 질quality과 수명longevity, 지속력에 초점을 맞추고 있다.
　시간을 초월한 아래의 말씀을 살펴보라:

이 닦아 둔 것 외에 능히 다른 터를 닦아 둘 자가 없으니 이 터는 곧 예
수 그리스도라 만일 누구든지 금이나 은이나 보석이나 나무나 풀이나
짚으로 이 터 위에 세우면 각 사람의 공적이 나타날 터인데 그 날이 공
적을 밝히리니 이는 불로 나타내고 그 불이 각 사람의 공적이 어떠한
것을 시험할 것임이라 만일 누구든지 그 위에 세운 공적이 그대로 있
으면 상을 받고 누구든지 그 공적이 불타면 해를 받으리니 그러나 자
신은 구원을 받되 불 가운데서 받은 것 같으리라. 고전 3:11-15

바울은 양보다 질에 더 관심이 있었다. 그는 집의 크기보다 그 집을 무엇
으로 지었는지에 더 관심을 가졌다.
　만일 "금, 은, 보석"으로 지어지지 않았다면 시간의 시험을 견디지 못할
것이다. 사역의 성공, 수명, 그리고 질을 결정하는 것은 인간의 기술이나 방
법이 아니다. 최첨단은 유일한 기초, 중심, 우월성, 동기, 목표이신 예수 그
리스도이어야 한다.
　나는 사실상 모든 기독교인이 그들이 하는 일의 "중심"이자 이유가 예수

---

152)달라스 윌라드가 현대 기독교의 "ABC"라고 불렀던 것

님이라고 즐거이 주장한다는 것을 잘 알고 있다. 그러나 그들의 말하는 것을 주의 깊게 들어보면, 추진되고 촉진되는 것이 그리스도인지 아니면 다른 어떤 것인지를 당신은 발견하게 될 것이다.

두려움과 함께 춤추기

주님을 섬기는 우리는 실패에 대한 두려움과 함께 춤추는 법을 배워야 한다. 놀랍게도, 두려움은 종종 우리가 하나님의 뜻을 향해 나아가고 있다는 신호이다.

자주 반복되는 인용문이 있다: "위험을 무릅쓰고 나가기를 두려워하지 말라. 왜냐하면, 거기에 열매가 있기 때문이다."

당신은 사역에 실패했는가? 당신은 혼자가 아니다. 당신은 비정상이 아니다. 당신은 절망적인 경우가 아니다. 사실, 사역에서 실패를 경험하는 것은 건강한 것이다. 왜냐하면, 그것이 겸손과 하나님을 의지하는 것자기 의존이 아닌과 같은 귀중한 교훈을 주기 때문이다.

하지만 그게 전부는 아니다.

거꾸로 된 하나님 나라에서는 우리의 실패가 종종 주님의 성공을 의미한다. 어떻게? 왜냐하면, 우리가 그분의 강함을 발견하는 것은 우리의 약함 안에서이기 때문이다. 그리고 우리가 그분의 승리를 발견하는 것은 우리의 실패에서이기 때문이다.

하나님은 인간의 연약함 속에서 일하신다. 그분의 능력은 연약함 안에서 드러난다. **153**

달리 말해서, 내가 "성공"을 위해 사역한다면 하나님은 승리하시지 못한다. 그러나 내가 실패할 준비가 되어 있다면 나는 두려움을 떨쳐버릴 뿐만

---

153)사무엘 상 17장에서 생생한 예를 보라.

아니라 주님께서 성공하실 수 있도록 문을 여는 것이다.

실패는 겸손을 낳기 때문에 자신의 사역에서 어떤 면에서든 실패하지 않은 지도자를 나는 신뢰하지 않는다. 실패는 온유함을 낳는다. 그것은 깨어짐brokenness을 낳는다. 그리고 이런 요소들은 그리스도께서 우리 안에서, 그리고 우리를 통해서 영광을 받으실 수 있는 길을 열어준다.

성공에 대한 나의 기준은 이것이다: 내가 핵심 가치에 따라 행동 또는 반응을 했는가?154 만약 그렇다면 결과에 관계없이 나는 그것을 하나님 나라에서의 성공으로 간주한다.

안심에 관한 한마디

안심reassurance은 늘어나지 않는다. 이것은 우리가 그것을 충분히 얻을 수 없다는 것을 의미한다. 안심을 추구하는 것의 밑바탕에는 우리의 미래가 괜찮을 것이라는 사실을 알고자 하는 욕망이 있다.

하지만 미래를 예측할 수 있는 인간은 없다. 그러므로 외적인 검증을 추구하는 것은 하나님과 그분이 우리에게 주신 능력에 대한 우리의 신뢰를 약화시킨다.

확인과 긍정적인 피드백은 환영하지만, 안심하기를 구하는 것은 거부하라. 그리고 결코 당신에게 그것이 필요하다고 믿지 말라.

하나님의 일에 성공하고 그분의 능력을 잘 관리하는 사람들은 결과에 관계없이 주님을 기쁘시게 하려고 노력한다. 이것이 영적 파워를 얻는 또 다른 열쇠이다.

---

154)나는 『내려놓으려면 붙잡아야 하는 것들』 36장에서 협상할 수 없는 가치에 대해 썼다.

주의를 기울이라

교회의 일꾼들에게 목자의 눈이 결핍되었으므로 적지 않은 교회가 무너졌다.

달리 말해서, 이 사람들은 주의를 기울이는데 실패했으므로 교회 자체의 멸망의 씨앗이 그들의 눈 앞에 싹트고 있는데도 그 씨앗을 놓쳐버린 것이다.

내가 염두에 두고 있는 지도자들은 물보라를 만들어낸 분수를 무시하면서 물보라만 따라다녔다. 그들은 체커 게임은 할 수 있지만 체스 게임은 할 수 없었다.[역자 주: 체커와 체스는 다르다. 체커는 단순하고, 체스는 머리를 많이 써야 하는 복잡한 게임이다] 즉, 그들은 모퉁이를 돌아서 볼 수 없었다.

이 세상의 모든 것은 무질서로 향하는 경향이 있다, 심지어는 그리스도의 몸 안에서도 그렇다. 결과적으로, 주님의 일을 하는 사람들은 하나님 사람들의 광범위한 필요에 끊임없이 주의를 기울여야 한다.

효과적인 사역자는 예리한 관찰력과 지뢰를 헤쳐갈 수 있는 능력을 소유해야 한다. 그들은 영적인 영역뿐만 아니라 자연의 영역에서도 무슨 일이 일어나고 있는지 분별할 수 있어야 한다.

나는 이 기술이 개발되고 연마될 수 있다고 믿는다. 하지만 그것은 관찰의 엄청난 중요성을 인식하는 것에서부터 시작된다.

그것이 없으면 당신은 주님 안에서의 당신의 수고가 불필요하게 전복되는 것을 볼 수도 있다.

다른 하나님의 종과 동역하는 것이 이 일에 도움이 될 수 있다. 당신의 동역자가 볼 수 있는 눈이 있다면 당신이 눈치 채지 못하는 것을 그가 알아차릴 수도 있다. 잘 감지하지 못하는 두 명의 동역자는 도움이 되지 않는다.

사례 연구

제프Jeff는 작은 교회를 개척하는 사역을 했다. 그는 하나님의 목적과 그리스도의 중심성을 잘 이해하고 있었다.

그는 자주 여행을 했고, 새로 생겨나는 모임들의 방문 요청에 응해서, 단순하고 비공식적인 방식으로 모임을 갖는 방법을 그들에게 가르쳤다. 때때로 제프는 그 그룹들과 함께 몇 달을 보내며 그들에게 강력한 기반을 제공하기 위해 노력했다.

그러나 안타깝게도 제프가 사역했던 그룹의 90 퍼센트 이상이 그가 떠난 후 2년 이내에 해체되었다. 그 이유는? 그것은 그가 세운 지역 교회의 유형과는 아무런 관련이 없었다. 문제는 필요한 관찰력이 그에게 부족하다는 것이었다. 그는 생겨난 파괴의 "씨앗"을 보지 못했던 것이다.

결과적으로, 제프가 이 그룹들을 떠나자, 그 씨앗은 급속도로 싹이 트기 시작했고, 마침내 그 모임의 생명을 질식시켜 버렸다.

당신이 영적 파워의 결과를 방해하는 것들을 분별하거나 볼 수 없다면 영적 파워는 별로 쓸모가 없다. 그러므로 당신이 하나님의 일에 있어 쟁기를 손에 잡았다면, 주의를 기울이는 것의 중요성을 결단코 무시하지 않는 것이 임무에 치명적으로 중요하고, 필수적이며, 매우 중요하고, 엄청나게 중요하며, 심오하게 긴급하다.

당신이 이 분야에 있어 부족하다면, 이것의 실력을 갖춘 사람을 찾아 함께 일하라. 법칙 33동역을 수용하라을 참조하라.

두 가지 다른 측면

내가 초점을 맞추고 있는, 주의를 기울여야 하는 측면은 자동차의 앞 유리 밖을 내다볼 수 있는 능력과 관련이 있다. 즉, 당신 주변과 당신이 사역하는 사람들과 그룹들 사이에서 무슨 일이 일어나고 있는지를 관찰하는 능력이다.

주의를 기울여야 하는 또 다른 측면은 욕실 거울을 들여다보는 능력이다. 즉, 자기를 인식하는 것이다. 자기 인식이 없으면 당신은 자신의 변화를 방해할 운명에 처하게 된다.

여전히 주의를 기울여야 하는 세 번째 측면은 백미러를 소유하는 것이다. 즉, 당신이 과거에 저지른 실수를 인식하고 진로를 바로잡는 것이다.

백미러가 부족한 사역자들은 결국 같은 오류를 끊임없이 반복하게 된다. 자기를 인식하지 못하는 사역자들은 결코 더 나은 방향으로 변화되지 않는다. 그리고 앞 유리 밖을 내다볼 수 없는 사역자들은 주님 안에서의 그들의 수고가 파괴되는 것을 지켜볼 것이다.

이 모든 기술은 연습을 필요로 한다.

좋은 시작은 자신과 다른 사람에 대한 관찰을 일기로 남기는 것이다. 그런 다음, 가장 가까운 사람들을 초대하여 그들이 관찰한 내용도 공개적으로 나누라.

경계하라. 예리하게 인식하는 기술을 터득하라.

마음을 향해 말하라

나의 관찰에 따르면, 오늘날 대부분의 설교자와 교사는 지성intellect을 향해 말한다. 그들의 메시지는 두개골을 부풀게 한다.

어떤 사람들은 감정emotion을 향해 말한다. 그들의 메시지는 큰 소리와 감정에 대한 호소로 가득 차 있다.

하지만 마음heart은 이 둘보다 더 깊다. 그리고 하나님 말씀의 사역자로서 당신이 듣는 사람들의 마음을 사로잡는 방법을 아는 것이 매우 중요하다.

"마음"이란 신약 성서에서 많이 언급하고 있는 인간의 영을 의미한다. 155

> 오직 마음에 숨은 사람을 온유하고 안정한 심령의 썩지 아니할 것으
> 로 하라 이는 하나님 앞에 값진 것이니라. 벧전 3:4

많은 그리스도인이 지적, 학문적 지식을 영적인 지식 및 통찰력과 혼동한다. 하지만 그 둘은 같은 것이 아니다.

학문적 지식은 전두엽을 넘지 못하는 반면, 영적인 지식은 생명을 공급한다.

---

155) 인간의 영에 관해 설명하는 구절들의 목록: 잠 20:27, 눅 24:46, 행 7:59, 롬 1:19, 8:16, 고전 2:11, 살전 5:23, 히 4:12, 약 2:26. 성서 전체에서, 마음은 때때로 지, 정, 의를 일컫는다. 때로는 인간의 영의 일부인 양심을 가리킨다.

예수님은 제자들에게 신학을 거의 가르치시지 않았다. 그걸 알아차렸는 가? 그분은 인격의 변화, 하나님을 아는 것, 하나님 나라의 본질, 왕그분 자신을 따르는 것에 대해 주로 이야기하셨다.

성서를 알면서도 하나님을 모를 수 있다. 나는 당신에게 증거 A, B, C, D를 제공한다: 예수님 당시 예루살렘에 있었던 바리새인들, 사두개인들, 서기관들, 장로들.

이 사람들은 신학에 관해 하나님보다 더 잘 알았다.

그들의 성서 지식이 대부분의 현대 학자들을 훨씬 능가했지만, 그들은 살아계신 하나님이 그들 바로 앞에 계셨을 때 그분을 알아보지 못했다.

흥미롭게도, 예수님은 비록 사두개인들이 성서를 지적으로 습득했지만 그것을 이해하지 못했다고 말씀하셨다. 그들은 하나님의 능력도 알지 못했다.

> 예수께서 대답하여 이르시되 너희가 성경도, 하나님의 능력도 알지
> 못하는 고로 오해하였도다. 마 22:29

성경 공부에서는 A를 받았지만 예수님에 대해서는 낙제할 수도 있다.

불행하게도, 오늘날 많은 사역자가 지적 지식과 의지력이라는 도구만을 휘두르고 있다.

하지만 이런 도구들은 부적절하다. 하나님의 일에 그것들을 사용하는 것은 플라스틱 숟가락으로 운하를 파는 것과 같다.

하나님의 일을 좌뇌나 우뇌에 전파하는 많은 종교 지도자, 교수, 교사 중에서 니고데모는 혼자가 아니다. 156 하지만 인간의 영 곧 마음은 좌뇌와 우

---

156)내가 이것에 관해 자세히 설명한 코다 V, "니고데모의 순간"을 참조하라.

뇌를 초월한다.

인간의 영은 우리의 가장 깊은 곳이다. 성서는 그것을 "여호와의 등불"이라고 부른다.잠 20:27 그것은 하나님의 영이 거하는 곳이다.

머리로 아는 개념, 고상한 언어, 지루한 아이디어, 그리고 철학적 전문 용어를 사용하여 지성을 향해 사역하는 사람은 하나님의 영에 의해 말하고 "마음에 숨어 있는 사람"을 향해 사역하는 사람과는 완전히 다른 차원에서 활동한다.

한 쪽은 아이디어를 전달하고, 다른 쪽은 그리스도를 분배한다.

지적인 것들이 더 자연스러운 성향의 사람은 전두엽으로 사역하는 교사와 설교자에게 빠르게 끌리게 되며, 학문적 지식을 영적인 삶 및 통찰력과 잘못 동일시하게 된다.

생명 대 사실

옛 언약의 메시지는 정보를 분배하는 것으로 특징지어졌고, 새 언약의 메시지는 생명을 분배하는 것으로 특징지어진다.이것의 대조를 위해 고후 3장을 보라

사실적 정보를 나누는 것과 생명으로 사역하는 것 사이에는 엄청난 차이가 있다. 생명으로 사역하는 사람은 사실을 말하겠지만, 생명 없이도 사실은 말할 수 있다. 생명 없이 사실을 말하면, 비록 그 사람의 말이 성서적으로 건전하고 지적 자극을 줄지라도 무익하고, 생기가 없고, 죽은 말이 된다.

율법의 조문은 참되지만, 성령의 기름부음이 없으면 죽은 것이다.

율법 조문은 죽이는 것이요 영은 살리는 것이니라.고후 3:6

워치만 니에 관한 놀라운 이야기가 있다. 그가 젊은 시절 마가렛 바버 Margaret Barber라는 선교사를 멘토로 두었을 때의 일이다.

새로운 설교자가 마을에 와서 메시지를 전할 때마다, 워치만 니는 바버를 그 모임에 데리고 갔다. "이 사람의 메시지를 들어야 합니다. 그는 훌륭한 설교자입니다. 와서 들어보세요"라는 말에 그녀는 응했다.

모임이 끝난 후 바버는 이렇게 말했다: "이 사람은 많은 지식을 갖고 있지만 그리스도와 함께하는 산 체험이 없고 생명으로 사역하지도 않습니다." 이런 일이 반복적으로 일어났다.

궁극적으로, 워치만 니는 그 또한 머리로 아는 지식과 생명을 분별할 수 있을 정도로 영적인 감각을 발전시켰다.

고린도전서 1:20-2:16에서, 바울은 머리로 아는 지식학문적 이해과 영적인 지식계시 또는 영적 통찰력의 차이를 설명한다.

이 본문이 길기 때문에 여기에 인용하지는 않겠지만, 이 장을 다 읽은 후에 그것을 찾아 읽기를 권한다.

두 설교자

하나님의 능력으로 사역하는 것은 인간의 영을 향해 말하는 것이다.

바울의 말을 숙고해보라:

> 하나님의 나라는 말에 있지 아니하고 오직 능력에 있음이라. 고전 4:20

두 설교자를 상상해보라. 그들은 둘 다 같은 본문을 설교한다. 사용하는 말은 성서적으로 정확하고 건전하다.

제이크Jake가 메시지를 전할 때, 그 메시지는 능력과 함께 온다. 그것은 사람들의 마음을 감동시키고, 그들은 그의 말을 통해 나오는 하나님의 생명을 감지한다. 성령이 영감을 주고, 일깨워주고, 또 도전하고 격려한다.

제이크의 메시지를 듣는 사람들의 마음속에 뭔가 일어났다.

릭Rick도 같은 메시지를 그대로 전한다. 그러나 그의 말은 힘이 없다. 그 메시지에는 생명도 없고, 능력도 없고, 영향력도 없다.

어떻게 이럴 수가 있는가?

왜냐하면, 제이크는 성령의 기름 부음 아래서 사역을 한 반면 릭은 육신의 에너지에 의존했기 때문이다. 바울은 다음과 같이 설명한다:

> 이는 우리 복음이 너희에게 말로만 이른 것이 아니라 또한 능력과 성
> 령과 큰 확신으로 된 것임이라 .살전 1:5

제이크는 직접적으로 마음을 향해 말했지만 , 릭은 머리나 감정을 향해 말을 했다.

지성을 향해 말하는 것은 듣는 사람의 기억또는 대개 책장이나 서랍에 먼지가 쌓이게 되는 노트을 넘어서지 못할 것이다.

감정을 향해 말하는 것은 감정적인 경험이 계속되는 동안에만 지속된다.

그러나 마음을 향해 말하면 변화가 일어난다.

인간의 영을 향해 사역하는 것은 교육을 할 뿐만 아니라 힘을 실어준다.

그러나 자신의 마음이 먼저 감동되기 전까지는 누구도 사람들의 마음을 향해 말할 수 없다.

브레넌 매닝Brenan Maning은 내가 받은 최고의 조언 중 하나를 제공했다.

우리가 컨퍼런스에서 함께 메시지를 전했을 때, 나는 그의 옆으로 가서 이렇게 물었다:

"글쓰기에 관해 나에게 줄 수 있는 가장 좋은 조언은 무엇입니까?"

나는 그의 대답을 결코 잊지 않을 것이다.

"만일 그것이 당신을 움직이지 않는다면 쓰레기통에 버리십시오. 왜냐하면, 그것이 다른 어떤 사람도 움직이지 않을 것이기 때문입니다."

이 동일한 원리가 메시지를 전하는 사역에도 적용된다.

하나님의 능력으로 말하는 열쇠 중 하나는 당신 자신의 마음이 주님의 감동을 받는 것이다. 그래야만 그것이 다른 사람에게 생명을 줄 것이다.

눈으로 보지 못하고 귀로 듣지 못했다

바울의 이 말을 숙고해보라:

> 기록된 바 하나님이 자기를 사랑하는 자들을 위하여 예비하신 모든 것은 눈으로 보지 못하고 귀로 듣지 못하고 사람의 마음으로 생각하지도 못하였다 함과 같으니라 오직 하나님이 성령으로 이것을 우리에게 보이셨으니 성령은 모든 것 곧 하나님의 깊은 것까지도 통달하시느니라. 고전 2:9-10

> 그런즉 누구든지 사람을 자랑하지 말라 만물이 다 너희 것임이라 바울이나 아볼로나 게바나 세계나 생명이나 사망이나 지금 것이나 장래 것이나 다 너희의 것이요 너희는 그리스도의 것이요 그리스도는 하나님의 것이니라. 고전 4:21-23

젊은 그리스도인이었을 때, 나는 설교자들이 고린도전서 2:9을 인용하여 하늘 나라가 아름다울 것이라고 설명하는 것을 자주 들었다. 그것을 눈으로 보지 못하고 귀로 듣지 못하고 사람의 마음으로 생각하지도 못하였다.

나는 그들이 옳다고 확신한다. 비록 그곳에서 하늘과 땅이 하나가 될 하늘의 목적지가 땅일지라도 말이다. 하지만 그것은 또 다른 주제이다.

그러나 당시 나는 바울이 인용한 이사야서 64:4이 고린도 교회의 상황에 완벽하게 들어맞는다는 것을 보지 못했다.

고린도전서의 처음 세 장은 바울이 그곳에 없었을 때 베드로와 아볼로가 고린도를 방문했음을 알려 준다.

아볼로는 뛰어난 말솜씨와 성서 지식으로 알려졌다. 행 18:24

그는 귀를 감동시켰다.

베드로는 큰 표적과 기사를 행하는 것으로 알려졌다.

그는 눈을 흥분시켰다.

두 사람이 떠났을 때 고린도 교인들은 그들이 선호하는 사도 때문에 분열되기 시작했다.

어떤 사람들은 "우리는 베드로에게 속했다"라고 말했다. 이들은 모임에서 기적을 추구하는 사람들이었으며 의심할 바 없이 유대인 신자들이었다.

바울이 고린도전서 1장에서 말했듯이, 그들은 능력을 추구했다.

또 다른 사람들은 "우리는 아볼로에게 속했다"고 말했다. 이들은 모임에서 지식을 추구하는 사람들이었으며 의심할 바 없이 그리스 신자들이었다.

바울이 고린도전서 1장에서 말했듯이, 그들은 지혜를 추구했다. [157]

---

157) 어떤 사람들은 "나는 그리스도에게 속했다"라고 말했다. 이 신자들은 자신들이 예수님을 따르고 있고 또 에클레시아의 다른 모든 사람은 아니고 자신들만이 "그리스도의 교회"라고 주장하고 있었다. 하지만 바울은 그들을 분열하는 집단에 편입시켰다. 똑같은 종파적

바울은 예수 그리스도가 하나님의 능력이요 하나님의 지혜라고 말함으로써 두 부류의 관심을 일축했다.

> 유대인은 표적을 구하고 헬라인은 지혜를 찾으나 우리는 십자가에
> 못 박힌 그리스도를 전하니 유대인에게는 거리끼는 것이요 이방인에
> 게는 미련한 것으로되 오직 부르심을 받은 자들에게는 유대인이나 헤
> 라인이나 그리스도는 능력이요 하나님의 지혜니라.고전 1:22-24

중요한 것은 기적과 표적과 기사와 외적인 능력을 보는 눈이 아니다. 유창한 말과 지식과 지혜를 듣는 귀도 아니다.

중요한 것은 성령이 계시하시는 것이다. 성령은 예수 그리스도 곧 하나님의 능력과 지혜를 계시하신다!

두 가지 일반적인 질문

설교자들은 종종 이 주제에 관하여 두 가지 질문을 한다.

질문 1: 나는 정기적으로 설교를 합니다. 그런데 최근에 나는 지상에서 지옥을 통과하고 있고, 사역하는데 어려움을 겪고 있습니다. 조언해줄 수 있나요?

내가 컨퍼런스에서 메시지를 전하고 있었을 때 끔찍한 소식을 접한 적이 있다. 그것이 너무 나빴기 때문에 상상을 초월할 정도로 내 영혼을 괴롭혔다. 하지만 나이든 지도자가 여러 해 전에 나에게 뭔가 강력한 것을 가르쳐 주었다.

정신이 자신들이 "바울에게 속했다"고 주장하는 사람들 또한 물들게 했다.

사람들이 당신에게 저주를 퍼붓거나 당신의 삶에 죽음의 종소리가 울릴 때, 그때가 종종 당신이 가장 강력한 메시지를 전하게 될 때이다.

당신이 느끼는 것보다 뭔가 더 높은 것을 선포해야 한다고 자신에게 말하라. 그게 비결이다. 그리고 평소보다 더욱 주님을 의지하라.

질문 2: 때때로 메시지를 준비하면서, 내가 지은 죄가 생각나 죄책감을 느낄 때가 있습니다. 아마 내가 아내와 아이들과 집에서 다퉈서 기분이 끔찍한 것 같습니다. 가끔 제가 메시지를 전하기 직전에 이런 일이 일어납니다. 나는 사역할 자격이 없다고 느끼는데, 이걸 어떻게 해결할 수 있을까요?

당신의 자격이 당신의 순종과 행동에 달려 있다고 믿는다면, 당신은 그 자격의 기초를 주님의 것이 아닌 당신 자신의 행위에 둔 것이다.

오직 그리스도께서 흘리신 피만이 하나님 앞에서 우리에게 자격을 부여한다.

기억하라. 하나님께서 당신을 부르셨을 때 그분은 당신이 저지를 모든 골치 아픈 실수를 고려하셨으로, 그것이 그분의 부르심을 변경하지 않았음을.

그리스도께서 흘리신 피를 믿음으로, 서서 죄의 휘장을 뚫어버리라. 그 피는 우리를 모든 죄에서 깨끗하게 해준다. 당신을 대신한 그리스도의 속죄에 대한 믿음이 도움을 주듯이, 죄의 자백도 확실히 이것에 도움을 줄 수 있다.

> 만일 우리가 우리 죄를 자백하면 그는 미쁘시고 의로우사 우리 죄를
> 사하시며 우리를 모든 불의에서 깨끗하게 하실 것이요. . . 나의 자녀

들아 내가 이것을 너희에게 씀은 너희로 죄를 범하지 않게 하려 함이

라 만일 누가 죄를 범하여도 아버지 앞에서 우리에게 1대언자가 있으

니 곧 의로우신 예수 그리스도시라 그는 우리 죄를 위한 화목제물이

니 우리만 위할 뿐 아니요 온 세상의 죄를 위하심이라.요일 1:9, 2:1-2

잠시 멈추고, 당신이 좋아하는 번역본으로 고린도전서 1:20-2:26을 읽으라. 머리로 아는 지식과 참된 영적 통찰력 사이에서 바울이 이끌어낸 인상적인 차이점에 주목하라.

절대로 시련을 낭비하지 말라

나의 책『내려놓으려면 붙잡아야 하는 것들』은 시련, 환난, 그리고 고통을 낭비하지 않는 방법에 대해 굳건한 테스트를 거친 현장 가이드이다.

이 장에서는 그 책에서 내가 지목한 몇 가지 요점에 첨가하고자 한다.

고통은 하나님을 섬기는데 있어서 선과 악 둘 다이다. 당신이 은사가 많을수록 당신의 삶에 더 많은 열기가 더해질 것이다.

우리가 경험하는 고통은 우리를 깨뜨려서 하나님의 빛이 우리 마음에 더욱 뿌리를 내리고 다른 사람들에게 스며들도록 하기 위한 것이다.

잠시 동안 깨어짐brokenness에 대해 고찰해보겠다.

깨어짐

내 경험으로는, 대부분의 사역자들이 깨어짐을 이해하지 못하고, 이해하는 사람들은 그것을 과소평가 하는 경향이 있다.

내가 살았던 가장 암울한 시절은 하나님이 나를 무너뜨리기 위해 사용하신 때였다. 왜? 그렇게 함으로써 그리스도의 빛이 더욱 깊숙이 스며들 수 있게 하기 위해서이다.

주님의 일을 위해 선택된 모든 사람은 하나님께서 어떤 영역을 취하시더라도 그분이 취하신 영역이 천천히 불타는 지옥이었다는 것을 알고 있다. 우리 영혼 안에서 벌어지는 이 변화의 역사는 지속적인 역경을 요구한다.

당신은 잿더미에서 나오는 순간 당신의 문앞에 도착할 못nails 배달을 받게 된 자신을 발견할 것이다. 고맙게도, 당신에게는 계속 몰려오는 태풍들 사이에 잠깐 휴식할 시간이 있다.

하나님 세계에서 선과 악이 어떻게 작용하는지에 대한 그칠 새 없는 주장들은 끝도 없이 논의되어 왔다. 나는 이 장에서 신학적인 잡초를 다루지는 않을 것이지만, 당신은 다른 곳에서 내가 그것을 어떻게 정리했는지 볼 수 있다.158

하나님께서 당신의 인생에 손을 대시면, 십자가가 당신을 기다리고 있다. 나는 이 개념이 많은 현대 독자에게 생소하다는 것을 이해한다

지금부터 내가 펼칠 내용에 대비하라.

그것은 수년간의 누그러지지 않은 고초를 의미할 수도 있다. 당신은 장례를 치를 때까지 비명을 지르게 될 것이다. 당신은 계속 고통을 당하기보다는 음부를 선택하는 쪽으로 위험하게 가까이 왔을 수도 있다.

그러나 하나님은 당신이 먼저 허락하기 전에는 당신을 깨뜨리실 수 없다.

그분의 나라가 전진하기 위해서는 깨뜨리시는 하나님의 손이 필수적이다. 고통은 변화시킨다. 우리는 시련 속에서 보물을 발견한다. 우리는 역경의 대학에서 최고의 교육을 받는다.

사역에 있어서, 당신에게 열정이 없다면 당신에게는 아무 것도 없는 것이다. 그리고 열정을 유지하려면 우리의 삶에서 어느 정도 깨지는 것이 요구된다.

하나님께서 당신의 삶에 허락하신 모든 압박, 즉 이 세상의 염려, 다른

---

158) 『내려놓으려면 붙잡아야 하는 것들』의 부록 1: "누가 당신에게 시련을 갖다 주었는가?" 를 보라.

사람들의 드라마, 끊임없는 비판, 부당한 대우, 코끼리마저도 죽일 기세인 위기 등을 통과하면서도 당신이 여전히 하나님을 위해 불이 붙어있다면, 당신은 그분의 일에 부름받은 것이 거의 틀림없을 것이다.

워치만 니가 올바르게 관찰했다:

> 압박이 있을 때마다 능력도 있다. . . 압박감에 짓눌려본 경험을 한 사람만이 능력이 무엇인지 안다. 압박이 클수록 능력도 커진다. . . 당신이 많은 압박에 직면할 때, 압박은 곧 능력이라는 것을 기억해야 한다. 따라서 당신은 그런 압박을 피하지 말고 환영해야 한다. 당신의 압박이 클수록 당신의 능력도 더 커질 것이다. 당신은 모든 것을 극복하고 더 큰 능력을 얻게될 것이다.[159]

워치만 니는 그의 관찰을 아래의 중요한 본문에 기초했다:

> 형제들아 우리가 아시아에서 당한 환난을 너희가 모르기를 원하지 아니하노니 힘에 겹도록 심한 고난을 당하여 살 소망까지 끊어지고 우리는 우리 자신이 사형 선고를 받은 줄 알았으니 이는 우리로 자기를 의지하지 말고 오직 죽은 자를 다시 살리시는 하나님만 의지하게 하심이라 그가 이같이 큰 사망에서 우리를 건지셨고 또 건지실 것이며 이 후에도 건지시기를 그에게 바라노라. 고후 1:8-10

---

159) Watchman Nee, *From Faith to Faith* (Christian Fellowship Publishers, New York, 1984), 61-62, 75. God's Work에서, 윗치만 니는 깨어짐이 어떻게 하나님의 생명을 드러나게 하는지를 설명한다.(Watchman, Nee, *God's Work*, Christian Fellowship Publishers, New York, 1974), 23-26.

성서는 시련과 환난의 긍정적인 면에 대해 많이 이야기한다.

신약 성서에 따르면, 시련에서 오는 압박이 인격을 고양시킨다. 고통은 인내를 낳고, 핍박과 실패는 겸손을 낳고, 역경은 힘과 인내를 낳고, 상실은 하나님이 주신 것에 대한 감사를 낳는다.

즉, 만일 당신이 시련을 낭비하지 않는다면 말이다.

내가 지혜 한 토막을 주겠다. 당신이 새로운 시련을 겪을 때마다 이렇게 자문해보라: "이 시련이 나에게 어떤 새로운 기회를 제공할 것인가?"

모든 시련은 예수 그리스도의 신선한 면을 발견하고 그분이 당신의 성품을 변화시키는 것을 지켜볼 수 있는 기회를 대표한다.

> 그러므로 내가 그리스도를 위하여 약한 것들과 능욕과 궁핍과 박해
> 와 곤고를 기뻐하노니 이는 내가 약한 그 때에 강함이라. 고후 12:10

실로, 고통이 하나님께 복종할 때 그 고통에는 변화를 일으키는 능력이 있다. 그리고 사람을 깨뜨리는 데는 우리가 생각하는 것보다 훨씬 더 큰 능력이 요구된다.

따라서 주님의 종들은 시련을 피하는 대신 그들의 시련에 기대는 법을 배워야 한다.

> 너는 그리스도 예수의 좋은 병사로 나와 함께 고난을 받으라. 딤후 2:3

사역으로 부르심을 받은 모든 사람은 이 고통과 깨어짐의 문제를 놓고 하나님과의 만남을 가져야 한다.

당신이 시련을 어떻게 보느냐에 따라 시련에 대한 당신의 태도가 결정되

고, 이것이 궁극적으로 주님께서 당신의 삶에서 얼마나 많은 마일리지를 얻을 수 있는지를 결정하게 될 것이다.

깨지지 않은 사람의 특징

좀 더 자세히 말하자면, 깨지지 않은 사람의 증거는 다음과 같다:

- 방어하기
- 정당화하기
- 합리화하기
- 변명하기
- 자신이 틀렸다는 것을 인정하지 않으려는 태도
- 지적을 받을 수 없음
- 사과하기를 거부함
- 다른 사람들 또는 하나님을 비난함

깨지지 않은 영혼은 반대에 부딪힐 때 침묵하기가 어렵다. 그런 상황에서 침묵을 받아들이는 것은 작동 중인 소방 호스를 당신의 검지로 막으려는 것과 같다.

이와는 대조적으로, 깨진 사람은 엄청난 압박 속에서도 기능을 발휘할 수 있다. 그리고 그들은 상처를 받을 수 없다.

깨어짐은 효과적인 사역과 영적 파워에 매우 중요하다.

그리고 하나님은 고통을 가져오시기 위해 고통의 도구를 사용하신다.

T. 오스틴 스팍스가 올바로 말했다:

그것은 설교를 통해, 가르침을 통해, 또는 삶을 통해 다른 사람들에게 전달될 수 있지만, 만일 그것이 그분의 생명이라면 그것은 고통의 경험에서 나올 것이다. 고통을 겪어본 적이 없는 설교자나 교사는 결코 생명을 사역하지 못할 것이다. 160

이것을 더 명확하게 하기 위해, 여기에 당신이 고통을 낭비할 수 있는 몇 가지 방법이 있다:

• 당신은 공중 앞에서 고통으로 인한 피를 흘린다.
• 당신은 고통을 준 사람들과 맞서 싸운다.
• 당신은 투덜대고, 불평하고, 하나님에게 시험 든다.
• 당신은 합리화하고, 자신을 정당화하고, 다른 사람들을 비난한다.
• 당신은 자신을 배우는 학생이 아닌 희생자가 되도록 허용한다.

기억하라. 사탄은 결박되어 있다. 그러므로 당신의 삶에 들어오는 모든 것—훌륭한 것이든 끔찍한 것이든 둘 다—은 당신에게 도달하기 전에 먼저 아버지의 사랑의 손길을 거쳐야 한다. 그리고 그분은 당신의 유익과 그분의 영광을 위해 그 모든 것을 사용하신다. 약 1장, 벧전 1, 4장, 롬 8:28-38, 고후 4장

베드로의 말을 숙고해보라:

그리스도께서 이미 육체의 고난을 받으셨으니 너희도 같은 마음으로 갑옷을 삼으라 이는 육체의 고난을 받은 자는 죄를 그쳤음이니. 벧전 4:1

---

160) T. Austin-Sparks, *Daily Open Windows: Excerpts from the Message of T. Austin-Sparks*, ebook, April 10.

베드로는 주님의 백성들에게 고난을 받을 마음으로 자신을 "무장"하라고 권면한다. 결국, 고난을 견디고 그 선한 열매를 보기 위해서 그것을 기대하고, 하나님께서 우리의 시련을 사용하여 우리를 연단하고 정결케 하신다는 것을 인식하라.

바울에 따르면, 그리스도의 부활 생명의 능력은 그분의 고난에 참여하는 데서 흘러나온다. 빌 3:10

음악과 글쓰기의 학생이자 실무자로서, 나는 가장 위대한 예술이 비통함과 고통에서 나온다는 것을 발견했다. 이것은 믿는 자와 불신자 모두에게 해당된다. A. W. 토저는 "모든 위대한 그리스도인은 상처받은 영혼이었다"고 올바르게 말했다. 161

데이빗 윌커슨도 비슷한 관찰을 공유했다.

하나님께서 당대를 뒤흔들기 위해 사용하신 사람들을 생각해 볼 때, 우리는 하나님께서 그들을 형성하기 위해 사용하신 요소가 괴로움, 고통, 슬픔, 그리고 실패였다는 것을 알게 된다... 모든 하나님의 사람에게는 고통의 잔이 다가올 것이다... 그렇다면, 당신은 하나님의 사람이 되고 싶은가? 당신은 주님의 손길을 원하는가? 당신에게 말하건대, 당신은 고통의 잔을 마시게 될 것이다. 당신은 눈물의 침대에 누워있을 것이다. 당신은 육체적인 고통보다 훨씬 더 심한 고통 때문에 눈물을 흘리게 될 것이다. 나는 친구들에게 상처받고 거절당하는 고통에 대해 이야기하고 있다. 그것은 자녀가 부모의 마음을 짓밟고 그들에게 낯선 사람이 될 때의 그 부모의 고통이다. 그것은 남편과 아내 사이에 벽돌담이 쌓일 때의 그 고통이

---

161) A. W. Tozer, *Man: The Dwelling Place of God* (Harrisburg, PA: Christian Publications, 1966), 101.

다. 162

실로, 고통은 당신을 기다리는 운명이지만, 그 안에는 다른 방법으로는 발견할 수 없는 보물이 담겨 있다.

이런 생각은 내 자신의 삶에서 사실로 입증되었고, 이에 관한 책 전체를 쓰도록 동기를 부여하기에 충분했다. 163

그러므로 기대하고, 이해하고, 받아들이라. 긍정적인 모든 것을 흘려보내라.

바울은 우리가 질그릇에 영광스러운 보배를 가지고 있다고 말했다.고후 4:7 그러나 그 보배를 다른 사람들의 손으로 들어가려면 그릇이 깨져야 한다.

달리 말하면, 오직 우리가 주님의 손에 있는 쪼개진 빵일 때만 그분이 우리를 사용하여 수많은 사람을 먹이실 수 있다.마 14:19-21

이것이 사역이다.

---

162) David Wilkerson, "The Making of a Man of God," WorldChallenge.org, February 1, 2010.

163) 프랭크 바이올라, 『내려놓으려면 붙잡아야 하는 것들*Hang On, Let Go*』(대장간, 2023)

법칙 45

유해한 사람들을 피하라

나는 20대 때 유해한 사람a toxic person과 궁핍한 사람a needy person의 차이를 이해하지 못했다. 대부분의 주님의 사람들은 어떤 면에서든 궁핍하다. 무엇을 필요로 한다 하지만 유해한 사람독성이 있는 사람은 완전히 다른 생물이다.

유해한 사람들은 당신의 선을 흘려버린다. 만약 당신이 그런 사람들에 너무 오랫동안 노출된다면, 그들은 당신에게 있는 사역을 위한 기름 부음을 잃게 만들 수 있다.

그들 중 어떤 사람들은 내가 "사역의 블랙홀"이라고 부르는 사람들이다. 당신은 몇 달, 심지어 몇 년 동안 그들에게 당신의 삶을 쏟아부을 수 있고, 모든 것이 끝났을 때 당신의 영적 파워가 고갈되고 만다.

어떤 사람들은 너무 독성이 강해서 당신을 싸움과 다툼에 끌어들일 수 있다. 이런 일은 하나님의 종이라면 가담해서는 안 되는 일이다.

> 주의 종은 마땅히 다투지 아니하고 모든 사람에 대하여 온유하며 가르치기를 잘하며 참으며. 딤후 2:24

> 다툼을 멀리 하는 것이 사람에게 영광이거늘 미련한 자마다 다툼을 일으키느니라. 잠 20:5

하나님의 능력과 기름 부음은 궁핍한 사람들을 끌어당길 것이다. 164

그러나 그것은 또한 유해한 영혼도 끌어들일 것이다. 그러므로 블랙홀이 아닌 배터리인 사람들과 충분한 시간을 보내도록 주의하라.

유해한 사람들은 대개 매우 불안한 사람들이다. 그들의 엄청난 불안감은 스스로 파괴될 배의 방향타 역할을 한다.

매우 불안한 사람들은 그들의 타락한 마음과 감정에 사로잡혀 온갖 종류의 질투를 낳는다.

그러므로 유해한 사람들을 피하라. 바울은 디도에게 그와 같은 말을 했다:

이단에 속한 사람분쟁을 일으키는 사람을 한두 번 훈계한 후에 멀리하라.

딛 3:10

그리고 로마교회 교인들에게도 이렇게 당부했다:

형제들아 내가 너희를 권하노니 너희가 배운 교훈을 거슬러 분쟁을 일으키거나 거치게 하는 자들을 살피고 그들에게서 떠나라.롬 16:17

이런 사람들을 완전히 피하는 것이 불가능하다면아마 가족의 일원 중 유해한 사람이 있을 수 있다 만남을 최소화하라. 때로는 중재자를 활용하는 것이 도움이 될 수도 있다.

---

164) 복음서에 나오는 예수님께 매력을 느낀 사람들의 부류를 보라. 그리고 아둘람 굴에서 다윗과 합류한 사람들을 보라(삼상 22:1-2)

갈등의 씨앗을 뿌리다

톰Tom은 이제 막 그의 첫 목회를 시작했다. 그가 목사였기 때문에 도움이 필요한 사람은 누구나 그의 관심을 받을 자격이 있다고 믿었다..

그 결과, 톰은 교회 회중의 모든 사람에게 응답했다.

캐런Karen은 톰의 교회에 참석하기 시작했고, 예배가 끝날 때마다 그의 설교를 칭찬했다.

머지않아, 그녀는 교회 사무실에 전화를 걸어 비서에게 자신에게 문제가 있어서 톰을 직접 만나야 한다고 말했다.

톰은 첫 번째 전화를 받고 캐런과 한 시간을 보냈다.

이 패턴은 계속됐다.

천천히, 캐런은 갈등의 씨앗을 뿌리기 시작했다. 그녀는 톰과 다른 사람들에게 교회의 다른 교인들에 대해 험담을 하기 시작했다. 그녀는 톰과 교회의 "더 성숙한 사람들"이 "목자들"이기 때문에 이런 문제에 대해 알아야 한다고 말함으로써 자신의 행동을 정당화했다.

톰은 캐런이 비방하는 사람들을 빠르게 의심하게 되었고 이것을 그들에게 말할 방법을 찾기 시작했다.

이런 일이 8개월 동안 지속된 후, 톰의 모든 에너지가 고갈되었다.

시간이 지나 그는 캐런이 자신에게 거짓말을 했다는 사실을 알게 되었다. 그는 그녀의 이력을 추적하고, 과거에 그녀를 알았던 몇몇 사람들에게 연락했다. 그들은 모두 똑같은 말을 했다: "Karen은 유해합니다. 그녀는 가는 곳마다 분열을 일으킵니다."

마침내 톰은 캐런과 만나서 그녀의 행동을 부드럽게 지적했다.

그는 그녀를 다시 보지 못했다.

톰이 그 경험에서 회복하는 데는 1년 이상이 걸렸다. 캐런의 험담으로 인해 피해를 입은 사람들이 치유되는 데는 수년이 걸렸다.

요점: 유해한 사람을 피하라. 만약 그들이 당신의 교회에 나타나 독을 퍼뜨리기 시작한다면, 그들의 배경에 대해 조사해 보라.

신약 성서에는 추천서를 보내는 현명한 습관이 있었다. 특정 교회는 교회 지체가 이사갈 때마다 다른 교회또는 기독교 지도자에게 편지를 보냈다.

그 편지는 새 교인이 좋은 보고를 받았는지 나쁜 보고를 받았는지 새 교회에 알리기 위해 고안되었다. 165

이것은 매우 현명하지만 오늘날은 잃어버린 관습이다. 차선책은 당신이 공부를 하고 궁핍한 사람과 유해한 사람의 차이를 발견하는 것이다.

그들은 동일하지 않다.

---

165)추천서에 대해 언급되거나 암시되어 있는 구절들: 행 13:3-4, 14:26, 15:2-4, 22, 25-27, 18:27, 롬 16:1-2, 고전 4:17, 16:3, 10-11, 15-18, 고후 3:1, 8:16-24, 엡 6:21-22. 빌 2:19-30, 4:2-3, 골 4:7-10, 살전 3:2, 5:12-13, 요삼 1:5-8.

허세를 부리지 말라

내가 "허세를 부리지 말라"고 할 때, 이것은 무슨 뜻인가?

정의定義를 제시하기보다는 예를 들어보겠다.

한 젊은 목사가 하나님의 사람들이 충분히 기도하지 않는다는 이유로 그들에게 불과 유황을 뿜어낸다. 두 달 동안 자신의 삶에서 가장 집중해서 기도를 하고 기도에 관해 가장 정죄하는 설교를 한 후, 그 목사의 기도 생활은 거의 존재하지 않는 수준으로 사그라진다.

그가 허세를 부린 것이다.

어떤 사람이 목사에게 성서의 어려운 본문에 대해 어떻게 생각하는지 묻는다. 그 목사는 자신이 간단한 세 단어도 말할 수 없다는 것을 알게 된다: "나는 알지 못합니다.I don't know"

그래서 그는 SMIshare my ignorance[나의 무심함을 고유합니다]에 가담하기 시작한다.

그 목사는 자신이 그 본문에 대해 생각해 본 적이 없고, 그가 무슨 말을 하고 있는지를 모른다. 하지만 그는 대답을 해야만 한다고 느낀다.

그러므로 그는 답변을 비축해놓은 가방에 손을 뻗어 미리 준비된 답변을 제공한다. 왜? 왜냐하면 그는 목사이자 전문가맞는가?이기 때문이다. 그래서 그는 알아야만 한다.

그는 허세를 부린 것이다.

결혼한 지 단 2년 된 젊은 목사가 그의 사무실에서 결혼한 지 35년 된 그 교회의 나이든 부부와 함께 앉아 있다. 그 부부는 심각한 결혼 문제를 겪고 있다.

젊은 목사는 부부에게 섹스, 남성과 여성 사이의 의사소통, 결혼 생활의 어려움, 갈등 해결 및 친밀감에 관해 최고의 조언을 제공한다.

그는 허세를 부린 것이다. 내가 이유를 꼭 설명해야 할까?

나는 당신이 파악했을 줄 믿는다.

하나님의 말씀을 맡은 사역자로서 당신에게 솔로몬을 귀머거리와 벙어리로 만들 만한 질문이 던져지는 때가 올 것이다.

절대로 허세를 부리지 말라.

나는 알지 못합니다.

많은 기독교 지도자의 턱을 부러뜨리는 세 단어인 "나는 알지 못합니다.I don't know"라고 말하는 훌륭한 기술을 터득하라. 그런 다음 "하지만 나는 누가 당신을 도와줄 수 있는지 알려드릴 수 있습니다" 또는 "몇 주만 시간을 주시면 당신의 질문에 대해 연구해보고 제 생각을 말씀드리겠습니다"라고 말하라.

바울이 "우리는 부분적으로 알고"라고 한 말을 기억하라. 고전 13:9

복음주의 세계의 허공을 떠도는 왜곡된 생각은, 당신이 성서를 가르친다면 성서가 언급하는 모든 이슈에 대해 당신이 확신을 가져야 한다고 말한다.

누가 이런 생각을 창안했는지는 모르지만, 그것은 명백히 잘못된 것이고 온갖 문제를 야기시킨다.

한편으로는, 확실성이 과대평가되었다. 다른 한편으로, 우리가 어떤 것에 대해서도 확신할 수 없다는 생각은 신약 성서현실이 아니라와 맞지 않다.

바울은 "우리가 **부분적으로** 알고"모든 것에서 확실성을 얻을 수는 없다 라고 말했지만, "우리가 **아무 것도** 모른다"라고 말하지 않았다.어떤 것에 대해서는 확실성을 얻을 수 있다

당신이 믿는 자라면, 특히 설교하고 가르치는 사람이라면, 당신에게 제기되는 모든 질문에 대한 답을 알 필요는 없다. 당신이 다 안다면 그것이 나를 겁나게 할 것이다. 그것은 또한 당신도 겁나게 할 것이다.왜냐하면, 그것은 "망상"이라고 불리기 때문이다

사려 깊은 결론에 도달하기 위해 필요한 연구를 하지 않았거나 성령의 깨달음을 받기도 전에 어떤 일에 대해 입장을 취하고 오만하게 주장하는 것은 그야말로 무모한 일이다. 그리고 허세젊은이들이 이런 경향이 있다는 결코 현명하지 않다.

그러므로 거짓말을 믿지 말로. 사역을 하고 있다고 해서 해 아래의 모든 것을 알아야 하거나 하늘 아래의 모든 주제또는 검은 가죽 표지 사이의 모든 페이지에 대해 결론을 내려야 한다는 의미는 아니다.

개인적인 예를 들어 미안하지만, 나의 사역은 몇 가지 주제에 초점이 맞춰져 있다. 그리고 나는 성인이 된 이후 내내 그 주제들에 푹 빠져 있다. 하나님은 내가 그 주제들을 더 깊이 이해할 수 있도록 나의 환경과 경험을 그렇게 정하셨다. 물론 내가 아직 배우는 중이지만 그 주제들에 대해서는 자신있게 말할 수 있다.

수많은 주제가 그 주제들 밖에 있다. 그리고 다른 사람들은 그런 주제들에 나보다 훨씬 더 많은 지식을 갖고 있다. 누군가 내 전문 분야가 아닌 주제에 대해 물을 때 나는 보통 "나는 그 질문에 대한 답을 알고 있었습니다"라고 대답한 다음 그 문제를 연구한 사람들에게 넘긴다.

사람들이 당신의 부르심, 은사, 지식, 경험, 또는 공부한 것 이상의 다른 영역에서 답을 찾기 위해 당신을 찾을 때, 할 수 있는 한 다른 사람에게 소개하라.

당신은 사람들이 질문하는 모든 이슈에 대해 견해를 가질 필요가 없다. 그리고 당신이 그럴 것이라고 그들이 기대하는 것은 완전히 잘못된 것이다.

그리고 "나는 알지 못합니다"라고 말하는 것을 결코 두려워하지 말라.

"나는 알지 못합니다"라고 말하는 것은 정직할 뿐만 아니라, 당신이 그런 말을 하는 것을 들으면 하늘에 있는 천사들도 기뻐할 것이다.아마 넘어질 수도 있을 것이다

다시 한 번, 우리는 하나님의 능력을 소유하는데 필수적 요소인 겸손의 까다로운 이슈로 되돌아간다.

주 앞에서 낮추라 그리하면 주께서 너희를 높이시리라.약 4:10

법칙 47

그것에 손잡이를 달아라

다른 곳에서, 나는 오늘날 대부분의 설교가 마른 땅에서 하는 수영 강습이라고 말했다. 그것은 마치 높이 오르지만 전혀 착륙하지 않는 비행기와 같다.

위의 두 비유의 요점은 대부분의 설교또는 말로 선포된 메시지가 사람들에게 그들이 삶에 적용할 수 있게 하는 실제적인 연습을 공급하지 않는다는 것이다.

크고 아름다운 문에 대해 상상해보라. 그 문 뒤에는 화려한 보석이 놓여 있고, 그것은 모두 당신의 소유이다.

당신은 흥분된다.

하지만 문제가 있다. 그 문은 손잡이가 없는데, 그것은 당신이 그 문을 열 수 없다는 뜻이다.

똑같은 일이 당신이 설교하고 가르칠 때 벌어진다: 주님을 아는 것, 그분의 임재를 경험하는 것, 성서를 통해 하나님을 마주하는 것, 주님의 음성을 듣는 것, 다른 사람들을 하나님께로 인도하는 것, 효과적으로 기도하는 것, 이것들을 실제적으로 경험하는 방법에 관해 설교하고 가르칠 때.

하나님의 사람들을 당신이 전한 메시지의 실제적인 경험으로 데리고 가기 전에는, 그것에 관해 전혀 말하지 않는 것이 나을 것이다. 적어도 그것을 실제적인 것으로 만들 수 있기 전에는 말하지 않는 것이 낫다.

당신의 임무는 문을 열고 보물을 얻을 수 있는 방법을 하나님의 사람들에게 제공하는 것이다. 달리 말해서, 그것에 손잡이를 달아라.

에베소서를 3D로 보기

여러 해 전, 나는 한 그리스도인들의 그룹을 위해 가장 숭고한 바울의 편지인 에베소서의 여행 가이드를 맡았었다.

시작하기 전에 나는 내 목표를 분명히 밝혔다: "우리는 단지 에베소서를 배우려는 것이 아닙니다. 우리의 목표는 그것을 경험하는 것입니다. 우리의 미션은 이 편지에 담긴 그리스도의 풍성함을 실제적으로 다루는 것입니다."

그 편지를 공부하는데 꼬박 1년이 걸렸다. 처음 6개월 동안 우리는 에베소서 1장에 살면서 가능한 한 많은 그리스도의 영적인 복을 뽑아내려고 노력했다.

나는 메시지를 전할 때마다 그들에게 손잡이 하나를 주었는데, 그것은 그 편지를 살아 있는 현실로 만들기 위해 모든 사람이 실행할 수 있는 실제적인 연습과 실천 단계였다.

일부 훈련은 개별적으로 수행하도록 고안된 반면, 또 다른 일부는 두 명, 세 명 또는 네 명이 한 그룹으로 수행하도록 설계되었다. 나 또한 참여했다

그 해에 나온 내용은 나를 놀라게 했다.

사람들은 그 편지를 바탕으로 새로운 노래시, 촌극 등를 썼다. 주 예수님과 그리고 서로 간에 풍성한 교제가 흘러나왔다. 수많은 영광스러운 모임이 열렸고, 그 모임에서 교제하는 모든 사람이 그리스도의 풍성함을 나누었다.

나는 그 해를 우리 모두에게 영적인 폭풍우가 몰아쳤던, 주 예수님과 그분의 몸과 함께했던 잊을 수 없는 시간으로 되돌아본다. 아름다웠다. 그 해

에 우리는 하늘의 두세 블럭 정도의 거리에서 살았다.

그것이 끝났을 때 우리는 에베소서를 배웠을 뿐만 아니라 에베소서의 그리스도를 발견했다. 우리는 편지를 관통했을 뿐만 아니라 편지도 우리를 관통했다.

그러므로 당신이 설교하거나 가르칠 때마다 그것에 손잡이를 달아라.

당신이 가르치거나 설교하는 것을 하나님의 사람들이 경험할 수 있도록 실제적이 되도록 하라. 이것이 당신이 말하려는 것을 노트북에서 마음으로 옮겨줄 것이다. 그리고 그것이 영적 파워를 얻는 또 다른 길이다.

그것이 되지 않음을 깨달으라

이 법칙은 오해 없이는 전달하기가 어렵다. 하지만 최선을 다해보겠다.

당신이 20대나 30대 초반이라면, 내가 말하려는 내용에 공감할 만큼 오래 살지 않았을 수도 있다. 만일 그렇다면 지금으로부터 15년 후에 이 장을 다시 읽어 보라.

이 법칙의 본질은 다음과 같다.

신약 성서가 그리는 그리스도인의 삶은 되지 않는다.

신약 성서가 잉태하는 교회는 되지 않는다.

신약 성서가 가르치는 관계는 되지 않는다.

사도행전과 서신들을 읽고 완벽한 그리스도인, 완벽한 교회, 완벽한 동역 관계, 완벽한 결혼, 완벽한 자녀, 완벽한 부모 등을 찾을 수 있는지 알아보라.

주의 깊게, 그리고 정직하게 읽으면, 당신은 실패, 파괴, 피해, 비극, 그리고 수많은 특급 혼란을 발견하게 될 것이다.

영적인 삶의 모든 것이 무너진다. 모든 것은 무질서로 향하는 경향이 있다. 전체가 열역학 제2법칙을 따른다.

신약 성서의 많은 부분이 고전압 위기에 처했던 교회들을 향해 기록되었다.

하지만 그런 혼돈 속에서도 당신은 뭔가 다른 것, 즉 뭔가 아름다운 것을

발견하게 될 것이다: 하나님의 임재와 능력.

둘 다 난장판으로 뒤덮여 있다.

신약 성서에는 영광과 피, 실패와 승리, 파괴와 회복의 결혼식이 있다. 그 둘은 진행 중이고, 서로의 존재 속에 거하고 있다.

그것이 될까?

여러 해 전, 내가 한 컨퍼런스에서 몸의 생활body life에 대해 말하는 것을 들은 누군가가 나에게 물었다: "프랭크, 그것이 됩니까? 우리도 1세기 교회처럼, 그리고 당신이 초기에 펴낸 책들에 쓴 내용처럼 그리스도 중심의 공동체를 세울 수 있습니까?" [166]

"네, 물론입니다"라고 나는 대답했다. "그것은 됩니다. 하지만 그것은 1세기에 그랬던 것처럼 됩니다!"

이 말을 분석해보겠다.

어떤 의미에서는 그것이 전혀 되지 않는다. 다시 말하지만, "크리스천 공동체가 실제로 될까요?"라는 질문에 대답하는 눈으로 사도행전과 모든 서신을 읽어보라.

당신은 "아니요, 전혀 그렇지 않습니다"라고 대답해야 할 것이다.

하지만 또 다른 의미에서 그것은 하나님께서 설계하신 대로 놀랍게 세워진다.

만일 표준이 완벽이라면, 그것은 되지 않는다.

그러나 만일 마지막 결과가 하나님과의 협력을 의미하는 사람들의 변화라면 그것은 천천히, 그러나 확실하게 이루어진다.

어떤 그리스도인들은 혼란 속에서 변화될 것이고, 어떤 사람들은 십자

---

[166] 이 책들은: 『이교에 물든 기독교』, 『다시 그려보는 교회』, 『유기적 교회 세우기』.

가의 내적 변화 작업을 거부하고, 짐을 싸서 그들의 즐거운 길로 갈 것이다. 세상으로 돌아가거나 더 편안한 개인주의적 "그리스도인"인 존재로 돌아갈 것이다. 167

나의 요점은 간단하다. 그리스도인의 삶은 "되지" 않는다. 그리고 교회도 하나님이 의도하신 대로 되지 않는다. 그리고 관계도 되지 않는다.

그러나 하나님은 "되는 것"보다 훨씬 더 깊은 뭔가를 추구하신다.

그리고 당신이 이 교훈을 빨리 배울수록 하나님을 향한 당신의 섬김은 더욱 커질 것이다. 주님은 언제나 실패, 혼돈, 파괴 가운데서 "일하고" 계신다.

> 예수께서 그들에게 이르시되 내 아버지께서 이제까지 일하시니 나도 일한다. 요 5:27

---

167)아이러니한 것은, 신약 성서는 "개인주의적 그리스도인인 존재"에 대해 아무 것도 알지 못한다는 사실이다. 그 반대로, 그리스도인의 삶은 매우 공동체적이다. 그 삶은 공동체 안에서 살도록 설계되었다. 자세한 것은 다시 그려보는 교회를 참조하라.

덧붙이는 말

리더들과의 솔직한 대화

심사숙고 끝에, 나는 이 책을 꽤 짧게 만들었다. 하지만 할 말이 더 남아 있다.

훨씬 더.

그것을 번역하면 이런 뜻이다: 만일 당신이 내가 이 책에서 xyz를 다루지 않은 것에 대해 나를 꾸짖는 불타는 이메일을 나에게 보낼 계획이라면, 그런데 그리 "그리스도인"이 할 일로 보지는 않지만 잠깐 물러나라. 이야기는 아직 끝나지 않았다.

따라서 아래의 웹페이지에는 내가 한 번도 공개한 적이 없는, 지도자들과의 대화가 포함되어 있다.

이것은 이 책에 제시된 일부 주제를 확장하고 새로운 관련 주제를 소개한다.

그것은 또한 당신의 삶과 사역에 적용할 수 있는 많은 실용적인 방법을 제공한다.

게다가, 동일한 웹 페이지에 6개의 코다를 더 추가했다. **168**

- Coda VI: Toss Out Your Notes
- Coda VII: Practice Radical Generosity

---

168)역자 주: 이것은 한국어로는 제공되지 않음.

- Coda VIII: discouraged by Better Preachers

- Coda IX: Stealing, Borrowing, and Inspiring

- Coda X: Laws of the Harvest

- Coda XI: Five Must-Read Books

48Laws.net로 가서 대화와 추가 코다를 찾아보라.

이제 나는 당신에게 이 책에 있는 코다를 읽어 보기를 권한다.

당신이 다 끝내고 나면 그 이유를 이해하게 되리라고 나는 생각한다.

나는 또한 나의 책『내려놓으려면 붙잡아야 하는 것들』의 84장"크리스천 사
역자들을 향한 특별한 제언"을 읽어볼 것을 권한다.

하나님의 능력의 위험성

사역에는 거의 논의되지 않는 어두운 면이 있다. 그리고 만약 조심하지 않으면 당신은 그것에 굴복할 수도 있다.

하나님께서 어떤 사람에게 그분의 능력을 주실 때, 그 능력은 그 사람을 드러낸다. 그 능력이 한 사람은 낮추고, 다른 사람은 파괴한다.

최근 회심한 두 사람을 생각해 보라. 두 사람 모두 하나님의 능력을 "부여받기"를 추구하는 젊은이들이다.

주님은 그들의 요청을 모두 은혜롭게 들어주신다.

첫 번째 사람은 자신의 목적을 위해 하나님의 능력을 사용하기 시작한다. 그가 원래 했던 기도는 많은 청중을 끌어들이고, 귀신들을 공격하고, 큰 기적을 행하려는 열망에서 비롯되었다.

그는 하나님의 능력을 활용하기 위해 베드로에게 많은 돈을 주겠다고 제안했던, 아주 야심찬 시몬과 공간을 공유한다. 행 8:9-24

두 번째 사람은 주님을 높이고 하나님의 나라를 전진시키기를 원했다. 그는 하나님의 능력을 부여받지 않고는 아무 것도 이룰 수 없다는 것을 깨닫는다. 그래서 그는 그것에 걸맞게 기도한다.

하나님의 능력이 안전하지 않게 될 때

하나님의 능력은 냉철한 청지기직과 결부되어 있다.

기적의 힘은 성품이 아닌 은사로 작용한다.

그러므로 육신을 따라 행하는 그리스도인도 여전히 성령의 기적적인 은사들을 통해 활동할 수 있다.

육신적인 신자는 방언을 할 수 있고, 병고침을 행할 수 있으며, 심지어 영적인 통찰력도 얻을 수 있다. 내 말을 믿지 못하겠다면 그냥 고린도전서 14장을 읽어보라.

고린도교회의 신자들은 엄청난 육욕에 빠져 살았지만1장부터 12장까지, 계속해서 영적인 은사를 풍성하게 사용했다. 바울은 사람이 방언을 말할 수 있고, 심지어 영적인 이해와 예언적인 말을 받을 수도 있지만, 영적인 성품의 최고의 표시인 사랑이 부족하다는 것을 분명히 한다.

> 내가 사람의 방언과 천사의 말을 할지라도 사랑이 없으면 소리 나는
> 구리와 울리는 꽹과리가 되고 내가 예언하는 능력이 있어 모든 비밀
> 과 모든 지식을 알고 또 산을 옮길 만한 모든 믿음이 있을지라도 사랑
> 이 없으면 내가 아무 것도 아니요.고전 13:1-2

나는 많은 그리스도인이 하나님의 능력에 취했던 운동movement 안에서 자랐다. 그들은 예수님을 추구하기보다 능력을 더 추구했다. 그들은 기적에 너무 집착한 나머지 그리스도를 보지 못했다.

더 나쁜 것은 지도자 중 일부가 권력에 굶주려 자신의 목적을 달성하기 위해 하나님의 능력을 활용하려고 노력했다는 사실이다.

기적적인 능력을 인상적으로 보여주었지만 비밀리에 온갖 일탈과 마약/알코올 남용을 자행한 사람들의 이야기는 여러분의 귀를 태우고도 남을 것이다.

이 사람들은 지옥의 가장자리에서 살면서 승리를 설교하고 표적과 기사를 행했다.

역사를 공부하는 학생으로서, 나는 제2차 세계 대전 이후 시대의 위대한 미국 복음 전도자들의 이야기에 경탄한다. 그들 중 많은 사람이 당대에 가장 강력한 은사를 갖고 있었지만, 어리석은 결정을 내려 그들의 사역을 무너뜨렸다. 빌리 그레이엄은 드문 예외였다.

삼손, 사울왕, 그리고 발람은 강력하고 기적적인 은사를 가지고 활약했지만 비참하게 인격이 결여된, 긴 줄에 늘어선 영혼들 중 혼자가 아니다.

사울은 하나님의 영으로 예언하는 동시에 그의 마음에 살인을 품고 심지어 그것을 실천에 옮겼다. 삼상 19장을 참조하라

하나님은 은혜로 은사를 주시고, 일반적으로 그 은사는 취소될 수 없으나 롬 11:29, 경우에 따라서 지속적인 불순종으로 인해 주님이 그분의 종에게서 기름 부음을 거두신다.

이것은 "이가봇" 상황으로 알려진 비극적인 상태이다. 169 흐름이 멈추고, 시냇물이 마르고, 기름 부음이 사라지고, 우물에서 물이 나오지 않고, 능력이 증발한다. 영광이 떠나고 만다.

여기에 경고가 있다: 만일 당신이 자신의 목표를 위해 하나님의 능력을 이용하려고 한다면, 당신은 틀린 하나님을 대하는 것이다. C. S. 루이스의 말에 따르면, 예수 그리스도는 길들여진 사자가 아니다. 170 그분은 이용되거나 통제되지 않을 것이다.

---

169) 예를 들어, 삼상 4:21, 16:14-23, 사 16:19-20을 보라.

170) C. S. Lewis, *The Lion, the Witch, and the Wardrobe* (New York: HarperCollins, 1950), 182.

능력이 안전한 곳

하나님은 결코 당신이나 나 개인이 휘두르도록 그분의 능력을 주시지 않고, 그리스도의 신부인 에클레시아에게 그분의 능력을 주신다.

나는 사람들이 고립된 개인으로서 하나님의 능력을 휘두르는 것을 볼 때마다 즉시 멸망이 임박한 것을 본다. 개인이 소유한 하나님의 능력은 그 사람을 파괴할 것이다. 그것은 그 사람이 몸의 다른 지체들과 적절하게 연결되어 있을 때만 안전하다.

모든 경우에, 개인이 하나님의 능력을 남용했을 때 그 사람이 그리스도의 몸에서 분리되었다고 나는 생각할 수 있다. 그렇다, 그들이 교회 예배에 참석했을 수도 있다. 사실, 그들이 그 예배에서 정기적으로 설교를 했을 수도 있다.

그러나 그것은 긴밀한 관계가 형성되고 지체들이 상호간에 단련되는 그리스도의 몸의 대한 살아있는 경험을 갖는 것과는 다르다.

나는 또한 예수님께서 그분의 표적과 기사를 통해 명성을 얻으려고 노력하지 않으셨다는 사실에 깊은 인상을 받는다. 주님이 결코 병자를 고치는 일로 업체를 만들지 않으셨다는 사실을 주목한 적이 있는가? 예수님은 병을 고치실 때 사실상 언제나 그 사람에게 아무에게도 말하지 말라고 말씀하셨다.171 우리는 그리스도께서 그분의 능력을 행사하실 때마다 어느 정도 겸손함을 본다.

하나님의 능력은 그분의 뜻을 성취하는데 사용 가능하지만 타락하고, 왜곡되고, 값싸고 평범하게 만들기가 너무나 쉽다.

하지만 잠깐, 상황은 더욱 악화된다.

---

171)예외가 조금 있기는 하지만, "아무에게도 말하지 말라"라는 말씀은 그분의 기본적인 관례였다.

악성 나르시시즘

영적 파워는 어떤 사람들을, 어쩌면 많은 사람들을 자기가 모든 일을 스스로 처리할 수 있다고 믿게 만든다. 이 당혹스러운 영혼들은 편집증이 뒤섞인 엄청난 오만함으로 특징지어진다. 그들은 자신의 현명함에 대해 보증되지 않은 자신감을 가진 변덕스러운 자기애주의자erratic narcissist이자 연쇄 거짓말쟁이serial liar이다. 그들은 무례하고, 거칠고, 무감각하고, 비판적이며, 파렴치하다.

그들은 또한 잠언 27:2을 범하는 경향이 있고, 정기적으로 자신을 칭찬하며 거품을 낸다.

어떤 왜곡된 방식으로, 그들은 그들이 하나님의 기름 부음을 받았기 때문에 그런 방종에 대해 권리가 있다고 믿는다.

개인이 정치 권력을 획득할 때도 똑같은 일이 일어난다. 그들 중 다수는 참을 수 없는 인간으로 변한다. 특권은 대부분의 인간에게 해로운 영향을 미친다. 하나님의 능력으로 은사를 받은 자들이 똑같은 유혹에 빠진다는 것은 참으로 아이러니하다. 불행하게도, 악성 나르시시즘은 정치계와 종교계 모두에 만연해 있다.

그러나 그런 사람들에게는 큰 추락이 기다리고 있다. 그들은 강력한 곳에서 매우 약한 곳으로 이동할 것이다. 이것이 하나님의 관대하신 은혜이다. 왜냐하면, 능력은 약한 데서 온전하여지며고후 12:9, 심령이 약하고 가난한 사람만이 상하고 궁핍한 자를 고칠 수 있기 때문이다.

예수님은 상한 갈대를 꺾지 아니하시고 꺼져가는 심지를 끄지 아니하시리라고 말씀하셨다.마 12:20 고대 세계에서는, 꺼져가는 심지가 자기는 소멸되고 새 심지로 교체되어야 한다는 신호를 보냈다. 상한 갈대는 정확하게 측정할 수 없으므로 폐기되고 교체되어야 했다.

놀랍게도, 예수님은 손상된 것, 약한 것, 깨진 것들을 버리거나 대체하지 않으셨다.

그분은 그들을 고쳐 주셨다.

마음이 온유하고 겸손하신 분마11:29으로서, 우리 주님은 가장 작은 자, 잃어버린 자, 가장 낮은 자에게 한결같이 도움을 주셨다.

이와는 대조적으로, 하나님의 능력을 당연하게 여기는 사람들은 깨진 것들을 버릴 뿐만 아니라 그들을 밟아버린다.

약한 것과 함께 약한 자를 고치는 능력이 온다. 약한 것이 없으면 하나님의 능력은 위험한 것이 된다. 그러므로 주의하라.

가장 위험한 기도

이 장의 시작 부분으로 돌아가 보면, 그리스도인이 할 수 있는 가장 위험한 기도 중 하나가 하나님의 능력을 구하는 것이다.

그런 기도 뒤에 숨어 있는 것은 명성을 향한 무언의 야망과 많은 사람이 흠모하는 "영적 거인"으로 여겨지고자 하는 욕망인 경우가 아주 많다.[172]

그러나 당신이 하나님의 사람에게 안전한 존재가 되기 전에, 당신의 마음 속에 숨어 있는 어두운 의도를 깨닫는 것이 매우 중요하다. 먼저 인간의 야망이라는 괴물을 처치해야 한다.

개인적으로 나는 젊은이들이 하나님께 능력을 구하는 것을 들으면 떨린다.

만일 주님께서 당신의 기도에 응답하실 만큼 자비로우시다면, 한 가지 조언을 주겠다: 몸을 숨겨라!

---

172) 흥미롭게도, 사람이 하나님의 기적적인 능력을 경험하고도 계속 변화되지 않은 상태로 있을 수 있다.(눅 16:31을 보라).

땅바닥에 쓰러져서 깨진 당신을 위해 주님이 쓰시기에 합당한 방식으로 그분께서 당신의 환경을 마련해주실 것이다.

하나님의 영은 이것을 성취하기 위해 당신을 깊은 물속으로 데려가실 것이다.

지구는 외적으로 더 강력한 사람들을 필요로 하지 않는다. 그것은 내적으로 변화된 사람들을 필요로 한다. 그리고 오직 후자만이 하나님의 능력을 감당하는데 있어 신뢰받을 수 있다.

만일 당신이 능력에 대한 건강하지 못한 욕구를 가졌다면, 당신은 심각한 소화불량 및 그보다 더 심한 것들을 경험을 하게 될 것이다.

그리스도의 몸 안의 다른 지체들과 적절하게 조화를 이루는, 깨지고 낮아진 그릇으로서 하나님의 거룩한 것들을 주의 깊게 관리하는 청지기가 되자.

깨지지 않은 그릇에 담긴 하나님의 능력은 유해한 것이다.

이것을 결코 잊지 말라.

세 가지 도구

주님의 일에 부르심을 받은 모든 사람은 세 가지 도구를 소유하고 있다: 착암기jackhammer, 외과 의사의 칼surgeon's knife, 마취용 주사기anesthetic syringe

영적인 분별력과 현명한 리더십을 테스트하는 방법은 언제 어떤 도구를 사용해야 하는지를 아는 것이다.

어떤 사람들은 착암기 사용에 더 재능이 있다. 이것은 진짜 선지자의 파괴적인 사역이다. 그런 사람들은 바늘에 실을 꿰는 재단사가 아니다. 그들은 공ball을 부수는 사람들이다.

어떤 사람들은 외과의사의 칼을 사용하며 사람들의 문제를 해결하는데 더 능숙하다. 그들은 사람들의 영적인 문제를 온유하면서도 정확하게 지적한다.

어떤 사람들은 마취제를 투여하는데 더 많은 훈련을 받았다.

그러나 주님의 일에 부르심을 받은 모든 사람은 각각의 도구를 언제 어떻게 사용해야 하는지들 터득해야 한다.

이러한 노력에 도움이 되는 것 중 하나는 사역 팀의 일원이 되는 것이다.

불행하게도, 오늘날 대부분의 지도자들은 동료들과 함께 일하는데 관심 없이 단독으로 활동한다. 독립을 향한 그들의 성향은 그들의 영적 유용성을 방해하고 하나님 나라가 전진하는 것을 방해한다.

그런 실수를 하지 말라.

기독교 지도자들이 믿음을 저버릴 때

복음주의 기독교 문화는 사랑을 받는 많은 설교자와 음악가가 예수 그리스도를 저버렸다는 사실을 알고 충격을 받은 후 정기적으로 자리를 털고 일어서곤 했다.

나는 한 저명한 지도자가 예수라는 기차에서 내리는 것이 그에게 긴 과정이었다고 설명했던 특별한 때를 기억한다. 그는 아내의 마음과 함께 자신의 마음을 엿보았다:

> 우리는 교회에 가는 것을 좋아하지 않았습니다. 우리는 성경 읽는 것을 즐기지 않았습니다. 기도하는 것도 즐기지 않았습니다. 예배하는 것도 즐기지 않았습니다. 그것은 모두 의무감처럼 느껴졌고, 그런 것들에 대한 우리의 부족한 열정은 항상 우리에게 뭔가 문제가 있는 것처럼 느끼게 만들었습니다. [173]

그는 그들이 단순히 믿지 않았다는 것을 마침내 깨달았다고 말했다. 그것을 인정하고 나니 그들은 안도감을 느꼈다고 했다.

그는 또한 예수 그리스도를 부인하는 이유로 구약을 제시했다. 이런 이야기

---

173) Talis Shelbourne, "Jon Steingard, Lead Singer of Christian Band Hawk Nelson, Announces He Has Stopped Believing in God," Heavy.com, May 26, 2020.

에서 흔히 볼 수 있듯이 알다시피, 누군가가 그분을 잘못된 시각으로 볼 때마다 신상 파일을 잃으시는 "폭력적인 하나님"에 대한 피에 젖은 이야기이다.

그 지도자는 자기가 아는 목회자들에게 어려운 질문을 하면서 "답을 구했지만" 그들의 대답이 그를 만족시키지 못했다고 설명했다.

여기에 문제가 있다. 나는 이 사람이 느끼는 감정에 전부 공감할 수 있다. 하지만 그렇다고 해서 그것이 나로 그리스도를 저버리게 하지 않았다 그것은 나로 하여금 그분을 찾게 만들었다.

내가 의미하는 바를 설명하기 위해 주요 항목을 목록으로 작성해 보겠다:

- 나는 1988년에 제도권 교회를 떠나면서 "교회에 가는 것"의 즐거움을 멈췄다. 하지만 그러다가 나는 우리가 신약 성서에서 찾을 수 있는 유기적인 몸의 생활organic body life을 발견하게 되었다. 현재로서는 그것이 극히 드물지만, 그것과 비교할 수 있는 것은 없다.[174]

- 나는 성서의 내용에서 그리스도를 발견하는 방법과 "이야기"를 찾는 방법을 터득할 때까지 "성경 읽는 것" 즐기기를 중단했다. 그 이후 성서는 흥미진진한 모험이고 매우 유익했다.

- 대부분의 인간은 기도하는 것을 좋아하지 않는다. 만약 "기도"가 대부분의 기독교인이 기도하는 방식을 의미한다면 말이다. 그러나 주님과의 교제는 강력하고, 흥미롭고, 삶을 변화시킬 수 있다. 불행하게도, 오늘날 대부분의 신자들은 하나님과 교통하는 다양한 방법을 모르고 있다.

- 나는 여러 해 전에 "예배" 즐기기를 중단했다. 만일 "예배"가 "예배

---

174) 유기적 교회 생활에 관한 나의 설명은 『다시 그려보는 교회』와 frankviola.org/category/church에 있는 나의 여러 블로그 글을 참조하라.

팀"이 무대에서 공연할 때 과장된 "현대" 찬양 노래의 가사를 따라 손을 공중에 들고 서 있는 것을 의미한다면 말이다. 그것은 모두 괜찮지만 예배에 대한 극히 제한된 견해이다. 예수 그리스도를 예배하는 것은 훨씬 더 깊고 훨씬 더 다양하다.

• 나는 오래 전부터 종교적 의무에 의해 어떤 것을 하기를 중단했다. 사실, 나는 그리스도인의 삶을 살려는 노력을 포기했다. 그 결과, 나는 부담스러울 수 있는 의무보다는 기쁨과 생명으로 하나님을 섬기는 비결을 발견했다.

나는 이전의 그 기독교 지도자에게 이렇게 말하고 싶다: "친구여, 당신에게는 아무 문제도 없습니다. 문제는 당신이 '답을 구하는 것'을 다른 저명한 설교자나 이름난 작가들에게만 제한시켰다는 사실입니다. 당신이 말한 그런 이유로 나는 그들의 저작들을 읽지 않습니다. 예전에 내가 그들로부터 다 들어봤는데 거기엔 생명이 거의 없었습니다."

내가 평생 알고 지낸 대부분의 목사들은 내가 던진 "어려운 질문"의 대부분에 답할 수 없었다. 그러나 나는 거기서 멈추지 않았다. 나는 그들 너머로 바라보았다.

구약 성서와 성서의 신뢰성에 관해, 나는 이 모든 문제와 씨름했고 완전히 만족스러운 답을 찾았다. 불행하게도, 페이스북 광고 비용과 유튜브 조회수가 지배적인 주류 기독교 세계에서는 그 답을 거의 찾을 수 없다. 다른 모든 것은 잊혀진다. 그것은 미국 대통령 선거와 약간 비슷하다. 미국에서 가장 똑똑하고, 가장 총명하며, 가장 유능하고, 가장 재능이 뛰어난 지도자라도 큰 돈이 없기 때문에 출마할 수 없다. 그래서 그들은 세상에 거의 알려지지 않은 채로 남아 있다.

그는 이것에 대해 언급하지 않았지만, 내 말에 동의할 것이라고 생각한다. 나는 항상 "기독교식 측면 포옹the Christian side hug"이 다소 어리석다고 생각했다. **175**

이전의 그 기독교 지도자는 타코를 먹을 자격이 있다.이 말은 잊으라. 나는 단지 당신이 여전히 주의를 기울이고 있는지 확인하고 싶었을 뿐이다. 사실, 스웨터의 실을 계속 잡아당기면 스웨터가 사라질 때까지 풀릴 것이다. 하지만 예수 그리스도의 경우에는, 만일 이것이 당신의 경험이라면 당신은 잘못된 스웨터를 입고 있는 것이다.

진짜 스웨터는, 당신이 열심히 찾아보면 구할 수 있고 또 풀 수도 없다.

나와 다른 수백만 명의 사람들에게도 마찬가지였다.

나의 요점은 그 지도자와 그와 같은 다른 사람들이 그가 쓴 모든 것을 공감할 수 있는 사람들, 즉 실제 삶의 경험에서 나온 해결책을 제공하는 책을 출판하고 팟캐스트로 방송을 하는 우리 중 누구에게도 결코 오지 않았다는 것이다.

감사하게도, 하나님은 하나님 나라의 복음의 불이 타오르는, 예수 그리스도를 향한 뜨거운 마음의 새 세대를 일으키시고 있다. 그리고 나는 독자들 중 많은 사람을 알게 되어 영광이다.

이 부족tribe이 거리로 나서는 날이 오면, 그들의 속에서 타오르는 불은 그어떤 이유를 위한 것이 아닐 것이다. 그 이유가 아무리 훌륭할지라도.

그것은 예수 그리스도와 그분의 영원한 나라를 위한 것일 것이다.

인써전스반란가 시작되었다. … 그것을 놓치지 말라!

결론: 당신이 진정으로 주 예수 그리스도를 만나기 전에는, 항상 "믿음"에서 떨어져 나갈 위험에 처하게 될 것이다.

---

175)역자 주: 기독교인에게 강요되는 규율의 한 예를 들은 것이다.

그러나 예수 그리스도께서 당신의 모공 속으로 들어오시면, 그분을 씻어 내는 것은 불가능하다.

코다 IV

성화 전달하기

우리는 임무나 책임을 다른 사람에게 위임하는 행위를 묘사하기 위해 일반적으로 "성화 전달하기passing the torch"라는 문구를 사용한다. 이 비유는 한 주자가 불이 켜진 횃불또는 성화을 다른 주자에게 전달하여 그 횃불을 더 멀리로 가져가는 고대 그리스의 성화 경주에서 유래했다.

나는 주님의 일에 있어 횃불을 전달하는 아이디어에 대해 많은 생각을 해왔다. 매 10년마다, 하나님께서 택하신 수많은 종이 세상을 떠난다. 그러나 그들 중 젊은이들에게 횃불을 전달하는 사람은 거의 없다.

이것은 큰 비극이다. 그리고 그것이 왜 주님의 가장 높은 사역이 밀리미터 단위킬로미터 대신에로만 이동하는지의 이유 중 하나이다.

몇 년 전, 내가 친구와 점심을 먹고 있을 때 그는 마일즈 먼로Myles Munroe가 죽기 전에 꾼 꿈에 대해 이야기해 주었다. 마일즈는 손에 바통baton을 움켜쥐고 관 속에 누워 있는 올림픽 주자를 보았다. 그의 주먹이 바통을 너무 꽉 쥐고 있었기 때문에 그의 손에서 그것을 떼어내는 것은 결코 작은 일이 아니었다.

그 꿈의 요점은 많은 주의 종이 젊은 세대에게 횃불을 전달하기를 거부했다는 것이다.

친구가 나에게 이 이야기를 했을 때, 그는 이 주제가 내가 일년 내내 마음속에 있었다는 사실을 알지 못했다.

주님의 가장 좋은 그릇들 중 다수가 앞으로도 계속 나타날 것인데, 문제는 그들이 횃불을 다른 하나님의 종에게 전달할 것인가, 아니면 손에 횃불을 들고 죽을 것인가 하는 것이다.

이 질문에 대해 두 가지 관찰을 해보겠다:

관찰 1: 하나님의 종이 횃불 전달을 거부할 때마다 그 이유는 대개 세 가지 중 하나이다.

- **교만**. 그 종은 자기 자신을 너무 과대평가 한다. 그의 과장된 견해는 다른 사람들, 특히 하나님께서 그로 하여금 횃불을 전달하라고 부르신 사람 안에 있는 주님의 부르심, 은사, 사역을 인식하고 존중하지 못하도록 그의 눈을 가려버린다. 그의 눈에는 그 누구도 충분히 "자격 있는" 사람이 없다. 이것은 자기 인식이 놀라울 정도로 부족함을 드러낸다

- **질투**. 그 종은 영광을 다른 누구와도 나누고 싶어하지 않는다. 다른 사람들이 하나님의 기름 부음과 은혜의 표징을 드러낼 때 그들을 응원하기는커녕 이 지도자의 얼굴은 녹색으로 변한다.

- **무지**. 자신의 사역에 대한 지식과 경험과 책임을 젊은 누군가에게 전수한다는 생각은 결코 그들의 마음 속에 떠오르지 않는다. 그래서 모든 것은 늙은 하나님의 종과 함께 죽는다.

이와는 대조적으로, 질투와 교만을 포함하여 자신의 본성을 십자가에 못박은 하나님의 종들은 횃불을 전달하고 싶어한다.

관찰 2: 횃불 전달하기를 꺼리는 하나님의 종은 종종 그것을 빼앗길 것이다. 왜냐하면, 하나님께서 그것을 전달받도록 정하신 사람이 결국 그것을 손에 쥐게 될 것이기 때문이다.

하나님의 가장 고귀하고 좋은 것은 나이든 사람이 기꺼이 젊은 사람에게 횃불을 넘겨주는 것이지만, 그럼에도 불구하고 하나님의 부르심은 때로는 젊은 사람이 횃불을 붙잡도록 강요한다. 이것이 이상적인 것은 아니지만그리고 그 자체로 단점이 있다, 횃불을 무덤에 묻도록 허용하는 것보다는 하나님 나라의 전진을 위해 훨씬 더 낫다.

그러므로 나는 젊은이와 나이든 사람을 막론하고 하나님의 모든 종에게 지울 수 없는 도전을 하고자 한다.왜냐하면, 젊은이가 언젠가는 나이든 사람이 되는 날이 오기 때문이다

만일 하나님께서 당신의 일생 동안 지닐 횃불을 주셨다면, 당신이 다른 사람에게 그 횃불을 전달하는 것을 교만, 질투, 또는 무지가 막지 못하게 하겠다고 지금 결정하라. 만약 당신이 그 횃불을 손에 쥐고 죽는다면 그것은 오직 한 가지만 드러낼 뿐이다: 그것이 처음부터 당신의 것이 아니라는 것을 당신은 결코 이해하지 못했다.

그리고 하나님의 모든 젊은 종에게: 주님의 포도원에서 당신이 존경하고, 자신의 삶에 독특한 공헌과 하나님의 은총을 갖고 있는 나이든 일꾼을 찾아 의도적으로 그 사람에게 직접 다가라. 그러면 그 지도자가 횃불을 전달할 때 당신은 그의 레이더에 포착될 것이다.

세상은 불타는 사람들을 절실하게 찾고 있다. 그들은 하늘에서 비처럼 영광을 내려오게 하고 불붙은 집처럼 말씀을 전할 수 있는 열정적인 사람들이다. 그리스도의 메시지를 쪼개서 하나님의 사람들이 높이 솟아오르도록 도울 수 있는 사람들이다.

그러나 그런 희귀한 영혼들은 더 나이들고, 더 노련하고, 더 경험이 풍부한 멘토를 찾아야 한다. 그렇지 않으면 그들은 결국 타던 불이 꺼지고, 때로는 남은 생애 동안 후회하게 될 것이다.

니고데모의 순간

여러 해 전, 나는 이틀 동안 진행된 목사들, 교사들, 지도자들로 구성된 그룹을 위한 수련회에 강사로 초청을 받았다.

마지막 날, 그들은 내가 경험했던 그리스도 중심의 공동체의 몇 가지 면면을 공유해 달라고 나에게 요청했다.

나는 그런 한 공동체의 이야기를 해주었다. 예수 그리스도를 깊이 있게 발견하고 기쁠 때나 힘들 때나 서로 사랑하는 법을 배운 믿는 자들의 몸에 대한 이야기였다.

그들은 또한 진행자 없이도 모든 지체가 각자의 다양한 은사를 통해 그리스도의 풍성함을 나누며 역할을 수행하는 신약 성서 스타일의 교회 모임을 갖는 방법을 터득했다.

그들의 모임과 공동체 삶은 예수 그리스도의 머리되심 아래 있었다.

내가 마지막으로 언급한 것 중 하나는 이 믿는 자들의 그룹이 말이 아니라 실제로 그리스도께서 그분의 교회의 머리가 되실 만큼 살아 계시다는 사실을 발견했다는 것이었다.

1세기의 모든 교회가 그랬던 것처럼 그들도 확실히 문제들과 이슈들을 안고 있었다. 그러나 그들은 또한 그 가운데서 주님을 찾는 방법도 발견했다.

이 그룹에서 일어났던 성령의 역사에 관해 내가 제시한 예들은 놀라웠다. 그리고 그것들은 그 이후로 내 자신의 삶과 사역에 엄청난 영향을 미쳤다.

내가 이야기를 끝냈을 때, 나는 그 방에서 두 가지 반응을 관찰했다.

하나는 놀라움이었다 어떤 지도자들은 내가 묘사한 것과 같은 것을 본적도, 들어본 적도 없다고 했다. 나중에 그들은 나에게 개인적으로 질문을 했다. 그 사람들은 나에게 큰 감동을 주었다.

주님을 향한 그들의 목마름 그들의 통찰력있는 논평과 분별력있는 질문에서 고스란히 드러났다.

다른 그룹은 내가 말하는 내용을 잘 이해하지 못했다. 그들은 그것에 대한 맥락이 없었기 때문에 정중하게 듣고 나서 다른 순서로 옮겨갔고, 단 한 번의 질문도 하지 않았다.

그 방에 교수이자 목사였던 사람이 있었는데, 크리스천 그룹이 내재하시는 그리스도의 생명으로 살아가는 방법을 함께 발견했을 때 일어났고 또 계속해서 일어날 수 있는 놀라운 일들에 대한 이야기를 나에게서 들은 후, 그는 그 자리에서 자신의 견해를 피력했다.

"방금 당신이 설명한 것은 집단 형태 역학group form dynamics이라고 불리는 사회학적 현실입니다"라고 그는 말했다.

이 사람은 방금 예수 그리스도께서 그분의 몸을 통해 역사하시는 살아 있는 간증을 들었는데, "당신은 사회학적 현실을 설명하고 있습니다"라고 대답했다.

여기에 기독교계의 지도자요 매우 큰 교단의 목사이자 교수가 있는데, 그것이 그가 들은 전부였다.

나는 내가 마치 무신론자와 교류하고 있다는 느낌을 받았다.

"나는 예수 그리스도가 존재하는 것과 그분이 진짜라는 것을 믿습니다"

라고 나는 말했다. "나는 또한 그분이 그분의 사람들 안에 살아 계시고, 그들이 그분의 생명으로 사는 법을 배울 때 그들은 놀라운 방법으로 그분을 표현하여 다른 영역의 정사와 권세를 부끄럽게 할 수 있다고 믿습니다. 이것이 바로 이 단순한 크리스천 그룹이 발견한 것입니다."

그러고 나서, 대화는 다른 것들로 옮겨갔다.

수년이 지난 지금, 나는 니고데모의 순간을 강조하기 위해 이 이야기를 들려준다.

예수님께서 니고데모에게 하신 말씀을 숙고해보라:

> 예수께서 그에게 대답하여 이르시되 너는 이스라엘의 선생으로서 이러한 것들을 알지 못하느냐 진실로 진실로 네게 이르노니 우리는 아는 것을 말하고 본 것을 증언하노라 그러나 너희가 우리의 증언을 받지 아니하는도다 내가 땅의 일을 말하여도 너희가 믿지 아니하거든 하물며 하늘의 일을 말하면 어떻게 믿겠느냐.요 3:10-12

누군가가 성직자의 옷차림을 하고, 목회를 하고, "존경하는…"이라는 호칭에 대답하고, 온도계의 온도degree보다 더 많은 학위degree를 갖고 있다고 해서 그들이 주님을 아주 잘 알고 있다는 것을 의미하는 것은 아니다.

내 말을 잘못 알아 듣지 말라. 나에게 예수 그리스도와 함께 깊고 진실하게 동행하는 목사와 교수인 가까운 친구들이 있다. 그들은 또한 그분이 일하실 때를 인식할 수 있다.

그러나 단지 누군가가 성직자이거나 신학대학원을 졸업했다고 해서 그 사람이 영적인 사람이거나 영적인 것을 분별할 수 있다는 보장은 없다.

슬픈 사실은 오늘날 우리 주변에 니고데모가 많다는 것이다.

그들이 신학이나 사역 분야의 박사학위를 가지고 있을 수도 있지만, 이 것이 그들이 그리스도를 잘 안다거나 그분의 내재하시는 생명으로 살고 있 다는 것을 의미하지는 않는다. 오늘날 우리의 상황은 하나님이 성육신하셔 서 인간 역사에 개입하셨던 고대 이스라엘의 상황과 다르지 않다.

T. 오스틴 스팍스는 이 문제를 다음과 같이 지적했다:

당신과 그리스도의 관계의 성격은 무엇인가? 당신은 그리스도의 신성 에 관한 기독교 교리를 믿을 수도 있고, 그것을 매우 열렬히 믿을 수도 있 다. 그러나 만일 그것이 단지 교리, 신조의 조항, 그리스도에 관한 객관적 인 사실이라면, 그것은 참된 그리스도인의 길에 놓여 있는 놀라운 경험을 당신에게 전달하지 못할 것이다. 요한은 그가 복음서를 쓴 목적이 우리로 예수님이 하나님의 아들이심을 믿게 하고 또 그렇게 믿음으로 그 이름을 힘입어 생명을 얻게 하려 함이라고 했다. 하지만 그는 그렇게 믿는 사람들 이 그들의 믿음을 위한 실험적 기반을 가지고 있다는 것을 보여주기 위해 애를 썼다. 어떻게 그리고 왜 믿는가? 당신은 진실로 다음과 같이 대답할 수 있는가? "왜냐하면, 하나님 자신을 떠나서는 설명할 수 없는 어떤 일이 내 안에서 일어났기 때문입니다. 감정, 추론, 설득으로는 그것을 설명할 수 없습니다. 인간의 성격, 심리학, 또는 어떤 인간적, 자연적 요인도 이를 설명할 수 없습니다. 그것은 전능하신 하나님을 요구했고, 나는 예수 그 리스도 안에서 그분을 찾았습니다. 그것은 하나님의 아들의 음성입니다. 나는 살았습니다. 그리고 살아 있습니다." [176]

---

[176] T. Austin-Sparks, "The Voice of the Son of God," *A Witness and a Testimony magazine*, May-June 1946, vol. 24-3.

알려지지 않았으나 통찰력이 있는 안나스와 시므온의 부족눅 2:25-38이 늘어나기를 바란다. 왜냐하면, 그들은 눈먼 종교 문화 속에서 보는 눈을 가졌기 때문이다.

결론적으로, 결코 영적인 지식과 경험에 있어서 단순히 외적인 것에 감동을 받지 말라.

나사렛 예수가 일용직 노동자였음을 기억하라. 그분은 그 당시의 서기관이나 제사장들영적으로 눈먼 사람들과는 달리 공식적인 종교 훈련을 받지 않으셨다.

그분께서 그분의 일을 수행하도록 선택하신 열두 사람도 마찬가지였다.

공식적인 종교 훈련이 나쁜 것은 아니다. 그것이 도움을 줄 수 있다. 하지만 그것이 주님을 잘 알고 영적 본능을 따르도록 사람들을 준비시켜준다는 보장은 없다.